CONTRASTES

CONTRASTES
An
Intermediate Spanish Reader

Hilde F. Cramsie
UNIVERSITY OF SOUTHERN CALIFORNIA

Nitza Lladó-Torres
EL CAMINO COLLEGE, LOS ANGELES COUNTY

PRENTICE HALL, Englewood Cliffs, New Jersey 07632

Library of Congress Cataloging-in-Publication Data
Cramsie, Hilde F. [date]
Contrastes : an intermediate Spanish reader / Hilde F. Cramsie, Nitza Lladó-Torres.
p. cm.
ISBN 0-13-171539-9
1. Spanish language—Readers. I. Lladó-Torres, Nitza. II. Title.
PC4117.C75 1990 89-3893
468.6′421—dc20 CIP

Acquisitions editor: *Steve Debow*
Editorial assistant: *Maria F. Garcia*
Editorial/production supervision and interior design: *Edith Riker*
Copy editor: *Marta Steele*
Cover design: *Lundgren Graphics, Ltd.*
Cover art: *Pamela Shoemaker, Tango U.S.A. 1986*
Manufacturing buyer: *Laura Crossland*
Interior illustrations: *Don Martinetti*

A Division of Simon & Schuster
Englewood Cliffs, New Jersey 07632

Printed in the United States of America

10 9 8 7 6 5 4 3 2 1

ISBN 0-13-171539-9

Prentice-Hall International (UK) Limited, *London*
Prentice-Hall of Australia Pty. Limited, *Sydney*
Prentice-Hall Canada Inc., *Toronto*
Prentice-Hall Hispanoamericana, S.A., *Mexico*
Prentice-Hall of India Private Limited, *New Delhi*
Prentice-Hall of Japan, Inc., *Tokyo*
Simon & Schuster Asia Pte. Ltd., *Singapore*
Editora Prentice-Hall do Brasil, Ltda., *Rio de Janeiro*

To my husband Ed,
and my daughters
Karen and Colleen

H.F.C.

To my husband Raymond,
and my mother Letty

N. LL-T.

Contents

Capítulo 1 El niño

Capítulo 2
El adolescente

Capítulo 3
La mujer

Capítulo 4
El hombre

Capítulo 5
La vejez

Preface

Contrastes is an intermediate level Spanish reader for students with three or four semesters of effective instruction at the high school and/or university level. The objective of this text is to develop reading comprehension and analytical skills in three different genres, through a variety of exercises that will facilitate students' understanding and appreciation of the reading material. Concurrently, students will become familiar with contrasts in various aspects of Hispanic and Anglo-American cultures.

A unique feature of this text is the presentation of three distinctive styles of writing: literary, essayistic, and journalistic. All selections have been written by acclaimed Peninsular and Spanish-American authors and well-known journalists. The thematic unity maintained in each chapter facilitates the acquisition of a core group of vocabulary items within related semantic fields and encourages student response in the form of in-class discussion and compositions.

The text is divided into six chapters. Each chapter contains three readings that represent each of the writing genres mentioned above. The chapters begin with a brief section that introduces the basic theme and provides biographical and/or bibliographical information about the authors, thus enhancing students' perception of and interest in the selections they are about to read. Comprehension of the text is also facilitated by side glosses, cultural notes, and prereading exercises accompanied by vocabulary lists appropriate to the particular reading.

At the end of the book an alphabetically organized Spanish-English glossary of selected items provides the student with quick access to common terms for easy reference. Finally, illustrations suitable to the readings complement the themes discussed, thus providing additional extralinguistic context for greater reading comprehension, as well as stimulus for in-class discussions.

The themes presented are of universal interest. The first five chapters deal with the progressive stages of life: childhood, adolescence, the private and public roles of people in society, and the aging process. The last chapter discusses contemporary social issues common to North

American and Hispanic societies, such as drug abuse, misuse of credit, and the growing role of materialism in today's societies.

The readings are followed by a variety of exercises including multiple choice, true or false, and global questions related to the readings. The purpose of these exercises is twofold: to test reading comprehension and to develop interest in and elicit reaction to the cultural contrasts between the Hispanic and Anglo-American societies.

The last section of each chapter presents special activities such as short research projects, role-playing, panel discussions, and interviews. These activities underscore both the thematic unity of the three reading selections and the stylistic differences between them.

In summary, it is our hope that *Contrastes* will meet the following goals: to provide students with a pleasurable reading experience derived from the writings of outstanding Hispanic authors; to offer a better understanding of the similarities and differences between the Hispanic and North American cultures; and to improve reading, oral, and writing skills in Spanish. All of these factors will help students to develop awareness and respect for cultural diversity.

ACKNOWLEDGMENTS

The authors would like to thank the colleagues and graduate students whose positive and critical comments helped to shape the scope of *Contrastes*. We are especially grateful to our colleague and dear friend Ted Sackett for his support throughout this and other projects. We would also like to thank our colleagues in the Spanish and Portuguese Department of the University of Southern California for supporting our project.

The authors are also indebted to the following instructors who reviewed portions of the manuscript at various stages of development. Each provided invaluable comments which we have tried to incorporate into this final version of the text. The appearance of their names below is a token of our appreciation and does not necessarily imply endorsement of the material.

Oscar Ozete
University of Southern Indiana

Margaret Beeson
Kansas State University

Carol Klee
University of Minnesota

Trisha Dvorak
University of Michigan

Carmen Elgorriago
Fresno City College

John Crow
University of California, Los Angeles

Manuel Duran
Yale University

Debbie Rusch
Monona Grove School District, Madison, Wisconsin

Herschel Frey
University of Pittsburgh

We would also like to thank the many people at Prentice Hall who rallied behind *Contrastes*. Our editor, Steve Debow and his assistant, Maria Garcia encouraged and inspired us to complete our work against what at many times seemed to be insurmountable odds. We are grateful to Don Martinetti for his wonderful artwork; to Edie Riker for the design and production of the book; to Eloise Starkweather for her coordination of the beautiful cover; to Marta Steele for her painstaking copy editing and proofreading; and to Marilyn Coco for her competent handling of aspects of the project during a critical period of staffing changes.

We would like to make a special note of thanks to New York artist Pamela Shoemaker, a graduate of Vassar College and Cooper Union whose projects have appeared in many public avenues of that city's metropolitan area, for her permission to use Tango, USA as our featured cover art piece. The 17 by 59 foot mural in Jackson Heights, Queens, New York was painted by Pamela (c 1986) and was produced by City-arts Workshop, Inc. and sponsored by the Jackson Heights Community Development Corporation and the NYC Office of Business Development. It was designed to reflect the beauty and excitement of this multi-ethnic, but predominantly Latino, Queens community. Andrew Salloway is the photographer.

Our final note of appreciation and thanks are to our husbands and families, whose understanding and encouragement helped make the project possible.

Credits

We wish to thank the authors, publishers, and holders of copyrights for their permission to reprint the following materials:

Carlos Murciano, SEBASTIAN GOMEZ, SERVIDOR, in *Los mejores cuentos*, Vol. 2, Antología del Premio "Hucha de Oro." Madrid: Editorial Magisterio Español S. A., 1973. Murciano won the award "Hucha de Plata" in the "V Concurso de Cuentos," sponsored by the Confederación Española de Cajas de Ahorros.
[Capítulo 1: La literatura]

José Martínez Ruiz, Azorín, LA LECCION y LA ALEGRIA, in *Las confesiones de un pequeño filósofo*. Madrid: Espasa-Calpe S.A., 1970.
[Capítulo 1: El ensayo]

María Elena Chávez, LA NIÑEZ DESVIRTUADA, PESIMISMO ANTE UN PRESENTE OSCURO.
Antonio Hernández Monroy, EN ESTE DIA DEL NIÑO.
ENTREVISTA, no author given. Mexico: *HOY: Semanario de información*, No. 2240, 25 de abril de 1983.
[Capítulo 1: el periodismo]

Ana María Matute, BERNARDINO, in *Algunos muchachos y otros cuentos*. Barcelona: Salvat Editores S.A., 1970. Copyrights: Agencia Litearia Carmen Balcells, Barcelona.
[Capítulo 2: La literatura]

Octavio Paz, fragments of EL PACHUCO y OTROS EXTREMOS, in *El laberinto de la soledad*. Mexico D.F.: Fondo de Cultura Económico, 1979.
[Capítulo 2: El ensayo]

Fernando de Ita, LOS QUE VAN A SER MAESTROS. Mexico D.F.: *Siempre*, No. 1693, Diciembre de 1985.
Miguel de Unamuno, ALMAS DE JOVENES y JUVENTUD DE JUVENTUDES, in *Unamuno: Pensamiento político*. Madrid: Editorial Tecnos S.A., 1965.
[Capítulo 2: El periodismo]

Jorge Luis Borges, LA INTRUSA, in *El Aleph*. Buenos Aires: Emecé Editores S.A., 1957.
[Capítulo 3: La literatura]

Rosario Castellanos, fragments of BETTY FRIEDAN: ANALISIS y PRAXIS, in *Mujer que sabe latín*. Mexico D.F.: Fondo de Cultura Económico, ed. 1984.
[Capítulo 3: El ensayo]

Bárbara Mujica, NUEVOS HORIZONTES PARA LA MUJER, in *Americas*, Washington D.C., Vol. 37, No. 5, Sept–Oct 1985.
[Capítulo 3: El periodismo]

Juan Rulfo, NO OYES LADRAR LOS PERROS, in *El llano en llamas*. Mexico D.F.: Fondo de Cultura Económico, 1953.

[Capítulo 4: La literatura]

José Martí, TRES HEROES, in *Conciencia intelectual de América: Antología del ensayo hispanoamericano (1876–1959).* New York: Las Americas Publishing Co., ed. 1976.

[Capítulo 4: El ensayo]

Graziella González, LA IMPORTANCIA DEL CARIÑO DE UN PADRE.
COMO INFLUYO MI PADRE . . .

Antonio Lozada, fragmentos de UN EXITO QUE TIENE HISTORIA . . . JOSE LUIS RODRIGUEZ, Colombia: *Vanidades*, Año 25, No. 12, 11 de junio de 1985.

[Capítulo 4: El periodismo]

Angel Castro, LAS CANAS, in *Cuentos del exilio cubano.* New York: Lectorum Corporation, n/d.

[Capítulo 5: La literatura]

Oscar Ponce Merino, UN POBRE VIEJO, in *Jueves de Excelsior*, Mexico D.F., No. 3168, 7 de abril de 1983.

[Capítulo 5: La literatura]

Ramón Pérez de Ayala, fragments of SOBRE EL PASADO y LA VEJEZ, in *Principios y finales de la novela.* Madrid: Taurus, ed. 1958. Copyrights: Editorial de la Universidad de Puerto Rico.

[Capítulo 5: El ensayo]

Cristina Pacheco, fragments of LA HISTORIA DE MARIA DE JESUS, in *SIEMPRE: Presencia de México*, Mexico D.F., No. 1687, 23 de octubre de 1985.

[Capítulo 5: El periodismo]

Angel Castro, LAS TARJETICAS MAGICAS, in *Cuentos del exilio cubano.* New York: Lectorum Corporation, n/d.

[Capítulo 6: La literatura]

Carlos Fuentes, fragments of LA DISYUNTIVA MEXICANA, in *El tiempo mexicano.* Mexico D.F.: Cuadernos de Joaquín Ortiz, 1980.

[Capítulo 6: El ensayo]

José Manuel Costa, DROGA, DULCE DROGA, in *El país semanal*, Madrid, Domingo 4 de octubre de 1981, No. 234. Año VI.

[Capítulo 6: El periodismo]

Capítulo 1

El niño

INTRODUCCION

El primer tema que se discute en nuestro libro es el de la niñez. Los niños son los herederos de un mundo en constante evolución, un mundo que les ofrece alegrías o infortunios que moldean la percepción de lo que el futuro les va a brindar. Este capítulo presenta experiencias diversas de esta etapa de la vida que inicia el ciclo vital del ser humano.

El capítulo se inicia con el cuento "Sebastián Gómez, Servidor," escrito por el español Carlos Murciano, ganador del premio "Hucha de Oro" en 1973. Es una historia sencilla pero emotiva que retrata el inocente descuido de los niños cuando confrontan situaciones peligrosas. Sebastián, el protagonista de la historia, participa en lo que parece ser una simple e inofensiva aventura infantil con su compañero de juegos. Cuando el juego se convierte en un evento fatal, Sebastián, a pesar de su desventaja física y con valor inusitado para un niño de su edad, salva a su amigo de la muerte.

En la segunda parte del capítulo se presentan dos breves lecturas seleccionadas de *Las confesiones de un pequeño filósofo*, escrito por Azorín. Este fue el pseudónimo del español José Martínez Ruiz, miembro de la famosa Generación del 98. Azorín, al igual que los escritores de su época, se preocupó por encontrar las causas de la decadencia política, social y económica de España, situación que culminó con la guerra entre España y los Estados Unidos. Fue, como muchos de sus compañeros generacionales, cuentista, novelista, ensayista y dramaturgo. Entre sus obras más conocidas se cuentan las novelas *La voluntad, Don Juan* y *Doña Inés*; sus dramas *Old Spain* y *Brandy, mucho Brandy*; sus ensayos *Los pueblos, Castilla, La ruta de Don Quijote* y el ya mencionado *Las confesiones de un pequeño filósofo*. De este último hemos escogido las selecciones "La lección" y "La alegría," en las cuales el autor-narrador mira retrospectiva y melancólicamente a su niñez. Al leer estos textos el lector puede relacionar las experiencias infantiles de Azorín con las suyas.

El capítulo concluye con selecciones de carácter estadístico que analizan la inquietante condición de millones de niños mexicanos, representativa de la situación vivida en los países del Tercer Mundo. Escritas en un estilo periodístico, estas selecciones confrontan al lector con verdades perturbadoras que existen en gran parte del mundo pero que son voluntariamente ignoradas por muchos: la alarmante mortalidad infantil, las enfermedades, la carencia de alimentos y de cuidados sanitarios, la falta de educación, y muy frecuentemente, la responsabilidad del niño de tener que sobrevivir en un mundo hostil, ya por ser huérfano o ya por haber sido abandonado por padres que no poseían los medios económicos para criarlo.

Las lecturas, en sus variados estilos, sacan a la luz las huellas que quedan en el alma del ser humano, como consecuencia de las experiencias positivas o negativas sufridas durante la niñez.

PARTE A: LA LITERATURA

SEBASTIAN GOMEZ, SERVIDOR

de Carlos Murciano

I. Vocabulario Esencial

SUSTANTIVOS

los bañistas	swimmers
el borde	edge
la bufanda	scarf, muffler
el cajero	cashier
el caracol	snail
la cintura	waist
el cinturón	belt
la desgracia	misfortune
la espuma	foam
las gaviotas	seagulls
los guantes	gloves
las maniobras	maneuvers
las olas	waves
el pecho	chest
el salvavidas	life preserver
la taquillera	ticket seller

ADJETIVOS

asustado	frightened
desmayado	fainted
insoportable	unbearable
preguntones	inquisitive
preso	imprisoned
propicio	favorable
quieto	still
tembloroso	shaking

VERBOS

apoyar	to lean
apretar	to tighten
arrastrar	to drag along the ground
ceder	to yield
chillar	to scream
coger	to catch
desaparecer	to get out of sight
descolgarse	to slip down

desenroscar	to untwist
deslizarse	to slip away
estirar	to stretch
fijar	to set
incorporarse	to get up
lastimar	to hurt
morder	to bite
silbar	to whistle
sobrar	to have more than enough
soltar	to untie
tapar	to cover

II. Actividades de Pre-Lectura

A. Subraye la palabra que por su significado o función gramatical no corresponde al grupo.

1. liar colgar soltar gritar apretar descolgar
2. pecho cintura guante mano diente labios cabeza
3. ola espuma acantilado mar bufanda arena
4. recio pescador tembloroso propicio listo favorable
5. gemir chillar rezongar rozar callarse rugir silbar

B. Escoja la palabra más cercana en significado.

1. ______ lograr: a) tapar b) obtener c) rozar d) apretar
2. ______ apoyar: a) mantener b) ceder c) sostener d) fijar
3. ______ coger: a) soltar b) arrancar c) gemir d) agarrar
4. ______ lastimar: a) acechar b) herir c) liar d) lamentar
5. ______ silbar: a) gritar b) morder c) pitar d) rezongar

C. Escoja la palabra que corresponde a cada definición.

1. ______ Prenda de vestir que se lleva en las manos.
   a) cinturón b) bufanda c) blusa d) guante
2. ______ Persona que vela por la seguridad de los bañistas.
   a) cajero b) salvavidas c) pelele d) guardacostas

3. ______ Es lo mismo que cubrir.
   a) coger b) tapar c) calcular d) rozar
4. ______ Separar una cosa de otra.
   a) soltar b) apretar c) desaparecer d) fijar
5. ______ Persona que está inmóvil.
   a) callada b) quieta c) taciturna d) activa

D. En las siguientes oraciones la palabra o expresión subrayada significa.

1. ______ El muchacho estaba *asustado* porque temía que su amigo cayera al mar.
   a. imprisoned b. still c. frightened
2. ______ El salvavidas estaba *preso* entre las rocas.
   a. in jail b. caught c. floating
3. ______ Habíamos elegido una hora *propicia* para que nos vieran.
   a. favorable b. ready c. hidden
4. ______ Efraín debía haberse *desmayado* porque no me respondía.
   a. disappeared b. fainted c. fallen
5. ______ Los periodistas eran simpáticos pero muy *preguntones*.
   a. unfriendly b. inquisitive c. indifferent

E. Llene el espacio en blanco con la palabra apropiada.

1. El mar estaba gris y levantaba olas y ______________.
   a. maniobras b. gaviotas c. espumas
2. Habíamos dejado caer la ______________ para ver si llegaba cerca del salvavidas.
   a. cuerda b. borde c. bufanda
3. Efraín debía estar asustado y ______________sabiendo que la cuerda se había soltado.
   a. desmayado b. tembloroso c. recio
4. El dolor en mi cintura y en mi mano era ______________.
   a. callado b. brillante c. insoportable

5. Dos días después llegaron los ________________ y unos señores de la televisión.
   a. guardacostas b. amigos c. periodistas

III. "Sebastián Gómez, servidor," de Carlos Murciano

Para mí, que el Efraín lo venía tramando desde el día antes, cuando lo vimos, allá abajo, brillando entre las rocas. Por eso me hizo volver al Pico y sentarme allí, a su lado, de cara al mar, que estaba gris y levantaba olas y espumas y estiraba luego una larga baba blanca, como la de un caracol. Lejos, en la playa, se veían, pequeñitos, los bañistas y la banderola roja que anunciaba peligro, mar mala, viento recio. El Efraín se arrastró otra vez hasta el borde del acantilado y miró hacia abajo. Se volvió y me dijo:

—Sebas, ven acá.

Fui de mala gana, porque sabía lo que vendría después. El salvavidas seguía allí, preso entre las mismas rocas. Era grande amarillo, con letras negras que no alcanzábamos a leer, y debía haberse caído de alguno de los barcos americanos que la semana anterior habían estado haciendo maniobras justo enfrente de nosotros. El Efraín y yo, desde el Pico, los vimos de un lado para otro, del tamaño de una mano, jugando a la guerra.

—Sebas, ¿por qué no lo cogemos?

El Efraín estaba loco. Se lo dije:

—Tú estás loco. ¿Cómo vamos a bajar hasta allí?

Pero en el fondo, deseaba que me explicara cómo hacerlo, porque, de otro modo, un salvavidas así no lo tendríamos nunca. Y nos esperaba, quieto, a sólo diez o doce metros por debajo de nosotros.

—Sé dónde guarda mi tío Rufo la cuerda con el gancho. Podríamos atar al troncón una punta; yo me ataría la otra y tú me ayudarías a bajar despacio.

tramando *plotting*

de cara *facing*

banderola *flag*

viento recio *strong wind*

se arrastró *dragged himself*

de mala gana *unwillingly*

justo *precisely*

en el fondo *deep inside*

El Efraín era listo. La cabeza le funcionaba bien y don Blas, el maestro, siempre se lo decía. Además, convencía. Pero aún traté de resistirme:

—Si nos ven el salvavidas, nos lo quitarán. Dirán que es una cosa oficial y lo llevarán al cuartelillo.

—No nos lo va a ver nadie. Y yo sé cómo taparle las letras.

El Efraín lo preparó todo. Se lió al cuerpo tres bufandas, para que la cuerda no le lastimase, y se buscó unos guantes para él y otros para mí. La cuerda era gruesa y larga, y el troncón, en mitad del Pico, era ya, pardo y mocho, tan de roca como la roca en que un día creciera, cualquiera sabe cómo y por qué. Así que atamos en él la cuerda y a la cintura del Efraín, que además fijó el gancho que tenía en la punta a su propio cinturón. Antes la habíamos dejado caer para ver si llegaba: y sobraba. E incluso estuve algún tiempo intentando atrapar, con el gancho el salvavidas, sabiendo que no lo lograría. Hasta que el Efraín se sujetó bien y tiró varias veces, fuerte, para ver si el troncón resistía, y resistía, claro, y se llegó hasta el borde y me dijo:

—Venga, macho, empieza ya.

Y se echó al suelo y comenzó a descolgarse, de modo que le vi desaparecer las piernas, el pecho luego, y se quedó asomando las manos y la cabeza y, según debió verme la cara, se sonrió, seguro de sí, y escondió la cabeza y ya sólo le vi las manos, hasta que las soltó y entonces sentí el tironazo de la cuerda y su voz:

—Hala, empieza a dejarla ir, despacio.

Y así lo hice.

Habíamos elegido una hora propicia para que no nos viesen. Atardecía y la playa se estaba quedando sola, mientras los pocos pescadores que se sostenían sobre los acantilados habían decidido dejarlo para otro día en que el mar anduviese de mejor humor. El Pico, pues, solitario, levantaba su mole oscura contra el mar que rugía cada vez más fuerte,

La cabeza le funcionaba bien *He had a good head on his shoulders*

cuartelillo *ward of a city*

Se lió al cuerpo *He wrapped around his body*

troncón *large trunk of tree*

pardo y mocho *brownish and chopped*

se sujetó bien y tiró varias veces *he held on tightly and pulled several times*

descolgarse *to slip down*

asomando *showing*

seguro de sí *confident*

tironazo *a strong pull*

mole *bulk*

rugía *roared*

enseñando en las rocas sus blancos dientes de perrazo rabioso, su gran cabezota parda. El Efraín, tranquilo, bajaba conforme yo le cedía cuerda; no le veía, pero le oía decir:

—Vale, vale.

Por lo que suponía que todo iba bien y yo empecé a confiarme y a pensar que el Efraín era listo, el condenado, y valiente, mientras él seguía bajando, apoyando los pies en las deformaciones de la piedra, seguro, porque la cuerda no daba tirones. Calculo que estaría a unos cinco o seis metros del borde, hacia la mitad de la pared, cuando vi que el primero de los tres nudos, el que estaba más cerca del troncón, se soltaba, y la cuerda daba una sacudida, y empezaba a ceder el segundo nudo; y oí la voz de Efraín, como si estuviera muy lejos:

—¡Eh!, ¡Eh!

Y el segundo nudo saltó y la cuerda se puso tensa alrededor de mi cintura, por donde yo la había pasado al principio; así que apreté los pies contra el suelo y esperé el tercer tironazo. Esta vez el nudo aguantó más. El Efraín debía estar inmóvil, colgando, los pies lejos de la pared, tembloroso, sabiendo lo que pasaba. Cuando el nudo cedió, la punta libre de la cuerda silbó, como una serpiente, desenroscándose de su asidero, y yo caí de rodillas, y noté cómo la cintura me quemaba, con todo el peso del Efraín alrededor, gritando:

—¡Sebaas . . . !

Y callándose luego. La cuerda, al deslizarse, había roto el guante y ahora rozaba y raspaba mis dedos; aún así, me arrastré hasta un rincón del Pico y, poco a poco, me incorporé y apoyé el hombro contra la roca y apreté los dedos en torno a la cuerda y grité al Efraín:

—¡Aguanta, macho, que yo no suelto!

Le oí gemir, asustado. Después, nada. Sabía que no podría subirlo a pulso, que no podría seguir soltando cuerda, ahora que la tenía clavada en la cintura. Pasó un rato. El dolor comenzó a hacerse in-

nudos *knots*

sacudida *jerk, shake*

colgando *hanging*

cedió *yielded*

silbó *whistled*

desenroscándose de su asidero *letting go from the handle*

quemaba *was burning*

rozaba y raspaba *rubbed and chaffed*

me incorporé *I stood up*

¡Aguanta! . . . *Hold on! . . .*

gemir *to moan*

a pulso *with the strength of the hand*

soportable; luego dejé de sentirlo. Por el cielo, ya más oscuro, cruzaron, chillando, persiguiéndose, yo no sé cuántas gaviotas. El mar se había serenado un poco, como si acechase y rezongara, atento. Grité:

gaviotas *seagulls*
Grité *I yelled*

¡Efraín!

Pero Efraín no respondió. Debía de haberse desmayado. Volvió el dolor y me mordí los labios. Noté el sabor a sangre, y cerré los ojos. Entonces oí el ruido de la motora de Honorio, el guardacostas, y grité con todas mis fuerzas, pero el ruido se acercó y comprendí que Honorio no me oiría. Cuando se alejó la motora, me puse a rezar, y hablar conmigo, qué sé yo. Daba diente con diente así que bajé la cabeza y mordí el cuello de mi camisa . . .

Daba diente con diente *My teeth were chattering*

Honorio, Rufo y los otros me encontraron de esta forma. De entre los dientes me salía una espuma rosa y tardaron en conseguir que los separase. Era como si el Efraín hubiera estado colgando de mi boca y me lo quisieran arrancar. La sangre me corría por los dedos y por la cintura, y las articulaciones no me respondían. Así que el Antón me echó sobre su hombro, como un saco, y tiró para el pueblo. El Efraín iba delante, blanco como la leche, tiritando, en brazos del Rufo. Honorio le vio desde la motora, colgando de la cuerda, tronchado como un pelele. Y avisó.

arrancar *to pull away forcefully*
tiritando *shivering*
pelele *rag doll*

Dos días después llegaron los periodistas y unos señores de la televisión. Y venga a hacerme preguntas y fotografías y cuéntenos cómo fue y otra vez lo mismo y dale. Yo no entiendo nada, de verdad. Si el Efraín estaba colgando de una cuerda que sólo yo sostenía, no iba a soltarla, digo yo. Pero eran buenas gentes, preguntones, eso sí, pero simpáticos. Lo que más me molestó fue que uno de ellos me dijera:

y otra vez lo mismo y dale *and over and over the same way*

—Y dime, muchacho, ¿cómo ocurrió la desgracia?

Yo me quedé mirándole, sin comprender, hasta que con el bolígrafo me dio, serio, en el brazo. Le dije que había ocurrido hacía diez años, cuando yo tenía cuatro, y me atrapó el tractor del Nemesio. Luego, me callé. Que yo tenga el brazo derecho cortado por encima del codo no creo que sea ninguna desgracia. Con el otro me visto, me peino, como, juego, etc. Bueno, con el otro no, quiero decir con éste, con el mismo que escribo ahora y firmo.

Sebas

o, mejor, completo

. . . tián Gómez, Servidor.

IV. Actividades de Comprensión de Lectura

A. Escoja la opción que complete la oración correctamente según el contexto de la lectura.

1. Efraín y Sebastián veían desde el acantilado
   a. a un bañista en apuros que pedía ayuda.
   b. los barcos americanos haciendo maniobras de guerra.
   c. toda clase de caracoles en la arena.
   d. un salvavidas que estaba preso entre las rocas.
2. Efraín quería que su amigo Sebastián
   a. bajara a rescatar el salvavidas.
   b. lo ayudara a bajar por el acantilado usando una cuerda.
   c. fuera por ayuda al cuartelillo para que les ayudaran a rescatar el salvavidas.
   d. bajara con él a la playa para ambos rescatar el salvavidas.
3. Cuando Efraín había descendido unos cinco metros por el acantilado,
   a. la cuerda se rompió y Efraín cayó al mar.
   b. Sebastián sintió pánico y salió corriendo a pedir ayuda.
   c. pidió a Sebastián que lo subiera
   d. Sebastián se arrepintió de lo que estaba haciendo y a mitad del camino decidió subir el cuerpo de su amigo.

4. La noticia del suceso llamó mucho la atención de la prensa porque
   a. Sebastián sostuvo el peso del cuerpo de su amigo por 24 horas.
   b. Efraín murió en el accidente.
   c. Sebastián salvó la vida de su amigo con un solo brazo ya que había perdido el otro cuando era pequeño.
   d. como consecuencia del esfuerzo Sebastián perdió su brazo derecho.

B. Conteste verdad (V) o falso (F) a los siguientes asertos.

1. ______ Efraín es quien planea detalladamente la forma de rescatar el salvavidas.
2. ______ Efraín, después que ha descendido unos 5 metros, sintió miedo y pide a Sebastián que lo suba.
3. ______ El incidente ocurre en las horas de la mañana cuando hay varios bañistas en la playa.
4. ______ Los muchachos no tienen temor de llevar a cabo su aventura porque es de día y el mar está calmado.
5. ______ Cuando rescatan a los muchachos, ambos están casi paralizados del susto y del cansancio.

C. Preguntas temáticas.

1. ¿Qué edad tienen los personajes del cuento?
2. ¿Qué planean hacer los muchachos?
3. ¿Por qué es peligrosa esta aventura?
4. ¿A qué hora del día ocurre el incidente?
5. ¿Qué pasa cuando Efraín está en la mitad de su descenso?
6. ¿Hay mucha gente en la playa en ese momento? ¿A quién ve Sebastián?
7. ¿Cuántas horas pasan hasta que Sebastián y Efraín son rescatados?
8. ¿Por qué llama tanto la atención la travesura de los muchachos?

V. Dé Su Opinión

A. ¿Quién narra la historia en este cuento? Por la manera de hablar es este narrador una persona orgullosa o sencilla? ¿Vive en una ciudad grande o en un pueblo? Explique.

B. En su opinión ¿qué es lo más interesante de este cuento?

1. La valentía de Sebastián al ser capaz de resistir el dolor físico y de sostener la cuerda con un solo brazo.
2. La lección que aprenden los muchachos de ser más prudentes en el futuro.

C. ¿Cuáles son las diferencias de personalidad entre Sebastián y Efraín?

D. ¿Con cuál de estas personalidades se puede usted identificar?

VI. Actividad Especial

El incidente que se narra en este cuento sucede en España. Sin embargo, es una historia de carácter universal. En todos los países del mundo los niños han vivido aventuras similares. Relate entonces por escrito una experiencia personal durante su niñez que hubiera podido amenazar su vida. Si no recuerda una experiencia personal, puede contar la historia de una persona conocida.

LA LECCION y LA ALEGRIA

de José Martínez Ruiz, Azorín

I. Vocabulario Esencial

A. "La lección"

SUSTANTIVOS

las campanitas	(dim.) bells
los confines	boundaries
el espanto	horror
la huerta	vegetable patch
la merienda	snack
el pupitre	school desk
los recortes	clippings

ADJETIVOS

abrumador	overwhelming
atontado	stupefied
embebido	wrapped up in thought
humilde	humble
oculto	hidden
precipitado	in a hurry

VERBOS

apoyar	to support (in context)
callar	to keep silent
ladear	to tilt
pegar	to glue (in context)

B. "La alegría"

SUSTANTIVOS

la callejuela	narrow street
las cartillas	textbooks
la escoba	broom
el frescor	refreshing air
la hazaña	heroic deed
la levita	frock coat
la paja	straw
el sombrero de copa	high hat

ADJETIVOS

blando	soft
cálido	warm
estrecho	narrow
recogido	introverted (in context)
taciturno	quiet
vivificante	life-giving

VERBOS

alcanzar	to reach
desalojar	to dislodge
gritar	to yell
regalar	to offer a gift
revolcarse	to roll over

II. Actividades de Pre-Lectura

A. Escoja la definición correcta.

1. ______ confines
   a. Sinónimo de límites.
   b. Tener el propósito de hacer algo.
   c. Terminar una labor.
2. ______ regalar
   a. Recibir un regalo.
   b. Sinónimo de obsequiar.
   c. Hacer una tarea fácil.
3. ______ callar
   a. Estar inmóvil.
   b. Estar sordo.
   c. Estar sin hablar.
4. ______ oculto
   a. Algo incomprensible.
   b. Ciencias extrañas.
   c. Similar a escondido.
5. ______ taciturno
   a. La luz de la luna.
   b. Persona irritable.
   c. Persona introvertida.

B. Llene el espacio en blanco con la palabra apropiada.

callejuelas	mesas	pupitres	embebido
campanitas	cansado	calor	cartillas
escoba	cálido	huerta	recortes

1. California se caracteriza por su clima ________________.
2. En la escuela, los niños guardan sus libros en los ________.
3. El muchacho colecciona ________________ de periódicos.
4. En los pueblos españoles se encuentran muchas ________ de piedra.
5. El niño estaba ________________ en la lectura y no se dio cuenta de que era hora de ir a clase.

C. Dé los cognados en inglés de las siguientes palabras.

1. menor ________________
2. lección ________________
3. género ________________
4. repetir ________________
5. clase ________________
6. adversario ________________
7. posesión ________________
8. sereno ________________
9. admiración ________________
10. extraordinario ________________

D. Forme un verbo con las palabras dadas.

1. pegante ________________
2. apoyo ________________
3. ladeado ________________
4. recogido ________________
5. abrumador ________________

6. precipitado ______________________
7. desalojado ______________________
8. gritón ______________________
9. alcanzado ______________________
10. espanto ______________________

E. Escoja el sinónimo de las siguientes palabras.

1. ______ merienda	a. suave
2. ______ atontado	b. angosto
3. ______ cartilla	c. apurado
4. ______ hazaña	d. comida ligera
5. ______ estrecho	e. absorto
6. ______ blando	f. cuaderno escolar
7. ______ humilde	g. estupefacto
8. ______ precipitado	h. huerta
	i. modesto
	j. acción heroica

III. "La lección" y "La alegría," en *Confesiones de un pequeño filósofo*, de Azorín

A. "La lección."

—¡Caramba!—decía yo—; ha pasado ya media hora y no he aprendido aún la lección.

Y abro precipitadamente un libro terrible que se titula *Tablas de los logaritmos vulgares*. Esto de vulgares me chocaba extraordinariamente: ¿por qué son vulgares estos pobres logaritmos? ¿Cuáles son los selectos y por qué no los tengo yo para verlos? En seguida echaba la vista sobre este libro y me ponía a leerlo fervorosamente; pero tenía que ce-

Tablas de los logaritmos vulgares *Tables of Common Logarithms*

rrarlo al cabo de un instante, porque estas columnas largas de guarismos me producían un gran espanto. Además, ¿qué quiere decir que "los lados de un triángulo esférico unirrectángulo, o son todos menores que un cuadrante, o bien uno solo es menor y los dos mayores"? ¿Por qué en este libro unas páginas son blancas y las otras azules? Todo esto es verdaderamente absurdo; por cuyo motivo yo abro mi pupitre y saco ocultamente un cuaderno en que he ido pegando recortes de periódicos. Y leo las cosas extraordinarias que pasan en el mundo:

guarismos *ciphers, numbers*

triángulo esférico unirrectángulo *unirectangular spheric triangle*

cuadrante *quadrant*

"*Un elefante célebre.*—La muerte violenta de *Jumbo*, el gigantesco elefante de Barnum . . ."

"*Ferrocarriles eléctricos.*—Recientemente se ha inaugurado en Cleveland (Ohío) el primer ferrocarril eléctrico construído hasta ahora . . ."

"*Los velocipedistas.*—Un hombre montado en un biciclo, es decir, en un velocípedo de dos ruedas, ha aparecido en Talriz, en los confines de Persia . . ."

velocipedistas *bicyclists*

biciclo *bicycle*

De pronto, cuanto más embebido estoy en mi lectura, oigo una campanita que toca: *din-dan, dindan* . . .

—¡Caramba!—vuelvo yo a exclamar—; ha pasado otra media hora y aún no me sé la lección. Y ahora sí que abro decidido otro libro y me voy enterando de que "el género silicatos es el segundo de los que componen la familia de los silícidos". Algo raro me parece a mí esta familia de los silícidos. Pero, sin embargo, repito mentalmente estas frases punto por punto. Lo malo es que el fervor no me dura mucho tiempo; en seguida me siento cansado y ladeo un poco la cabeza, apoyada en la palma de la mano, y miro en la huerta, a través de los cristales, la lejana casita oculta entre los árboles.

silicatos *silicic acid*

silícidos *stones such as quartz or opal*

Y entonces suena la hora de la clase y me lleno de espanto.

suena la hora de la clase *it is time for class*

—A ver. Azorín—me dice el profesor cuando hemos bajado al aula—, salga usted.

Yo salgo en medio de la clase y me dispongo a decir el cuadro de la sílice:

el cuadro de la sílice *the formation of silicon dioxide*

—La sílice se divide en dos: primera, cuarzo; segunda, ópalo. El cuarzo se divide en hyalino y en litoideo . . .

Al llegar aquí ya no sé lo que decir, y repito dos o tres veces que el cuarzo se divide en hyalino y litoideo; el profesor conviene en que, efectivamente, es así. Yo vuelvo a callar. Estos momentos de silencio son tremendos, abrumadores; parecen siglos. Por fin, el profesor pregunta:

—¿No sabe usted más?

Yo le miro con ojos atontados. Y entonces él dice terriblemente:

—Está bien, señor Azorín; esta tarde me dejará usted la merienda.

Y yo ya sé que cuando descendamos al comedor he de llevar humildemente mi platillo con la naranja o las manzanas a la mesa presidencial.

cuarzo *quartz*

en hyalino y en litoideo *in hyaline and lithoid*

B. "La alegría."

¿Cuándo jugaba yo? ¿Qué juegos eran los míos? Os diré uno: no conozco otro. Era por la noche, después de cenar; todo el día había estado yo trafagando en la escuela a vueltas con las cartillas, o bien metido en casa, junto al balcón, repasando los grabados de un libro. Cuando llegaba la noche, se hacía como un oasis en mi vida; la luna bañaba suavemente la estrecha callejuela; un frescor vivificante venía de los huertos cercanos. Entonces mi vecino y yo jugábamos a *la lunita*. Este juego consiste en ponerse en un cuadro de luz y en gritarle al compañero que uno "está en su luna", es decir, en la del adversario; entonces el otro viene corriendo a desalojarle ferozmente de su posesión, y el perseguido se traslada a otro sitio iluminado por la luna . . . , hasta que es alcanzado.

Mi vecino era un muchacho recogido y taciturno, que luego se hizo clérigo; yo creo que éste ha sido nuestro único juego. Pero a veces tenía un corolario verdaderamente terrible. Y consistía en que

trafagando *struggling*

a vueltas *involved with (in context)*

cuadro de luz *spotlight*

corolario *inference, consequence*

una criada de la vecindad, que era la mujer más estupenda que he conocido, salía vestida bizarramente con una larga levita, con un viejo sombrero de copa y con una escoba al hombro. Esto era para nosotros algo así como una hazaña mitológica; nosotros admirábamos profundamente a esta criada. Y luego, cuando en esta guisa nos llevaba a una de las eras próximas, y nos revolcábamos, bañados por la luz de la luna, en estas noches serenas de Levante, sobre la blanda y cálida paja, a nuestra admiración se juntaba una intensa ternura hacia esta mujer única, extraordinaria, que nos regalaba la alegría . . .

en esta guisa *in this guise*

IV. Actividades de Comprensión de Lectura

A. Conteste verdad (V) o falso (F) a los siguientes asertos relacionados con la lectura "La lección."

1. ______ El niño después de estudiar sus lecciones de matemáticas y ciencias dedica su tiempo libre a sus lecturas favoritas.
2. ______ El niño en su cuaderno privado colecciona artículos periodísticos de hechos insólitos.
3. ______ El niño es un estudiante ejemplar y está muy bien preparado para contestar todas las preguntas de su profesor.
4. ______ Cuando se llega la hora de la clase, el niño entra despreocupadamente al aula.
5. ______ Para el niño los textos escolares son un misterio inexplicable.
6. ______ Cuando el profesor cuestiona al niño sobre la lección del día, este responde sin vacilar a todas las preguntas.
7. ______ A pesar de que el niño sabe su lección, el tiempo que dura el interrogatorio le parece interminable.
8. ______ El profesor castiga al niño por no saber su lección.
9. ______ El castigo consiste en que el niño debe permanecer en la escuela una hora extra estudiando su tarea.

10. ______ El niño resiente el castigo porque sufre una humillación delante de sus compañeros.

B. Después de leer "La alegría" de Azorín, escoja la opción que complete la oración correctamente según el contexto.

1. En "La alegría" el narrador da la impresión de ser
   a. un niño.
   b. un hombre maduro que recuerda su infancia.
   c. un sacerdote.
   d. un muchacho tímido y solitario.
2. La voz narrativa de este escrito
   a. es una 3a. persona omnisciente.
   b. presenta una actitud objetiva y distanciada ante lo que narra.
   c. es una 1a. persona y su punto de vista está impregnado de ternura y subjetividad.
   d. refiere lo narrado en forma dialogada.
3. En este escrito el protagonista es un niño que
   a. pasa gran parte de su tiempo jugando con sus compañeros.
   b. tiene pocos amigos por su mal carácter.
   c. tiene problemas sicológicos y por eso busca la soledad de la noche y la compañía de la luna.
   d. tiene un solo amigo con el cual se reúne en las horas de la noche para jugar y soñar.
4. Los dos niños sentían
   a. admiración y ternura por la mujer porque los hacía vivir en un mundo bello de fantasía.
   b. un gran temor por la criada que se vestía de bruja.
   c. desprecio por la criada porque pensaban que estaba loca.
   d. curiosidad por esta mujer extraña que salía de noche a buscar la luna.
5. Para el narrador, la noche, la luna y la criada
   a. eran causa de muchas pesadillas.
   b. eran la fuente de su alegría en la niñez.
   c. fueron elementos que no dejaron una impresión fuerte en su vida.

d. se convirtieron en factores obsesivos que afectaron negativamente su vida.

C. Preguntas temáticas.

1. ¿Cuántos años piensa usted que tiene el protagonista de estas lecturas? ¿8, 10 o 13 años? Explique sobre que datos basa su elección.
2. ¿Cuáles son algunos de los hechos mundiales que llaman la atención del niño en "La lección"? ¿Piensa usted que esos hechos llamarían la atención de un niño hoy en día?
3. ¿Cómo relaciona usted la angustia del niño al ver que el tiempo pasa, que la hora de su clase se acerca y que no está preparado, con alguna experiencia personal semejante?
4. ¿Cómo contrastan los sentimientos del niño en las dos lecturas?
5. Después de leer estos pasajes ¿podría usted deducir qué clase de personalidad tiene el protagonista?
6. ¿Qué motivos puede tener la criada en "La alegría" para vestirse de bruja?
7. ¿Por qué sienten los niños admiración y ternura por esa mujer?

V. Dé Su Opinión

A. ¿Piensa usted que las experiencias infantiles de Azorín son excepcionales, o por el contrario, muy comunes entre los niños? Explique.

B. Los hechos narrados por Azorín ocurrieron en España a fines del siglo XIX. ¿Opina usted que en la actualidad y en el ambiente de los Estados Unidos los niños han reemplazado estas experiencias por otras preocupaciones? Explique.

C. ¿Qué sentimientos piensa usted que predominan en esta lectura? ¿Resentimiento, nostalgia, deseo de recuperar tiempos perdidos, amargura, etc.? Explique.

D. ¿Con cuál de las dos lecturas podría usted identificarse? Explique.

E. El narrador de estas lecturas da la impresión de ser un niño tímido y de pocos amigos. También dice que se acuerda solamente de un juego durante su niñez. En la sociedad actual ¿a qué problemas podrían conducir estas circunstancias? Explique.

VI. Actividad Especial

Trate de recordar alguna experiencia de su infancia, positiva o negativa, que haya dejado una fuerte impresión en su vida. Tome unos pocos minutos para ponerla en orden y luego cuéntela a sus compañeros de clase.

PARTE C: EL PERIODISMO

LA NINEZ DESVIRTUADA . . .

de María Elena Chávez

EN ESTE DIA DEL NIÑO

de Antonio Hernández Monroy

ENTREVISTA

Anónimo

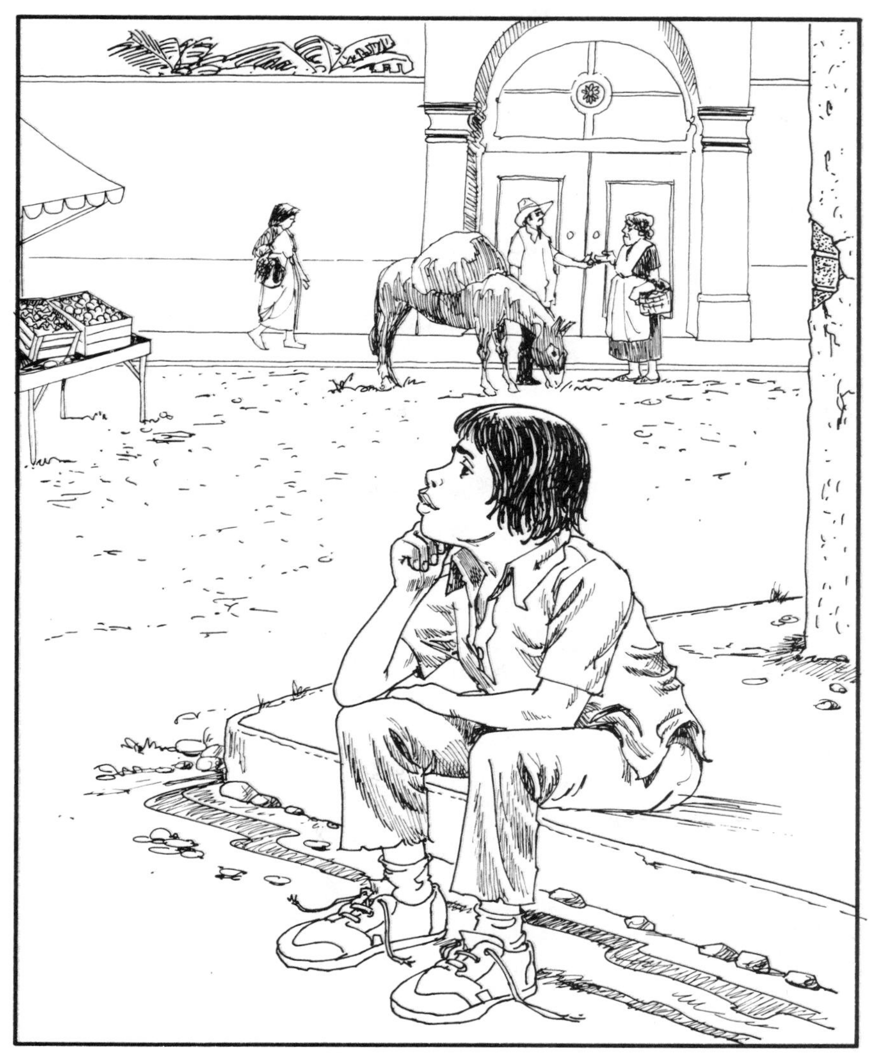

I. Vocabulario Esencial

A. "La niñez desvirtuada . . ."

SUSTANTIVOS

la culpa	guilt
el ganado	cattle
el hambre	hunger
la huella	impression (in context)
el ingreso	income
los medios	means
el sarampión	measles
el sostén	support
la superpotencia	superpower
la tasa	rate
la tos ferina	whooping cough

ADJETIVOS

capaz	capable
carente	lacking
espeluznante	hair-raising
menos	least
presa	tied up (in context)
sobrecogedor	terrifying

VERBOS

debilitar(se)	to become weak
diezmar	to decimate, anihilate
enfrentar	to face
estrechar	to hold on tightly (in context)
hacer(se)	to become
mantener(se)	to keep (in context)
parecer	to seem

B. "En este día del niño"

SUSTANTIVOS

la banqueta	stool
la carestía	lack

la caricia	caress
la chuchería	trinket
el desempleo	unemployment
el dispendio	waste
la especie	kind, class
la etapa	stage
la golosina	sweets
el remedio casero	home medicine
el sobresalto	fright
la supervivencia	survival

ADJETIVOS

amargo	bitter
barato	cheap
obligado	forced
venidero	coming
venturoso	fortunate

VERBOS

acoger(se)	to adhere to
acudir	to resort (to)
afrontar	to confront
arrastrar(se)	to drag along
arrojar	to throw
dejar	to stop
desenvolver(se)	to handle oneself (in context)
festejar	to celebrate
huir	to escape
imbuir	to instill
suceder	to happen
superar	to overcome

C. "Entrevista"

SUSTANTIVOS

el acompañante	companion
el bolso	purse
el borde	edge
la muñequita	(dim.) doll

la pareja	couple
el paso	movement (in context)

ADJETIVOS

dispuesto	willing
divertido	amusing
inútil	useless

VERBOS

lograr	to accomplish
mostrar	to show
pasear	to walk, stroll
sacar	to withdraw
tomar	to take hold of (in context)
tratar	to try (in context)

II. Actividades de Pre-Lectura

A. Escoja entre el verbo, el sustantivo y el adjetivo la forma correcta para completar la frase.

1. sobresaltar, sobresalto, sobresaltado.
   a. Me diste un ____________________ cuando entraste sin avisar.
   b. La mujer se ____________________ cuando el hombre la tomó del brazo.
   c. Estoy ____________________ con las malas noticias.
2. acompañar, acompañante, acompañado.
   a. Mejor solo que mal ____________________.
   b. Te ____________________ a la biblioteca.
   c. ¿Quién es tu ____________________?
3. mostrar, muestra, mostrado.
   a. El diseñador ha ____________________ su nueva colección para el invierno.

b. Quiero ____________________ las fotos que tomamos en la fiesta.

c. Las ____________________ que me trajo de su trabajo no me satisfacen.

4. sostener, sostén, sostenido.

a. Mi padre me tendrá que ____________________ hasta que termine mis estudios.

b. El bote está bien ____________________ con un lazo.

c. Francisco es el ____________________ de sus hermanos; son huérfanos.

5. debilitar, debilidad, débil.

a. Me siento ____________________ después de mi enfermedad.

b. Las preocupaciones ____________________ la salud de mi tío.

c. La ____________________ de esa mujer es obvia.

B. Escoja el antónimo de las siguientes palabras.

1. ______ amargo	a. inocencia
2. ______ carestía	b. caro
3. ______ culpa	c. desgraciado
4. ______ venturoso	d. pasado
5. ______ barato	e. dulce
	f. sustituir
	g. abundancia

C. Escriba una oración con las palabras dadas.

1. padre/tener/ingresos/sostener/familia
2. sociedad/deber/enfrentar/problemas/niñez
3. desempleo/traer/graves/problemas/sociedad
4. niños/gustar/comer/golosinas
5. enfermedades/poder/curarse/remedios caseros

D. Forme una palabra derivada de las dadas en la lista a seguir. Modelo: muestra—mostrar

1. carente ____________________
2. parecer ____________________
3. lograr ____________________
4. festejo ____________________
5. superar ____________________
6. obligado ____________________
7. venidero ____________________
8. caricia ____________________

E. Escoja el sinónimo para la palabra subrayada.

1. El hombre estaba molesto con la *insistencia* del niño de que lo llevara al cine.
   a. inseguridad
   b. insensibilidad
   c. perseverancia
2. Joaquín es un muchacho muy *capaz.*
   a. agradable
   b. dispuesto
   c. competente
3. En España nos dieron una buena *acogida.*
   a. comida
   b. recibimiento
   c. golosina
4. Muchos niños pobres *huyen* del hogar.
   a. se esconden
   b. corren
   c. escapan
5. Esa película es *espeluznante.*
   a. cómica
   b. sobrecogedora
   c. triste

F. Escriba una oración con las siguientes palabras.

1. la tasa
2. los medios
3. las superpotencias
4. el dispendio
5. acudir
6. presuponer
7. dispuesto
8. divertido

III. A. "La niñez desvirtuada: Pesimismo ante un presente oscuro," de María Elena Chávez

Cuarenta mil niños al día mueren de hambre. Sí. De hambre.

Los números, los fríos números nada nos dicen, pero la imagen de la madre, sentada hora tras hora, presa de ansiedad, estrechando contra su pecho el cuerpo vacilante de su hijo, mientras ve y siente que lenta pero inexorablemente se le va la vida, es ya no sobrecogedor, sino espeluznante.

lenta pero inexorablemente *slowly but surely*

Todo esto ocurre en cualquier país del Tercer Mundo.

Mientras tanto, las superpotencias, según las últimas cifras, gastan más de 3 mil billones de dólares en armamento.

Permitir que mueran, de esta forma, 40 mil niños día a día, es inconcebible en un mundo que ha sido capaz de crear los medios para prevenirlo.

Sin embargo, el avance en la preservación de la vida de nuestros hijos, está en realidad haciéndose día a día más lento. Por ejemplo: entre el final de la Segunda Guerra Mundial y el comienzo de los años setentas, la tasa de mortalidad infantil se redujo casi a la mitad, en los países de bajos ingresos.

casi a la mitad *almost in half*

No obstante, en los últimos años, este avance no se ha mantenido y para muchos niños de nuestros países, su calidad de vida ha empezado a deteriorarse a medida que el sostén económico de sus padres comienza a debilitarse.

No obstante *Nevertheless*

Dicen las cifras, que de continuar así, hacia finales del siglo en la población infantil mundial, carente de alimentación, agua y cuidados sanitarios, irá aumentando cada vez más rápidamente la mortandad.

Según la F.A.O., el año 2000 encontrará a más de 650 millones de personas en condiciones de grave desnutrición, es decir, si no ponemos, si el mundo no pone un correctivo, la espeluznante cifra de niños muertos de hambre, llegará a 52 mil pequeños seres que abandonarán la vida por desnutrición diariamente.

F.A.O. *Food and Agriculture Organization; United Nations*

ENFERMEDADES

Amén del hambre, los infantes del Tercer Mundo enfrentan, cual si fueran jinetes del Apocalipsis, seis enfermedades que diezman, aún hoy; cuando el hombre ha llegado a la Luna, cuando el hombre puede destruirse en fracción de segundos, sin dejar la menor huella, cuando la ciencia anda en pos de la cura del cáncer; a millones de pequeños seres que ninguna culpa tienen: el Sarampión, la Difteria, el Tétanos, la Tos Ferina, la Poliomelitis y la Tuberculosis matan anualmente, según cifras de la Organización Mundial de la Salud, a más de 5 millones de niños.

Amén del hambre *In addition to hunger*

cual si fueran jinetes del Apocalipsis *as if they were horsemen of the Apocalypse*

anda en pos *goes in search of*

El Tercer Mundo, para cubrir las deficiencias alimentarias de su población necesita: 30 millones de toneladas de cereales; esta cifra que parece estratosférica, sólo representa un 2% de la producción mundial y apenas llega al 20% del volumen de cereales destinados anualmente a la alimentación del ganado en nuestro hemisferio norte, es decir, para los grandes países importa más una vaca que un hombre.

B. "En este día del niño," de Antonio Hernández Monroy

Sin alcanzar a comprender aún por completo lo que sucede en su entorno, la población infantil del país

en su entorno *in his environment*

ve marcada esta etapa de su vida por los símbolos de su tiempo: Devaluación, crisis, carestía, desempleo, recesión, austeridad, reordenación, corrupción, dispendio e inumerables conceptos más que se acumulan a su derredor como elementos de un pasatiempo siniestro de sus mayores que los incluye en éste sin consultarlos.

No hay día ni actividad que no traiga el recuerdo de una de estas palabrejas como presagio de inmediatas repercusiones en el proceso de formación de muchos pequeños de nuestro país que vieron pasar de lejos una utopía, la niñez sin sobresaltos.

palabrejas *angry words*
presagio *omen*
pasar de lejos *pass by*

Obligados por las circunstancias, apenas dominando las tiernas partes de su cuerpo, muchos infantes son enseñados por sus padres a allegarse medios económicos para subsistir. Los podemos ver en las esquinas, en los parques, ofreciéndonos periódicos, golosinas, chucherías, imbuídos en el juego de la supervivencia.

a allegarse medios económicos *to look for economic means*

Con una deficiente educación y una alimentación que deja mucho que desear, los niños de las clases sociales más necesitadas cuyos padres carecen de recursos económicos para mantenerlos al margen de las consecuencias originadas por la actual situación que vive el país, comienzan desde temprano a sufrir carencias y a afrontar situaciones adversas a las que un muy pequeño porcentaje logrará sobreponerse para encarar las subsecuentes etapas existenciales, sobre las limitaciones que le presuponen un futuro poco venturoso.

deja mucho que desear *leaves a lot to be desired*
mantenerlos al margen *keep them at a distance*

Los hay que abandonados por sus progenitores a temprana edad o huyendo de los malos tratos de que éstos los hacen objeto, se agrupan con otros chicos de la misma edad o se acogen al abrigo de otros mayores de los que muchas ocasiones adoptan vicios y actitudes infalibles en esa especie de confederación contra la miseria.

¿Qué más pueden heredarles las "Marías" a sus hijos? Sino un futuro sombrío y una marginación ancestral que les impide incorporarse en igualdad de condiciones al proceso natural de todo ser humano

¿Qué más pueden heredarles las "Marías" a sus hijos? *What else can these Mary Does leave to their children?*

cuya mínima aspiración es la de superar sus condiciones de vida.

Es difícil esperar que de entre la descendencia de estas mujeres y sus compañeros de infortunio salgan hombres y mujeres preparados para desenvolverse en esta sociedad de competencia, lejos de las filas del subempleo y la indigencia.

Algunos padres cuyos ingresos son mínimos, buscan la manera de que sus hijos acudan a las escuelas, haciendo milagros y completando de aquí y allá para poder proporcionarles uniformes, útiles escolares y en los más de los casos sustituyendo una indispensable atención médica con remedios caseros y "curas" empíricas, al contemplar totalmente fuera de su presupuesto familiar las tarifas de los servicios médicos.

Este Día del Niño muchos de ellos lo festejarán vendiendo chicles, pañuelos deshechables, arrojando fuego por la boca, arrastrándose por las banquetas entre los pies de los transeúntes, sin nada que haga éste hoy diferente a los pasados o a los venideros.

Algunos recibirán un presente modesto, otros se conformarán con un dulce barato o una caricia; pero muchos otros no tendrán siquiera un lugar dónde dormir, pasarán esta noche como muchas otras acomodados en el quicio de una puerta, en alguna terminal de autobuses mientras los cuidadores no los encuentren y con malos tratos los echen fuera, interrumpiendo los sueños de niño y despertándolos bruscamente, a la pesadilla de hombres prematuros.

Este Día del Niño muchos comenzarán a dejar de serlo, en una transición amarga.

lejos de las filas del desempleo y la indigencia *far from unemployment lines*

útiles escolares *school supplies*

presupuesto familiar *family budget*

pañuelos deshechables *facial tissues*

transeúntes *passersby*

cuidadores *watchmen*

malos tratos *ill-treatment*

pesadilla *nightmare*

C. "Entrevista," Anónimo

La pareja de jóvenes se detiene ante el pequeño que les cierra el paso, extendiendo hacia ellos una caja con chocolates de baja calidad.

—Cómpreme uno para la señorita, ¡ándele!, no

he vendido nada. El joven ve alternativamente a su compañera y al niño contestando:

—Ya te ganaron mano, acabamos de comprar uno.

Ya te ganaron mano *Someone already beat you to it*

El niño sigue a la pareja tomando la mano de la chica . . .

—¡Andele! Señito!, dígale que sí lo quiere . . .

!Andele ¡ Señito! *Come on, sir (dim.)*

Sin perder la calma ella trata de convencerlo de que es inútil su insistencia, y sacando de su bolso le muestra un chocolate.

Sin perder la calma *Without losing her patience*

¡Mira!, te digo que ya compramos uno.

Mientras los adolescentes se sientan en el borde de una de las fuentes del parque, el niño no se separa de ellos dispuesto a lograr su objetivo.

—¿Entonces, sí me lo compra?

Después de preguntar el precio la chica extrae unas monedas de su bolso y paga la golosina sonriendo a su acompañante entre resignada y divertida.

Con la cara sonriente "Nacho" regresa con nosotros diciendo . . .

—Así es como hay que hacerle; pero no con todos pega.

Así es como hay que hacerle; pero no con todos pega. *This is the way to approach them but it doesn't work with everybody.*

—¿Y como cuánto ganas al día Nacho?— preguntamos.

—A veces cien, a veces doscientos, no es fijo.

—¿Cómo vas a pasar el día del niño?

—¡Ah! pu's ese día la voy a hacer con muñequitos, ya los tengo, a lo mejor me valeo porque los niños salen ese día a pasear con sus papás.

¡Ah! pu's *Oh, well!*

a lo mejor me valeo *maybe I'll do well*

—Y . . .

Y nos deja con la palabra en la boca mientras corre hacia otra pareja tratando de "madrugarle" a la competencia.

Y nos deja con la palabra en la boca *And he cuts us off*

tratando de "madrugarle" a la competencia *trying to beat the competition.*

IV. Actividades de Comprensión de Lectura

A. Escoja el aserto que complete la oración correctamente según el contexto de la lectura.

1. La población infantil en los países del Tercer Mundo aprende a ganarse la vida desde pequeños porque
   a. los padres no pueden enviarlos a las escuelas.
   b. el gobierno se los exige.
   c. los padres carecen de los medios necesarios para cuidar de ellos.
   d. son más listos que los niños angloamericanos.
2. El gobierno no puede solucionar el problema de la desnutrición de estos niños porque
   a. la actual sobrepoblación de países como México es crítica.
   b. carece de los suficientes medios para hacerlo.
   c. el gobierno confronta otros problemas graves como la devaluación, el desempleo y la recesión.
   d. todas las anteriores.
3. Los padres que abandonan a sus hijos frecuentemente lo hacen porque
   a. no los quieren y prefieren que otros los adopten.
   b. carecen de los medios económicos necesarios para mantenerlos.
   c. no quieren ser responsables de educarlos.
   d. desean disfrutar su vida plenamente sin estorbos de ninguna clase.
4. Muchos niños de familias pobres en México celebran el Día del Niño
   a. vendiendo golosinas en el parque para conseguir dinero.
   b. participando en actividades especiales en la comunidad.
   c. viajando a otros lugares a *vacacionar* con los parientes.
   d. jugando en los parques de recreo con los otros niños.

B. Conteste verdad (V) o falso (F) a los siguientes asertos.

1. ______ Miles de niños del Tercer Mundo mueren diariamente porque la madre es negligente y no los alimenta bien.
2. ______ Entre las enfermedades que atacan a los niños están el polio, la difteria y la tuberculosis.
3. ______ Los padres de familias pobres enseñan a sus niños a

ganarse la vida desde temprano porque no quieren educarlos.

4. ______ Muchos niños que adoptan vicios desde pequeños lo hacen por necesidad.

5. ______ El Día del Niño se celebra solamente en México.

C. Preguntas temáticas

1. ¿Qué proporción de niños muere diariamente por desnutrición en los países del Tercer Mundo?
2. ¿Cuáles son las enfermedades que más afectan a estos niños?
3. ¿Cuáles son algunos de los problemas sociales que afectan diariamente a la población infantil?
4. ¿Por qué mandan los padres a sus hijos desde pequeños a buscarse los medios para subsistir?
5. ¿Cómo se ganan la vida estos niños?
6. ¿Qué hacen los niños que sufren del maltrato de sus padres?
7. ¿Qué educación les provee el gobierno a estos niños marginados?
8. ¿Cómo celebran muchos de estos niños de escasos recursos económicos el Día del Niño?
9. ¿Qué esperanza hay para estos niños en el futuro?

V. Dé Su Opinión

A. Usted es político y tiene un plan para resolver el problema del hambre en los países del Tercer Mundo. Explique cuál es su plan.

B. ¿Cuál debe ser la intervención de los Estados Unidos en el Tercer Mundo en la solución de problemas sociales como la desnutrición, el desempleo y la sobrepoblación?

C. Los niños en países como México frecuentemente son obligados a trabajar desde los cuatro años. Compare esta situación con la de los niños criados en los Estados Unidos. Dé las semejanzas y/o diferencias entre ambos.

D. ¿Le han dado estos artículos una nueva perspectiva para

entender algunos de los problemas sociales de los países hispanos?

E. Si usted ha viajado a México, España u otro país hispano ¿ha presenciado usted algunos de los hechos aquí relatados?

VI. Actividad Especial

Toma de posición.

A. Un niño de ocho años le roba la cartera a un turista para llevarle el dinero a su madre. Esta necesita comprar medicinas para su hijo menor quien está enfermo. El niño sale corriendo pero el turista lo alcanza y lo denuncia a la policía. El policía lo lleva a la corte pero queda libre por ser menor de edad.

1. ¿Cree usted que el niño está justificado al robar por necesidad?
2. ¿Debió el policía entregar el niño a las autoridades después de saber la razón por la cual robó? ¿Por qué?
3. ¿Piensa usted que la ley debe castigar al niño o adolescente que roba por tener hambre o por ayudar a su familia?

B. Muchos niños en los países subdesarrollados piden por las calles para no robar. ¿Cuál de las siguientes posiciones asumiría usted ante esta situación?

1. Les daría dinero a los niños para que se apartaran enseguida y dejaran de molestarme.
2. No les daría dinero pues se acostumbrarían a pedir y luego no querrían trabajar.
3. Los ignoraría para que supieran que no se debe pedir dinero por las calles a personas desconocidas.
4. Trataría de ayudar a colocarlos en un centro de asistencia infantil.
5. Los orientaría para que tuvieran cuidado pues no todas las personas en la calle son buenas.

C. La desnutrición es un problema que afecta grandemente a los países del Tercer Mundo. ¿Quiénes considera usted que son los verdaderos culpables de esta situatión?

1. Los padres ya que no controlan el número de hijos que tienen.
2. Los sistemas de gobierno que no buscan soluciones a los problemas sociales.
3. Algunas doctrinas religiosas que prohiben el control de la natalidad.
4. Una posible combinación de las anteriores.

VII. Actividad Final

A. ¿Cuál de las lecturas en este capítulo le gustó o interesó más? ¿Por qué?

B. ¿Qué diferencias de estilo puede usted señalar en estas tres selecciones? Por ejemplo, compare el lenguaje usado en "Sebastián Gómez . . ." con la parte periodística de la Unidad C. ¿Cuál es más directo? ¿Cuál es más técnico? ¿Cuál presenta una mayor libertad de expresión y acude al uso de adjetivos y metáforas para embellecer la expresión? Trate de dar ejemplos específicos.

C. Con relación al tema de las lecturas ¿puede usted identificarse con las experiencias de Sebastián o de Azorín? ¿Qué impresión le dejó la lectura periodística sobre la niñez abandonada?

D. Finalmente, escriba un breve ensayo contrastando estas lecturas. Tenga en cuenta los temas y el estilo de cada una de ellas.

Capítulo 2

El adolescente

INTRODUCCION

La segunda etapa de la vida del ser humano, y una de las más difíciles, es la de la adolescencia. Según Jean Piaget, el famoso sicólogo suizo, la adolescencia se inicia hacia el onceavo año de la vida. El niño, que ya ha dejado de ser niño pero que aún está muy lejos de alcanzar la madurez, trata de encontrar su propia identidad. Dice Piaget:

> El niño pequeño refiere todas las cosas a él sin saberlo, sintiéndose siempre inferior al adulto y a los mayores a quienes imita: se construye así una especie de mundo aparte, a una escala más pequeña que la del mundo de los adultos. El adolescente, en cambio, merced a su personalidad incipiente, se coloca como un igual ante sus mayores, pero se siente otro, diferente de éstos por la vida nueva que se agita en él. Y entonces, naturalmente, quiere sobrepasarles y sorprenderles transformando el mundo. (101-102)[1]

En este capítulo vamos a comentar esta etapa vital en la cual el adolescente cuestiona y desafía los valores que su sociedad le ofrece. Mientras que éste trata de encontrar las bases que afirmen su propia personalidad, sus mayores, perplejos, tratan de construir un puente que disminuya la brecha generacional.

[1] Jean Piaget, *Seis estudios de psicología,* traducción de Nuria Petit (Barcelona: Seix Barral, 1970), pp. 101–102.

En la primera parte del capítulo, la novelista española Ana María Matute (1926), reconocida por novelas tales como *En esta tierra, Los hijos muertos* y *Primera memoria,* describe en el cuento "Bernardino," la historia de un adolescente despreciado por sus compañeros generacionales debido a su apariencia física y personalidad "diferentes." Al final, todos los adolescentes que participan en la historia, aprenden de Bernardino una lección en valentía y dan un paso en la afirmación de sus personalidades gracias a los valores positivos presentados por el aislado jovenzuelo.

En la segunda sección se presentan fragmentos de "El pachuco y otros extremos," que forman parte de la famosa obra *El laberinto de la soledad* escrita por el mexicano Octavio Paz (1914). Paz se ha destacado como poeta y ensayista. Algunas de sus obras poéticas más importantes son *Raíz del hombre, Bajo tu clara sombra, Libertad bajo palabra* y *La estación violenta.* Como ensayista, además de la obra ya mencionada, también ha escrito *El arco y la lira.* La lectura escogida para este capítulo ayuda a entender los sentimientos y actitudes de un grupo de jóvenes méxico-americanos en la década de los 50. Aun cuando varias decenas de años han pasado desde que Paz escribió su obra, hoy en día podemos relacionar los problemas discutidos en su ensayo con los de muchos adolescentes de nuestra era.

En la parte final del capítulo se ofrece un contraste interesante del tema de la juventud, tratado por dos escritores de nacionalidades y generaciones diferentes. El periodista mexicano contemporáneo Fernando de Ita habla en su artículo de los jóvenes de hoy en día, que muy pronto serán los maestros del mañana. Su tono es irónico y salpicado con notas de humor. El muy aclamado Miguel de Unamuno (1864–1936), miembro de la Generación española del 98, trata el tema de la juventud desde un punto de vista más filosófico. Unamuno fue ensayista, poeta, novelista, dramaturgo, cuentista y periodista. Entre sus obras de ensayo se destacan *La vida de Don Quijote y Sancho, En torno al casticismo* y *Del sentimiento trágico de la vida.* Entre sus novelas más conocidas se cuentan *Niebla, Abel Sánchez* y *San Manuel Bueno Mártir.*

En sus artículos periodísticos ambos escritores presentan actitudes similares sobre la juventud de su tiempo: un poco de desdén, algo de esperanza y muchas interrogaciones.

BERNARDINO

de Ana María Matute

I. Vocabulario Esencial

SUSTANTIVOS

las afueras	outskirts
los álamos	poplar trees
la aldea	village
el amito	(dim.) friend
las andanzas	mischievous deeds
el bosque	forest
el capataz	overseer
los castaños	chestnut trees
el cobarde	coward
el escalofrío	chill
la finca	farm
la fogata	bonfire
el huerto	orchard
el humo	smoke
el látigo	whip
la palmada	pat
el sofoco	embarrassment

ADJETIVOS

altivo	proud
apacible	calm
asombrado	astonished
diminuto	minute
hueco	empty
impávido	fearless
lindante	adjacent
mimado	spoiled
necio	foolish
pardo	dark-colored
rabioso	furious
receloso	distrustful
sarnoso	mangy
sosegado	calm

VERBOS

acudir	to assist
apalear	to whip

arrollar	to wrap around
atreverse	to dare
aullar	to howl
cuchichear	to gossip
desabrochar(se)	to unbutton
descalzar(se)	to take off one's shoes
enterar(se)	to find out
prescindir	to do without
recorrer	to pass over
retardar	to delay
retroceder	to move backward
sacudir	to shake off
silbar	to whistle
zarandear	to move to and fro

II. Actividades de Pre-Lectura

A. Subraye la palabra que por su significado o función gramatical no corresponde al grupo.

1. sosegado calmado tranquilo altivo pausado
2. palmada finca huerto bosque aldea
3. marrón pardo claro gris negro
4. enterarse prescindir averiguar saber
5. recorrer caminar pasar apalear viajar

B. Escoja la palabra que corresponde a cada definición.

1. Es lo mismo que acudir.
   a. salir b. frecuentar c. ir d. aislar
2. Algo que es muy pequeño.
   a. invisible b. hueco c. diminuto d. insignificante
3. Persona que es orgullosa.
   a. rabiosa b. altiva c. necia d. insegura
4. Quitarse los zapatos y las medias.
   a. desvertirse b. abrigarse c. descalzarse d. vestirse
5. Sacudir con violencia.
   a. zarandear b. temblar c. arrollar d. aullar

C. Forme un sustantivo con los verbos dados.
Ejemplo: morder—mordida

1. moverse ______________________
2. recorrer ______________________
3. sacudir ______________________
4. silbar ______________________
5. cuchichear ______________________

D. Escoja la definición en inglés que corresponda a la palabra subrayada en español.

1. ______ El perro está *sarnoso*.
   a. tired b. mangy c. frightened
2. ______ Tomás es el *capataz* de la finca.
   a. foreman b. employee c. owner
3. ______ Me dio una *palmada* en la espalda.
   a. whip b. pat c. smack
4. ______ Me corrió un *escalofrío* por todo el cuerpo.
   a. warmth b. vibration c. chill
5. ______ Graciela vive en las *afueras* del pueblo.
   a. outskirts b. west side c. hills

E. Llene el espacio en blanco con la palabra apropiada.

1. Toda la familia fue a la ______________________ el domingo.
   a. parque b. aldea c. bosque
2. Hay un ______________________ muy grande cerca de mi casa.
   a. álamo b. finca c. chopera
3. Nos quedamos ______________________ con lo sucedido.
   a. huecos b. lindantes c. asombrados
4. El perro estuvo ______________________ toda la noche y no me dejó dormir.
   a. aullando b. descansando c. murmurando
5. Le dio con el ______________________ hasta que se cayó al piso casi muerto.
   a. alpargata b. látigo c. terraplén

III. "Bernardino," de Ana María Matute

Siempre oímos decir en casa, al abuelo y a todas las personas mayores, que Bernardino era un niño mimado.

Bernardino vivía con sus hermanas mayores, Engracia, Felicidad y Herminia, en «Los Lúpulos», una casa grande, rodeada de tierras de labranza y de un hermoso jardín, con árboles viejos agrupados formando un diminuto bosque, en la parte lindante con el río. La finca se hallaba en las afueras del pueblo, y, como nuestra casa, cerca de los grandes bosques comunales.

tierras de labranza *farmlands*

Alguna vez, el abuelo nos llevaba a «Los Lúpulos», en la pequeña tartana y, aunque el camino era bonito por la carretera antigua, entre castaños y álamos, bordeando el río, las tardes en aquella casa no nos atraían. Las hermanas de Bernardino eran unas mujeres altas, fuertes y muy morenas. Vestían a la moda antigua—habíamos visto mujeres vestidas como ellas en el álbum de fotografías del abuelo—y se peinaban con moños levantados, como roscas de azúcar, en lo alto de la cabeza. Nos parecía extraño que un niño de nuestra edad tuviera hermanas que parecían tías, por lo menos. El abuelo nos dijo:

la pequeña tartana *the small two-wheeled carriage*

se peinaban con moños . . . cabeza. *They combed their hair into buns that looked like sugar lumps on top of their heads.*

—Es que la madre de Bernardino no es la misma madre de sus hermanas. Él nació del segundo matrimonio de su padre, muchos años después.

Esto nos armó aún más confusión. Bernardino, para nosotros, seguía siendo un ser extraño, distinto. Las tardes que nos llevaban a «Los Lúpulos» nos vestían incómodamente, casi como en la ciudad, y debíamos jugar a juegos necios y pesados, que no nos divertían en absoluto. Se nos prohibía bajar al río, descalzarnos y subir a los árboles. Todo esto parecía tener una sola explicación para nosotros:

Esto nos armó aún más confusión. *This confused us even more.*

—Bernardino es un niño mimado—nos decíamos. Y no comentábamos nada más.

Bernardino era muy delgado, con la cabeza redonda y rubia. Iba peinado con un flequillo ralo, sobre sus ojos de color pardo, fijos y huecos, como si fueran de cristal. A pesar de vivir en el campo, estaba

Iba peinado con un flequillo ralo *He had thin bangs*

pálido, y también vestía de un modo un tanto insólito. Era muy callado, y casi siempre tenía un aire entre asombrado y receloso, que resultaba molesto. Acabábamos jugando por nuestra cuenta y prescindiendo de él, a pesar de comprender que eso era bastante incorrecto. Si alguna vez nos lo reprochó el abuelo, mi hermano mayor decía:

un tanto insólito *rather unusual*

—Ese chico mimado . . . No se puede contar con él.

No se puede contar con él. *You can't depend on him.*

Verdaderamente no creo que entonces supiéramos bien lo que quería decir estar mimado. En todo caso, no nos atraía, pensando en la vida que llevaba Bernardino. Jamás salía de «Los Lúpulos» como no fuera acompañado por sus hermanas. Acudía a la misa o paseaba con ellas por el campo, siempre muy seriecito y apacible.

Los chicos del pueblo y los de las minas lo tenían atravesado. Un día, Mariano Alborada, el hijo de un capataz, que pescaba con nosotros en el río a las horas de la siesta, nos dijo:

lo tenían atravesado *they couldn't stand him* (slang)

—A ese Bernardino le vamos a armar una.

A ese Bernardino le vamos a armar una. *We are going to put Bernardino into a bind.*

—¿Qué cosa?—dijo mi hermano, que era él que mejor entendía el lenguaje de los chicos del pueblo.

¿Qué cosa? *What do you mean?* (in context)

—Ya veremos—dijo Mariano, sonriendo despacito—. Algo bueno se nos presentará un día, digo yo. Se la vamos a armar. Están ya en eso Lucas Amador, Gracianín y el Buque . . . ¿Queréis vosotros?

Mi hermano se puso colorado hasta las orejas.

se puso colorado hasta las orejas *even his ears got red* (literally)

—No sé—dijo—. ¿Qué va a ser?

—Lo que se presente—contestó Mariano, mientras sacudía el agua de sus alpargatas, golpeándolas contra la roca—. Se presentará, ya veréis.

alpargatas *spradilles, canvas shoes*

Sí: se presentó. Claro que a nosotros nos cogió desprevenidos, y la verdad es que fuimos bastante cobardes cuando llegó la ocasión. Nosotros no odiamos a Bernardino, pero no queríamos perder la amistad con los de la aldea, entre otras cosas porque hubieran hecho llegar a oídos del abuelo andanzas que no deseábamos que conociera. Por otra parte, las escapadas con los de la aldea eran una de las cosas más atractivas de la vida en las montañas.

nos cogió desprevenidos *he caught us off guard*

Bernardino tenía un perro que se llamaba

«Chu». El perro debía de querer mucho a Bernardino, porque siempre le seguía saltando y moviendo su rabito blanco. El nombre de «Chu» venía probablemente de Chucho, pues el abuelo decía que era un perro sin raza y que maldita la gracia que tenía. Sin embargo, nosotros le encontrábamos mil, por lo inteligente y simpático que era. Seguía nuestros juegos con mucho tacto y se hacía querer en seguida.

un perro sin raza *a mongrel*

—Ese Bernardino es un pez—decía mi hermano—. No le da a «Chu» ni una palmada en la cabeza. ¡No sé como «Chu» le quiere tanto! Ojalá que «Chu» fuera mío . . .

Ese Bernardino es un pez. *That boy Bernardino has no feelings.* (slang)

A «Chu» le adorábamos todos, y confieso que alguna vez, con mala intención, al salir de «Los Lúpulos» intentamos atraerlo con pedazos de pastel o terrones de azúcar, por ver si se venía con nosotros. Pero no: en el último momento «Chu» nos dejaba con un palmo de narices, y se volvía saltando hacia su inexpresivo amito, que le esperaba quieto, mirándonos con sus redondos ojos de vidrio amarillo.

nos dejaba con un palmo de narices *he would ignore us* (colloq.)

mirándonos con sus redondos ojos de vidrio amarillo *looking at us with his glassy yellow eyes*

—Ese pavo . . . —decía mi hermano pequeño— Vaya un pavo ese . . .

Ese pavo . . . *That wimp* (slang)

Y, la verdad, a qué negarlo, nos roía la envidia.

nos roía la envidia *we were consumed with envy*

Una tarde en que mi abuelo nos llevó a «Los Lúpulos» encontramos a Bernardino raramente inquieto.

—No encuentro a «Chu»—nos dijo—. Se ha perdido, o alguien me lo ha quitado. En toda la mañana y en toda la tarde que no lo encuentro . . .

—¿Lo saben tus hermanas?—le preguntamos.

—No—dijo Bernardino—No quiero que se enteren . . .

No quiero que se enteren . . . *I don't want them to find out . . .*

Al decir esto último se puso algo colorado. Mi hermano pareció sentirlo mucho más que él.

—Vamos a buscarlo—le dijo—. Vente con nosotros, y ya verás como lo encontraremos.

—¿A dónde?—dijo Bernardino—. Ya he recorrido toda la finca . . .

—Pues afuera—contestó mi hermano—. Vente por el otro lado del muro y bajaremos al río . . . Luego, podemos ir hacia el bosque . . . En fin, buscarlo. ¡En alguna parte estará!

Bernardino dudó un momento. Le estaba terminantemente prohibido atravesar el muro que cercaba «Los Lúpulos», y nunca lo hacía. Sin embargo, movió afirmativamente la cabeza.

Le estaba terminantemente prohibido *It was strictly forbidden for him to*

Nos escapamos por el lado de la chopera donde el muro era más bajo. A Bernardino le costó saltarlo, y tuvimos que ayudarle, lo que me pareció que le humillaba un poco, porque era muy orgulloso.

la chopera *black poplar grove*

Recorrimos el borde del terraplén y luego bajamos al río. Todo el rato íbamos llamando a «Chu», y Bernardino nos seguía, silbando de cuando en cuando. Pero no lo encontramos.

el terraplén *embankment*

Íbamas ya a regresar, desolados y silenciosos, cuando nos llamó una voz, desde el caminillo del bosque:

—¡Eh, tropa! . . .

¡Eh, tropa! . . . *Hey, troop! . . .*

Levantamos la cabeza y vimos a Mariano Alborada. Detrás de él estaban Buque y Gracianín. Todos llevaban juncos en la mano y sonreían de aquel modo suyo, tan especial. Ellos sólo sonreían cuando pensaban algo malo.

sonreían de aquel modo suyo, tan especial *they smiled in their own special way*

Mi hermano dijo:

—¿Habéis visto a «Chu»?

—Mariano asintió con la cabeza:

—Sí, lo hemos visto. ¿Queréis venir?

Bernardino avanzó, esta vez delante de nosotros. Era extraño: de pronto parecía haber perdido su timidez.

—¿Dónde está «Chu»?—dijo. Su voz sonó clara y firme.

Mariano y los otros echaron a correr, con un trotecillo menudo, por el camino. Nosotros le seguimos, también corriendo. Primero que ninguno iba Bernardino.

echaron a correr, con un trotecillo menudo *they started trotting slowly*

Efectivamente: ellos tenían a «Chu». Ya a la entrada del bosque vimos el humo de una fogata, y el corazón nos empezó a latir muy fuerte.

Habían atado a «Chu» por las patas traseras y le habían arrollado una cuerda el cuello, con un nudo corredizo. Un escalofrío nos recorrió: ya sabíamos lo que hacían los de la aldea con los perros sarnosos y vagabundos. Bernardino se paró en seco, y «Chu» em-

Habían atado a "Chu" por las patas traseras *They had tied "Chu" by his hind legs*

pezó a aullar, tristemente. Pero sus aullidos no llegaban a «Los Lúpulos». Habían elegido un buen lugar.

—Ahí tienes a «Chu», Bernardino—dijo Mariano—. Le vamos a dar *de veras.*

Le vamos a dar de veras. *We are really going to beat him up.*

Bernardino seguía quieto, como de piedra. Mi hermano, entonces, avanzó hacia Mariano.

—¡Suelta al perro!—le dijo—. ¡Lo sueltas o . . .!

—Tú, quieto—dijo Mariano, con el junco levantado como un látigo—. A vosotros no os da vela nadie en esto . . . ¡Como digáis una palabra voy a contarle a vuestro abuelo lo del huerto de Manuel el Negro!

A vosotros no os da vela nadie en esto . . . *No one asked for your opinion . . .* (colloq.)

Mi hermano retrocedió, encarnado. También yo noté un gran sofoco, pero me mordí los labios. Mi hermano pequeño empezó a roerse las uñas.

empezó a roerse las uñas *started chewing his nails*

—Si nos das algo que nos guste—dijo Mariano—te devolvemos a «Chu».

—¿Qué queréis?—dijo Bernardino. Estaba plantado delante, con la cabeza levantada, como sin miedo. Le miramos extrañados. No había temor en su voz.

Mariano y Buque se miraron con malicia.

—Dineros—dijo Buque.

Bernardino contestó:

—No tengo dinero.

Mariano cuchicheó con sus amigos, y se volvió a él:

—Bueno, por cosa que lo valga . . .

Bernardino estuvo un momento pensativo. Luego se desabrochó la blusa y se desprendió la medalla de oro. Se la dio.

De momento, Mariano y los otros se quedaron como sorprendidos. Le quitaron la medalla y la examinaron.

—¡Esto no!—dijo Mariano—. Luego nos la encuentran y . . . ¡Eres tú un mal bicho! ¿Sabes? ¡Un mal bicho!

¡Eres tú un mal bicho! *You are a very nasty person!* (colloq.)

De pronto, les vimos furiosos. Sí; se pusieron furiosos y seguían cuchicheando. Yo veía la vena que se la hinchaba en la frente a Mariano Alborada, como cuando su padre le apaleaba por algo.

—No queremos tus dineros—dijo Mariano—. Guárdate tu dinero y todo lo tuyo . . . ¡Ni eres hombre ni *ná!*

¡Ni eres hombre ni ná! *You're less than a man!* (colloq.)

Bernardino seguía quieto. Mariano le tiró la medalla a la cara. Le miraba con ojos fijos y brillantes, llenos de cólera. Al fin, dijo:

Le miraba con ojos fijos y brillantes, llenos de cólera. *He stared at him, his eyes flaring with fury.*

—Si te dejas dar *de veras* tú, en vez del chucho . . .

Todos miramos a Bernardino, asustados.

—No . . . —dijo mi hermano.

Pero Mariano gritó:

—¡Vosotros a callar, o lo vais a sentir . . .! ¿Qué os va en esto? ¿Qué os va . . .?

¿Qué os va en esto? *What is it to you?*

Fuimos cobardes y nos apiñamos los tres juntos a un roble. Sentí un sudor frío en las palmas de las manos. Pero Bernardino no cambió de cara. («Ese pez . . .», que decía mi hermano.) Contestó:

—Está bien. Dadme *de veras.*

Mariano le miró de reojo, y por un momento nos pareció asustado. Pero en seguida dijo:

le miró de reojo *glanced at him*

—¡Hala, Buque . . .!

Se le tiraron encima y le quitaron la blusa. La carne de Bernardino era pálida, amarillenta, y se le marcaban mucho las costillas. Se dejó hacer, quieto y flemático. Buque le sujetó las manos a la espalda, y Mariano dijo:

—Empieza tú, Gracianín . . .

Gracianín tiró el junco al suelo y echó a correr, lo que enfureció más a Mariano. Rabioso, levantó el junco y dio *de veras* a Bernardino, hasta que se cansó.

A cada golpe mis hermanos y yo sentimos una vergüenza mayor. Oíamos los aullidos de «Chu» y veíamos sus ojos, redondos como ciruelas, llenos de un fuego dulce y dolorido que nos hacía mucho daño. Bernardino, en cambio, cosa extraña, parecía no sentir el menor dolor. Seguía quieto, zarandeado solamente por los golpes, con su media sonrisa fija y bien educada en la cara. También sus ojos seguían impávidos, indiferentes. («Ese pez», «Ese pavo», sonaba en mis oídos.)

sus ojos, redondos como ciruelas *his eyes, round as plums*

con su media sonrisa fija y bien educada en la cara *with a fixed, polite half smile on his face*

Cuando brotó la primera gota de sangre Mariano se quedó con el mimbre levantado. Luego vimos que se ponía muy pálido. Buque soltó las manos de Bernardino, que no le ofrecía ninguna resistencia, y se lanzó cuesta abajo, como un rayo.

Mariano miró de frente a Bernardino.

—Puerco—le dijo—. Puerco.

Tiró el junco con rabia y se alejó, más aprisa de lo que hubiera deseado.

Bernardino se acercó a «Chu». A pesar de las marcas del junco, que se inflamaban en su espalda, sus brazos y su pecho, parecía inmune, tranquilo, y altivo como siempre. Lentamente desató a «Chu», que se lanzó a lamerle la cara, con aullidos que partían el alma. Luego, Bernardino nos miró. No olvidaré nunca la transparencia hueca fija en sus ojos de color de miel. Se alejó despacio por el caminillo, seguido de los saltos y los aullidos entusiastas de «Chu». Ni siquiera recogió su medalla. Se iba sosegado y tranquilo, como siempre.

Sólo cuando desapareció nos atrevimos a decir algo. Mi hermano recogió la medalla del suelo, que brillaba contra la tierra.

—Vamos a devolvérsela—dijo.

Y aunque deseábamos retardar el momento de verle de nuevo, volvimos a «Los Lúpulos».

Estábamos y llegando al muro, cuando un ruido nos paró en seco. Mi hermano mayor avanzó hacia los mimbres verdes del río. Le seguimos, procurando no hacer ruido.

un ruido nos paró en seco *a noise made us stop short*

Echado boca abajo medio oculto entre los mimbres, Bernardino lloraba desesperadamente, abrazado a su perro.

Echado boca abajo *Lying face down*

V. Actividades de Comprensión de Lectura

A. Escoja la opción que complete la oración correctamente según el contexto de la lectura.

1. Bernardino es un adolescente que
   a. vive con sus tías y su abuelo en el campo.

b. nació del segundo matrimonio de su padre y por esa razón sus hermanas son mucho mayores.
c. es huérfano y vive con el dueño de "Los Lúpulos."
d. tiene tres hermanas más o menos de su misma edad.

2. El narrador de este cuento piensa que Bernardino
   a. es un muchacho extraño y mimado.
   b. tiene un aspecto físico y una personalidad especial que causa una impresión negativa en los otros muchachos del pueblo.
   c. tiene un carácter fuerte y agresivo.
   d. una posible combinación de las anteriores.
3. El narrador y sus hermanos
   a. se ponen de acuerdo con otros adolescentes del pueblo para burlarse de Bernardino.
   b. se enteran de que los muchachos del pueblo piensan darle un mal rato a Bernardino pero no saben sus planes.
   c. acuden a los otros muchachos del lugar para hacerle una burla a Bernardino.
   d. traman una burla cruel contra Bernardino que está relacionada con su perro "Chu."
4. Los muchachos del pueblo tenían a "Chu" atado de las patas y listo para quemarlo en la hoguera, y
   a. pidieron la medalla de oro de Bernardino para salvar de la muerte a "Chu."
   b. cuando Bernardino los encuentra, éstos matan a "Chu."
   c. le dijeron a Bernardino que el perro quedaría libre si él se dejaba quemar.
   d. le dijeron a Bernardino que si se dejaba azotar dejarían en libertad a "Chu."
5. Cuando Mariano azota a Bernardino, éste
   a. llora y pide ayuda al narrador.
   b. ruega y se humilla ante Mariano para que no lo azote más.
   c. permanece inmóvil y de sus labios no sale una queja.
   d. le dice a Mariano que mate al perro pero que lo deje a él en libertad.

B. Conteste verdad (V) o falso (F) a los siguientes asertos.

1. ______ Bernardino es un muchacho tímido pero muy valiente.
2. ______ El narrador y sus hermanos desprecian a Bernardino porque es hijo de un capataz.
3. ______ Para el narrador, Bernardino es un muchacho diferente a los demás y por eso trata de evitar su compañía.
4. ______ El hermano del narrador dice que "Chu" no quiere a Bernardino porque éste lo maltrata.
5. ______ "Chu" prefiere la compañía del narrador a la de su amo.
6. ______ Cuando "Chu" no aparece al llamado de Bernardino, éste se preocupa y pide al narrador ayuda para salir en su busca.
7. ______ Los otros muchachos del pueblo sienten admiración por Bernardino y lo defienden de las burlas del narrador.
8. ______ Los muchachos del pueblo apresan a "Chu" porque el perro está muy enfermo y sufre de sarna.
9. ______ Bernardino da una lección ejemplar en valentía a todos los adolescentes que participan en la historia.
10. ______ Al final del cuento, el narrador descubre que Bernardino es un niño solitario, ansioso de cariño y de valores humanos muy positivos.

C. Preguntas temáticas.

1. ¿En qué se diferencia Bernardino del narrador y de los otros chicos del pueblo?
2. ¿Qué clase de vida lleva Bernardino en "Los Lúpulos"?
3. ¿Por qué los chicos del pueblo y de las minas le tienen fastidio a Bernardino?
4. ¿Cómo actúan el narrador y sus hermanos ante la situación que se presenta entre Bernardino y los chicos del pueblo?
5. ¿Cómo actúa Bernardino cuando los muchachos lo desafían?
6. ¿Cómo reaccionan los muchachos del pueblo?

7. ¿Qué hace Bernardino una vez que Mariano lo deja de azotar?
8. ¿Cuál diría usted que es el momento de mayor suspenso en este cuento?
9. ¿Qué lección aprenden todos los muchachos del cuento?

V. Dé Su Opinión

A. ¿Piensa usted que el desprecio del narrador y de sus hermanos por Bernardino, y el odio que los muchachos del pueblo sienten por este joven, son sentimientos característicos de la adolescencia? Explique.

B. Se dice que los niños y los adolescentes son crueles por naturaleza. ¿Piensa usted que este aserto es falso o verdadero? En cualquiera de los casos dé las razones que justifiquen su posición.

C. El adolescente es un ser inseguro que se encuentra suspendido entre la inocencia de la niñez y el despertar a la vida del ser adulto. ¿Cómo se manifiesta esta situación sicológica en "Bernardino"?

D. Si un adolescente se niega a seguir las normas de conducta vigentes entre sus compañeros, es juzgado como anormal, aburridor o "sissy." ¿Qué peligros conlleva esta situación entre los adolescentes? Piense en los chicos que se integran al grupo por miedo a la soledad, y en aquellos que mantienen sus propios valores a pesar de la soledad.

E. Cuando usted era un adolescente ¿vivió experiencias similares a las de Bernardino? ¿Se sintió usted con frecuencia "diferente" al resto de sus compañeros?

VI. Actividad Especial

Lleve a cabo un estudio analítico del cuento "Bernardino." Como guía general piense en los siguientes puntos: a) la voz narrativa, b) el estilo y el lenguaje del cuento, c) el desarrollo cronológico de los eventos, d) el título del cuento, e) la relación que existe entre la oración inicial del cuento y la oración final, y f) piense si este cuento presenta un "rito de pasaje." Es decir, una experiencia en una de las etapas de la vida del ser humano que lo hace pasar de un estadio a otro por medio de un despertar de su conciencia (e.g.: de la niñez a la adolescencia). En este caso, la experiencia vívida por el narrador lo aleja de la inconsciencia de la niñez y le abre las puertas de la madurez personal.

PARTE B: EL ENSAYO

EL PACHUCO Y OTROS EXTREMOS (FRAGMENTOS)

de Octavio Paz

I. Vocabulario Esencial

SUSTANTIVOS

el cohete	rocket
el descuido	neglect
la fealdad	ugliness
el gesto	gesture
la herida	wound
la intemperie	raw weather
la llaga	sore
el motín	uprising
la muralla	wall
el nudo	tangle (in context)
el pasmo	astonishment
el pecado	sin
el portador	bearer
el reto	challenge
el ropaje	attire

ADJETIVOS

desdeñoso	disdainful
desgarrado	torn
desvalido	helpless
enfermizo	unhealthy (in context)
harapiento	ragged
hosco	sullen
incapaz	unable
inerme	vulnerable (in context)
nefasto	ominous
vano	useless (in context)

VERBOS

aflorar	to appear, to come to the surface
aislar	to isolate
disfrazar(se)	to disguise
flotar	to float
quedar	to remain
rechazar	to reject
subrayar	to stress (in context)
sustraer(se)	to avoid (in context)

vedar	to prohibit
vertir(se)	to flow

II. Actividades de Pre-Lectura

A. Escoja entre el verbo, el sustantivo y el adjetivo o participio pasado, la forma correcta para completar la oración.

1. herir, herida, herido.
   a. El hombre estaba gravemente ________________.
   b. La ________________ de Juan es superficial.
   c. ¡No quiero ________________ tus sentimientos!
2. pasmar(se), pasmo, pasmado.
   a. Hoy en día los padres se ________________ ante la conducta de sus hijos.
   b. Cuando me enteré de las noticias me quedé ____________.
   c. La tragedia de la familia López produjo gran ____________ en toda la comunidad.
3. desdeñar, desdeño, desdeñado.
   a. El ________________ que María siente por Juan es obvio.
   b. Estela ________________ las atenciones de su novio.
   c. Muchos adolescentes se sienten ________________ por la sociedad.
4. aislar, aislamiento, aislado.
   a. Muchos ancianos viven en un gran ________________.
   b. Después del terremoto el pueblo quedó ______________.
   c. Es necesario ________________ a los enfermos que sufren de enfermedades contagiosas.
5. rechazar, rechazo, rechazado.
   a. En todas las épocas muchos jóvenes ________________ las normas impuestas por la sociedad.
   b. Yo ________________ la injusticia y la deshonestidad.
   c. Mi petición fue ________________.

B. Escoja la definición correcta para la palabra subrayada en las siguientes oraciones.

1. La sociedad sufre las consecuencias del *descuido* infantil.
   a. negligencia b. odio c. abuso
2. Las piernas de la enferma estaban cubiertas de *llagas.*
   a. heridas b. arrugas c. tumores
3. Mi padre siempre ha sido una persona *hosca.*
   a. torpe b. amable c. malhumorada
4. Su *gesto* altivo me irrita.
   a. apariencia b. personalidad c. actitud
5. El *ropaje* de los "punk" es extraño.
   a. pelo b. vestimenta c. apariencia

C. Escoja la palabra que corresponde a cada definición.

1. ______ Sinónimo de vedar.
   a. permitir b. aconsejar c. prohibir
2. ______ Similar a desamparado.
   a. serio b. triste c. solo
3. ______ Estar desarmado o vulnerable.
   a. inerme b. inerte c. inactivo
4. ______ Sinónimo de ominoso o desgraciado.
   a. violento b. nefasto c. mortal
5. ______ Quiere decir inútil.
   a. vano b. perjudicial c. desgraciado

D. Complete la oración con la palabra apropiada.

1. En el ______________________ muchas personas resultaron heridas.
   a. fiesta b. motín c. manifestación
2. Los ______________________ de espada eran muy comunes en siglos pasados.
   a. peleas b. competencias c. retos
3. En la Edad Media la mayoría de las ciudades estaban rodeadas de ______________________.
   a. mares b. murallas c. espadas

4. La ____________________ de este paisaje me deprime.
   a. fealdad b. belleza c. delicia
5. Matar es un ____________________ castigado severamente por la ley.
   a. falta b. pecado c. felonía

E. Escriba una oración con las palabras dadas.

1. ser/tragedia/explosión/cohete
2. muchos/niños/dormir/intemperie
3. hombre/ser/harapiento/estar/hambre
4. niña/incapaz/mentir/padres
5. mujer/disfrazarse/hombre/fiesta
6. restos/barco/flotar/mar
7. tú/ser/enfermizo/niño

III. "El pachuco y otros extremos," en *El laberinto de la soledad*, de Octavio Paz

A todos, en algún momento, se nos ha revelado nuestra existencia como algo particular, intransferible y precioso. Casi siempre esta revelación se sitúa en la adolescencia. El descubrimiento de nosotros mismos se manifiesta como un sabernos solos; entre el mundo y nosotros se abre una impalpable, transparente muralla: la de nuestra conciencia. Es cierto que apenas nacemos nos sentimos solos; pero niños y adultos pueden trascender su soledad y olvidarse de sí mismos a través de juego o trabajo. En cambio, el adolescente, vacilante entre la infancia y la juventud, queda suspenso un instante ante la infinita riqueza del mundo. El adolescente se asombra de ser. Y al pasmo sucede la reflexión: inclinado sobre el río de su conciencia se pregunta si ese rostro que aflora lentamente del fondo, deformado por el agua, es el suyo. La singularidad de ser—pura sensación en el niño—se transforma en problema y pregunta, en conciencía interrogante. . . .

que apenas nacemos *that as soon as we are born*

se asombra de ser *is perplexed by his existence*

[. . .] Pero así como el adolescente no puede olvidarse de sí mismo—pues apenas lo consigue deja de serlo—nosotros no podemos sustraernos a la necesidad de interrogarnos y contemplarnos. No quiero decir que el mexicano sea por naturaleza crítico, sino que atraviesa una etapa reflexiva. Es natural que después de la fase explosiva de la Revolución, el mexicano se recoja en sí mismo y, por un momento, se contemple. Las preguntas que todos nos hacemos ahora probablemente resulten incomprensibles dentro de cincuenta años. Nuevas circunstancias tal vez produzcan reacciones nuevas.

se recoja en sí mismo *withdraws inwardly*

No toda la población que habita nuestro país es objeto de mis reflexiones, sino un grupo concreto, constituido por esos que, por razones diversas, tienen conciencia de su ser en tanto que mexicanos. Contra lo que se cree, este grupo es bastante reducido. . . .

. . . Al iniciar mi vida en los Estados Unidos residí algún tiempo en Los Angeles, ciudad habitada por más de un millón de personas de origen mexicano. A primera vista sorprende al viajero—además de la pureza del cielo y de la fealdad de las dispersas y ostentosas construcciones—la atmósfera vagamente mexicana de la ciudad, imposible de apresar con palabras o conceptos. Esta mexicanidad—gusto por los adornos, descuido y fausto, negligencia, pasión y reserva—flota en el aire. Y digo que flota porque no se mezcla ni se funde con el otro mundo, el mundo norteamericano, hecho de precisión y eficacia. Flota, pero no se opone; se balancea, impulsada por el viento, a veces desgarrada como una nube, otras erguida como un cohete que asciende. Se arrastra, se pliega, se expande, se contrae, duerme o sueña, hermosura harapienta. Flota: no acaba de ser, no acaba de desaparecer.

imposible de apresar con palabras *it is impossible to put into words*

Se arrastra, se pliega, se expande, se contrae *It crawls, folds, expands, contracts*

Algo semejante ocurre con los mexicanos que uno encuentra en la calle. Aunque tengan muchos años de vivir allí, usen la misma ropa, hablen el mismo idioma y sientan vergüenza de su origen, nadie los confundiría con los norteamericanos auténticos. Y no se crea que los rasgos físicos son tan determinantes como vulgarmente se piensa. Lo que me parece distinguirlos del resto de la población es su aire furtivo e inquieto, de seres que se disfrazan, de seres que temen la mirada ajena, capaz de desnudarlos y dejarlos en cueros. Cuando se habla con ellos se advierte que su sensibilidad se parece a la del péndulo, un péndulo que ha perdido la razón y que oscila con violencia y sin compás. Este estado de espíritu—o de ausencia de espíritu—ha engendrado lo que se ha dado en llamar el “pachuco”. Como es sabido, los “pachucos” son bandas de jóvenes, generalmente de origen mexicano, que viven en las ciudades del Sur y que se singularizan tanto por su vestimenta como por su conducta y su lenguaje. Rebeldes instintivos, contra ellos se ha cebado más de una vez el racismo norteamericano. Pero los “pachucos” no reivindican su raza ni la nacionalidad de sus antepasados. A pesar de que su actitud revela una obstinada y casi fanática voluntad de ser, esa voluntad no afirma nada concreto sino la decisión—ambigua, como se verá—de no ser como los otros que los rodean. El “pachuco” no quiere volver a su origen mexicano; tampoco—al menos en apariencia—desea fundirse a la vida norteamericana. Todo en él es impulso que se niega a sí mismo, nudo de contradicciones, enigma. Y el primer enigma es su nombre mismo: “pachuco”, vocablo de incierta filiación, que dice nada y dice todo. ¡Extraña palabra, que no tiene significado preciso o que, más exactamente, está cargada, como todas las creaciones populares, de una pluralidad de significados! Queramos o no, estos seres son mexicanos, uno de los extremos a que puede llegar el mexicano.

que temen la mirada ajena *that are afraid of being looked at*
dejarlos en cueros *to leave them nude* (literally), *vulnerable*

contra ellos se ha cebado más de una vez el racismo norteamericano *they have quite often been the target of American racism*

Incapaces de asimilar una civilización que, por lo demás, los rechaza, los pachucos no han encontrado más respuesta a la hostilidad ambiente que esta exasperada afirmación de su personalidad.[1]

[1] En los últimos años han surgido en los Estados Unidos muchas bandas de jóvenes que recuerdan a los “pachucos” de la posguerra. No podía ser de otro modo; por una parte la sociedad norteamericana se cierra al exterior; por la otra, interiormente, se petrifica. La vida no puede penetrarla; rechazada, se desperdicia, corre por las afueras, sin fin propio. Vida al margen, informe, sí, pero vida que busca su verdadera forma.

Otras comunidades reaccionan de modo distinto; los negros, por ejemplo, perseguidos por la intolerancia racial, se esfuerzan por "pasar la línea" e ingresar a la sociedad. Quieren ser como los otros ciudadanos. Los mexicanos han sufrido una repulsa menos violenta, pero lejos de intentar una problemática adaptación a los modelos ambientes, afirman sus diferencias, las subrayan, procuran hacerlas notables. A través de un dandismo grotesco y de una conducta anárquica, señalan no tanto la injusticia o la incapacidad de una sociedad que no ha logrado asimilarlos, como su voluntad personal de seguir siendo distintos.

No importa conocer las causas de este conflicto y menos saber si tienen remedio o no. En muchas partes existen minorías que no gozan de las mismas oportunidades que el resto de la población. Lo característico del hecho reside en este obstinado querer ser distinto, en esta angustiosa tensión con que el mexicano desvalido—huérfano de valedores y de valores—afirma sus diferencias frente al mundo. El pachuco ha perdido toda su herencia: lengua, religión, costumbres, creencias. Sólo le queda un cuerpo y un alma a la intemperie, inerme ante todas las miradas. Su disfraz lo protege y, al mismo tiempo, lo destaca y aísla: lo oculta y lo exhibe.

Con su traje—deliberadamente estético y sobre cuyas obvias significaciones no es necesario detenerse—, no pretende manifestar su adhesión a secta o agrupación alguna. El pachuquismo es una sociedad abierta—en ese país en donde abundan religiones y atavíos tribales, destinados a satisfacer el deseo del norteamericano medio de sentirse parte de algo más vivo y concreto que la abstracta moralidad de la "American way of life"—. El traje del pachuco no es un uniforme ni un ropaje ritual. Es, simplemente, una moda. Como todas las modas está hecha de novedad—madre de la muerte, decía Leopardi—e imitación.

La novedad del traje reside en su exageración. El pachuco lleva la moda a sus últimas consecuen-

"pasar la línea" *to adjust* (slang)

a los modelos ambientes *the patterns imposed by society*

A través de un dandismo grotesco *By showing off to the extreme*

huérfano de valedores y de valores *stripped of friends and values*

atavíos tribales *tribal attires*

cias y la vuelve estética. Ahora bien, uno de los principios que rigen a la moda norteamericana es la comodidad; al volver estético el traje corriente, el pachuco lo vuelve "impráctico". Niega así los principios mismos en que su modelo se inspira. De ahí su agresividad.

Esta rebeldía no pasa de ser un gesto vano, pues es una exageración de los modelos contra los que pretende rebelarse y no una vuelta a los atavíos de sus antepasados—o una invención de nuevos ropajes—. Generalmente los excéntricos subrayan con sus vestiduras la decisión de separarse de la sociedad, ya para constituir nuevos y más cerrados grupos, ya para afirmar su singularidad. En el caso de los pachucos se advierte una ambigüedad: por una parte, su ropa los aísla y distingue; por la otra, esa misma ropa constituye un homenaje a la sociedad que pretenden negar.

y no una vuelta a los atavíos de sus antepasados *and it is not a revival of their ancestors' attires*

La dualidad anterior se expresa también de otra manera, acaso más honda: el pachuco es un "clown" impasible y siniestro, que no intenta hacer reír y que procura aterrorizar. Esta actitud sádica se alía a un deseo de autohumillación, que me parece constituir el fondo mismo de su carácter: sabe que sobresalir es peligroso y que su conducta irrita a la sociedad; no importa, busca, atrae la persecución y el escándalo. Sólo así podrá establecer una relación más viva con la sociedad que provoca: víctima, podrá ocupar un puesto en ese mundo que hasta hace poco lo ignoraba; delincuente, será uno de sus héroes malditos.

La irritación del norteamericano procede, a mi juicio, de que ve en el pachuco un ser mítico y por lo tanto virtualmente peligroso. Su peligrosidad brota de su singularidad. Todos coinciden en ver en él algo híbrido, perturbador y fascinante. En torno suyo se crea una constelación de nociones ambivalentes: su singularidad parece nutrirse de poderes alternativamente nefastos o benéficos. Unos le atribuyen virtudes eróticas poco comunes; otros, una perversión que no excluye la agresividad. Figura

En torno suyo se crea una constelación de nociones ambivalentes *Controversial beliefs are forced on them*

portadora del amor y la dicha o del horror y la abominación, el pachuco parece encarnar la libertad, el desorden, lo prohibido. Algo, en suma, que debe ser suprimido; alguien, también, con quien sólo es posible tener un contacto secreto, a oscuras.

parece encarnar *seems to embody*

Pasivo y desdeñoso, el pachuco deja que se acumulen sobre su cabeza todas estas representaciones contradictorias, hasta que, no sin dolorosa autosatisfacción, estallan en una pelea de cantina, en un "raid" o en un motín. Entonces, en la persecución, alcanza su autenticidad, su verdadero ser, su desnudez suprema, de paria, de hombre que no pertenece a parte alguna. El ciclo, que empieza con la provocación, se cierra: ya está listo para la redención, para el ingreso a la sociedad que lo rechazaba. Ha sido su pecado y su escándalo; ahora, que es víctima, se la reconoce al fin como lo que es: su producto, su hijo. Ha encontrado al fin nuevos padres.

en una pelea de cantina *in a saloon brawl*

Por caminos secretos y arriesgados el "pachuco" intenta ingresar a la sociedad norteamericana. Más él mismo se veda el acceso. Desprendido de su cultura tradicional, el pachuco se afirma un instante como soledad y reto. Niega a la sociedad de que procede y a la norteamericana. El "pachuco" se lanza al exterior, pero no para fundirse con lo que lo rodea, sino para retarlo. Gesto suicida, pues el "pachuco" no afirma nada, no defiende nada, excepto su exasperada voluntad de no-ser. No es una intimidad que se vierte, sino una llaga que se muestra, una herida que se exhibe. Una herida que también es un adorno bárbaro, caprichoso y grotesco; una herida que se ríe de sí misma y que se engalana para ir de cacería. El "pachuco" es la presa que se adorna para llamar la atención de los cazadores. La persecución lo redime y rompe su soledad: su salvación depende del acceso a esa misma sociedad que aparenta negar. Soledad y pecado, comunión y salud, se convierten en términos equivalentes.

para ir de cacería *to go hunting*

es la presa que se adorna *is the adorned prey*

Si esto ocurre con personas que hace mucho tiempo abandonaron su patria, que apenas si hablan el idioma de sus antepasados y para quienes esas secretas raíces que atan al hombre con cultura se han secado casi por completo, ¿qué decir de los otros? Su reacción no es tan enfermiza, pero pasado el primer deslumbramiento que produce la grandeza de ese país, todos se colocan de modo instintivo en una actitud crítica, nunca de entrega. Recuerdo que una amiga a quien hacía notar la belleza de Berkeley, me decía:—"Sí, esto es muy hermoso, pero no logro comprenderlo del todo. Aquí hasta los pájaros hablan en inglés. ¿Cómo quieres que me gusten las flores si no conozco su nombre verdadero, su nombre inglés, un nombre que se ha fundido ya a los colores y a los pétalos, un nombre que ya es la cosa misma? Si yo digo bugambilia, tú piensas en las que has visto en tu pueblo, trepando un fresno, moradas y litúrgicas, o sobre un muro, cierta tarde bajo una luz plateada. Y la bugambilia forma parte de tu ser, es una parte de tu cultura, es eso que recuerdas después de haberlo olvidado. Esto es muy hermoso, pero no es mío, porque lo que dicen el ciruelo y los eucaliptus no lo dicen para mí, ni a mí me lo dicen."

Su reacción no es tan enfermiza *Their reaction is not very unhealthy*

deslumbramiento *dazzlement*

trepando un fresno, moradas y litúrgicas *climbing dsh trees, homes, and churches* (literally)

ciruelo *plum tree*

Sí, nos encerramos en nosotros mismos, hacemos más profunda y exacerbada la conciencia de todo lo que nos separa, nos aísla o nos distingue. Y nuestra soledad aumenta porque no buscamos a nuestros compatriotas, sea por temor a contemplarnos en ellos, sea por un penoso sentimiento defensivo de nuestra intimidad. El mexicano, fácil a la efusión sentimental, la rehuye. Vivimos ensimismados, como esos adolescentes taciturnos—y, de paso, diré que apenas si he encontrado esa especie entre los jóvenes norteamericanos—dueños de no se sabe qué secreto, guardado por una apariencia hosca, pero que espera sólo el momento propicio para revelarse . . .

sea por temor a contemplarnos en ellos *may be through fear of seeing ourselves reflected in them*

Vivimos ensimismados *We live engrossed in ourselves*

IV. Actividades de Comprensión de Lectura

A. Escoja la opción que complete la oración correctamente según el contexto de la lectura.

1. Según Octavio Paz, el adolescente
   a. olvida sus problemas por medio de los juegos.
   b. tiene menos preocupaciones que los niños o los adultos.
   c. se preocupa por su situación de soledad e interroga los valores de su personalidad.
   d. no tiene causas para rebelarse contra la sociedad.
2. El autor dice que en su primer viaje a Los Angeles tuvo la impresión de que la ciudad
   a. en su aspecto era más mexicana que americana.
   b. estaba impregnada de cierto mexicanismo impreciso.
   c. era más americana que mexicana.
   d. estaba poblada por habitantes inseguros y diferentes a los ciudadanos de otros estados.
3. Según la lectura, el ambiente cultural mixto de Los Angeles contribuyó a que los pachucos
   a. lucharan por afirmar los valores de su ancestro mexicano.
   b. se convirtieran en miembros pasivos y apáticos de la sociedad.
   c. se rebelaran contra la discriminación racial pero sin aportar cambios positivos.
   d. en su mayoría constituyeran el núcleo de delincuentes más numeroso de la ciudad.
4. La denominación "pachuco" se refiere a los jóvenes méxico-americanos que
   a. se encontraban en el conflicto de reconciliar dos mundos diferentes: el mexicano y el anglo.
   b. se sentían avergonzados de sus raíces mexicanas.
   c. se integraron al sistema norteamericano olvidando sus raíces mexicanas.
   d. se rebelaron contra sus padres por haberlos exiliado de México.
5. La característica más sobresaliente del pachuco reside en
   a. ser un adolescente tímido y con serios complejos de inferioridad.
   b. ser símbolo de la libertad, desafiando los modelos de conducta impuestos por la sociedad norteamericana.

c. la extravagancia de su vestir y su actitud agresiva.
d. alguna posible combinación de las anteriores.

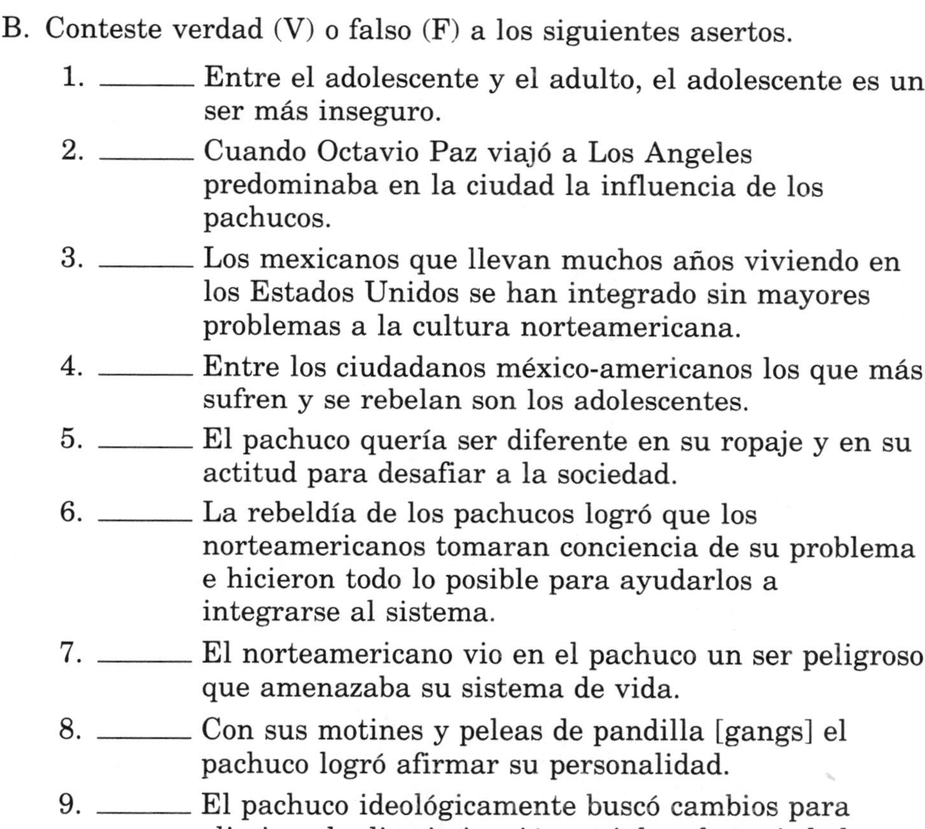

B. Conteste verdad (V) o falso (F) a los siguientes asertos.

1. ______ Entre el adolescente y el adulto, el adolescente es un ser más inseguro.
2. ______ Cuando Octavio Paz viajó a Los Angeles predominaba en la ciudad la influencia de los pachucos.
3. ______ Los mexicanos que llevan muchos años viviendo en los Estados Unidos se han integrado sin mayores problemas a la cultura norteamericana.
4. ______ Entre los ciudadanos méxico-americanos los que más sufren y se rebelan son los adolescentes.
5. ______ El pachuco quería ser diferente en su ropaje y en su actitud para desafiar a la sociedad.
6. ______ La rebeldía de los pachucos logró que los norteamericanos tomaran conciencia de su problema e hicieron todo lo posible para ayudarlos a integrarse al sistema.
7. ______ El norteamericano vio en el pachuco un ser peligroso que amenazaba su sistema de vida.
8. ______ Con sus motines y peleas de pandilla [gangs] el pachuco logró afirmar su personalidad.
9. ______ El pachuco ideológicamente buscó cambios para eliminar la discriminación racial en la sociedad norteamericana.
10. ______ La reacción de un visitante hispánico cuando llega por primera vez a los Estados Unidos es de crítica al modo de vida anglo.

C. Preguntas temáticas.

1. ¿Por qué el adolescente tiene más problemas de ajuste social que el niño o el adulto?
2. ¿Cuáles son los sentimientos y la situación de los méxico-americanos en los Estados Unidos?
3. ¿Quiénes fueron "los pachucos"?

4. ¿Qué intentaron los pachucos con su conducta agresiva?
5. ¿Cuál fue la actitud de los norteamericanos hacia los pachucos?
6. ¿Es el caso de los méxico-americanos similar a la situación de los negros en los Estados Unidos?
7. ¿Qué factor en la conducta de los pachucos contribuyó a aumentar la desconfianza de los norteamericanos?
8. ¿Cuál es la reacción de los hispanos cuando viajan por primera vez a los Estados Unidos?

V. Dé Su Opinión

A. Octavio Paz escribió *El laberinto de la soledad* en 1950. ¿Piensa usted que la situación general de los méxico-americanos, y en particular la de los adolescentes, ha cambiado notablemente desde entonces?

B. ¿Puede usted explicar las razones por las cuales otros grupos raciales residentes en los Estados Unidos (e.g., europeos, asiáticos) se hayan amoldado al sistema de vida anglo mientras que los méxico-americanos continúen sintiéndose desadaptados?

C. ¿Cómo interpreta usted las líneas finales del artículo: ". . .—y de paso, diré que apenas si he encontrado esa especie entre los jóvenes norteamericanos—dueños de no se sabe qué secreto, guardado por una apariencia hosca, pero que espera sólo el momento propicio para revelarse . . ."

D. Después de analizar el fragmento anterior, ¿qué razones han tenido los adolescentes norteamericanos para actuar como los pachucos en ciertas épocas? Piense por ejemplo en los "hippies" o en los "punks."

E. ¿Piensa usted que Paz en su ensayo ha ofrecido una visión objetiva de la situación de los adolescentes méxico-americanos? ¿O es su punto de vista subjetivo y exagerado? Explique.

VI. Actividad Especial

Lleve a cabo una encuesta entre sus amigos méxico-americanos. Pregúnteles qué saben ellos de los pachucos. Al fin y al cabo, estamos en los años 80 y Paz escribió su ensayo en 1950. Si sus amigos tienen un concepto claro de lo que es "ser pachuco," pregunte si esta actitud todavía continúa entre algunos jóvenes méxico-americanos. En caso de que la respuesta sea afirmativa, inquiera qué porcentaje de estos adolescentes de hoy día tienen problemas similares a los de los pachucos.

Después de hacer la encuesta, escriba un breve informe con los resultados.

PARTE C: EL PERIODISMO

LOS QUE VAN A SER MAESTROS

de Fernando de Ita

ALMAS DE JOVENES y JUVENTUD DE JUVENTUDES

de Miguel de Unamuno

I. Vocabulario Esencial

A. "Los que van a ser maestros"

SUSTANTIVOS

el aspirante	neophyte, aspirant
el cadáver	corpse
el chavo	teenager
el ejido	common lands
los estragos	ravages
el estreñimiento	obstruction
el iconoclasta	heretic
el levantamiento	uprising
el mandato	rule (in context)
el maquillaje	makeup
el peso	weight
la pujanza	strength
el quehacer	chore
las reglas	rules
el rompimiento	rupture
el terremoto	earthquake

ADJETIVOS

anclado	anchored
esclerótico	suffering from sclerosis, decrepit
pobretón	very poor (pejorative)
súbito	sudden

VERBOS

apañarse	to seize
atreverse	to dare
bastar	to be enough
contar con	to rely on
destrozar	to destroy (in context)
enterarse	to learn
juntar	to join, get together
soltarse	to loosen

B. "Almas de jóvenes"

SUSTANTIVOS

la altura	height
el asalto	assault
el empuje	impulse (in context)
la fortaleza	courage (in context)
el inverso	opposite
la realización	fulfillment

ADJETIVOS

inmarchitable	imperishable

VERBOS

ansiar	to long for
henchirse	to fill up with

C. "Juventud y juventudes"

SUSTANTIVOS

el ajuste	adjustment
el carbonero	miner
el credo	creed
los forros	lining
la migaja	scrap
la mocedad	youth
los pañales	diapers
el sauce	willow tree
la vaguedad	vague thoughts

ADJETIVOS

fatídico	fatidic
fingido	feigned
hondo	deep
mentidas	mentioned (in context)
recatado	modest, conservative

VERBOS

abominar	to hate
descollar	to excel
fraguar	to forge
soler	to accustom

II. Actividades de Pre-Lectura

A. Escoja la definición correcta.

1. ______ chavo
   a. Adulto.
   b. Adolescente.
   c. Niño de meses.
2. ______ levantamiento
   a. Movimiento de protesta.
   b. Erupción de la tierra.
   c. Guerra sangrienta.
3. ______ destrozar
   a. Dejar algo intacto.
   b. Ejercer presión sobre algo.
   c. Destruir o arruinar.
4. ______ terremoto
   a. Movimiento sísmico de la tierra.
   b. Invasión de terrenos.
   c. Viento muy fuerte.
5. ______ súbito
   a. Sinónimo de subida.
   b. Movimiento instantáneo.
   c. Suceder de pronto.

B. Escriba los verbos que corresponden a los siguientes sustantivos.

asalto ______________________ empuje ______________________

rompimiento ______________________ forro ______________________

pujanza ______________________ mandato ______________________

ajuste ______________________ realización ______________________

C. Escoja el antónimo de las siguientes palabras.

1. ______ hondo
2. ______ atreverse
3. ______ anclado
4. ______ juntar
5. ______ fingido

a. separar
b. superficial
c. altura
d. real
e. inhibirse
f. estático
g. móvil

D. Complete la oración con la palabra apropiada.

quehacer	pobretón	aspirante	esclerótico
iconoclasta	apañarse	estrago	soler
bastar	pañal	recatado	mocedad

1. Mi hija es una de las ____________________ al concurso de belleza.
2. Mi madre le dijo a mi hermana que podía ir al cine después de terminar los ____________________ de la casa.
3. La profesora es una persona muy ____________________ en su modo de vestir.
4. El terremoto que azotó la isla hizo ____________________ serios.
5. Yo ____________________ ir al teatro todos los viernes en la noche.

E. Escoja el sinónimo para la palabra subrayada.

______ 1. La joven sabe que *puede contar con* su familia para resolver todos sus problemas.
   a. responzabilizar a
   b. depender de
   c. aprender de

______ 2. La niña *ansía* recibir una bicicleta para su cumpleaños.
a. anhelar
b. realizar
c. poder

______ 3. El joven hizo lo *inverso* de lo que su padre le ordenó.
a. mismo
b. semejante
c. opuesto

______ 4. El *sauce* que se ve de mi ventana es muy hermoso.
a. pájaro
b. árbol
c. flor

______ 5. Hay que tener mucha *fortaleza* para afrontar los problemas de la vida.
a. energía
b. carisma
c. valentía

III. A. "Los que van a ser maestros," de Fernando de Ita

Los jóvenes ya estaban ahí antes del terremoto, ocupando más del 50 por ciento del espacio humano llamado México. ¿Pero qué hacían antes de descubrirlos como los cuerpos más fuertes y las mentes más frescas de la ciudad en ruinas? ¿Qué ojos han podido ignorar a esta multitud de músculos en constante movimiento si no hay esquina ni casa ni calle ni cine ni fábrica ni estadio ni oficina ni ejido en la que no estén los jóvenes? Si se pudiera juntar en cada barrio a la totalidad de sus habitantes, se descubriría cuerpo a cuerpo el peso de la estadística. Por cada mil personas tendríamos a un poco más de 500 entre los doce y los 25 años. Si la fuerza y la agilidad bastaran para levantar un imperio, deberíamos estar sujetos al mandato de los adolescentes. Por la vía del cuerpo los jóvenes deberían de ser los tiranos de esta sociedad decrépita que llega a su septuagésimo

deberíamos estar sujetos al mandato *we should be under the rule of*

Por la vía del cuerpo *Because of their youth*

quinto aniversario como el retrato de Dorian Grey, al que súbitamente se le resaltan todos los defectos y los estragos que cubría el maquillaje del despotismo y la retórica. He aquí una sociedad esclerótica en la que la gran mayoría de sus miembros está en plena juventud.

septuagésimo quinto aniversario *seventy-fifth anniversary*

La juventud no es monolítica ni homogénea; ¿qué tiene en común un adolescente de Zotoluca, Hidalgo, con un chavo de Fuentes del Pedregal? Ni siquiera el rock resulta una línea de identificación porque el mismo ritmo es asumido de un modo distinto en cada circunstancia. En la pasada Feria de Tlaxcala, los jovencitos pobretones de la ciudad danzaban el rock en el parque público como si fuera el baile de la fertilidad o la danza para pedir la lluvia en que se reventaban sus antepasados tlaxcaltecas en tiempos de la Malitzin. Sólo los chavos bailaban porque las muchachas aún no se atreven a soltarse el pelo en público con este ritmo, aunque lo hagan sin ningún recato a unos cuantos pasos de distancia, pero a ritmo de danzón, o de cumbia. La juventud no impone sus valores en una sociedad conservadora: en la Universidad Autónoma de Tlaxcala los futuros profesionistas del estado tienen que pasar lista a diario y por cada clase que tienen en el programa de estudios, porque a la tercera falta el alumno queda suspendido. Aquí la vitalidad del cuerpo está inmovilizada por el poder mental de los ancianos, es decir, por el mando real sobre las acciones ajenas.

en que se reventaban sus antepasados tlaxcaltecas *under which their "tlaxcaltecas" ancestors used to collapse*

sin ningún recato *without any modesty*

tienen que pasar lista a diario *they have to call roll daily*

queda suspendido *fails the course*

¿Qué ocurre cuando el joven impone su pujanza sobre el mandato y la costumbre de sus mayores? ¿Existe en verdad una cultura de y para los jóvenes? Esquemáticamente se puede decir que la libertad de los jóvenes se halla en los extremos: con los chavos banda y los hijos de dinero. Los hijos de papá cuentan con la libertad de imponer sus propias reglas de conducta y sus tipos de acción, en la medida en que, como quiere el melodrama mexicano, con dinero todo se vale. Sin dinero también, pero y está tu vida de por medio. Como están descubriendo los estudiosos de las bandas, tras la feroz imagen del bandolero no deja

con los chavos banda y los hijos de dinero *with the very poor and the very rich kids*

con dinero todo se vale *money buys everything*

de haber un orden de ideas anclado en la tradición familiar o comunitaria. Estos hijos de la descomposición familiar no están necesariamente en contra de la familia y su radicalismo no alcanza a proponer el rompimiento total con el pasado, esto es, con las formas de convivencia diaria. De este modo, la acción iconoclasta de la banda se limita a romper los cristales de la prohibición sin llegar a tocar la mercancía. Tampoco los hijos de papá terminan con la familia, y mucho menos con la fortuna familiar que es el eje mismo de su gracia. Los jóvenes, por otra parte, inventan sus posturas, sus disfraces, sus costumbres, sus gustos, sus ideas, sus diversiones, ¿o sólo las adoptan?

La semana pasada me tocó gira de la SEP por las normales urbanas y rurales de Tlaxcala. Los futuros maestros del estado que está entre los más pequeños y pobres del país viven a 137 kilómetros de la ciudad de México, pero es como si estuvieran al otro lado del océano. En el diálogo que hacemos con ellos entre canción y canción, nos enteramos que los hombrecitos son firmes devotos de la virginidad femenina, el orden establecido y la plaza segura. Las muchachas resultan en estos casos siempre más audaces e imaginativas, más abiertas a una nueva aventura. Después de platicar literalmente con cientos de menores de 21 años que se están preparando para enseñar a la juventud del siglo XXI uno cae en la cuenta de que sólo en momentos excepcionales los jóvenes tienen el impulso de acabar froideanamente con sus padres y patriarcas para imponer sobre sus cadáveres otro sentido de la vida. Los jóvenes en verdad son buenos muchachos. No hay un día de manos jóvenes en huelga. Todo un día en el que los cincuenta y tantos millones de muchachos entre los once y los 25 años se la pasen rascándose la cabeza como changos sin memoria. O 24 horas de levantamiento general; que esos mismos millones y millones de adolescentes pongan la Nación a todo volumen. ¿Pues qué se acerca más a la voluntad Divina? ¿Qué un ojete viejito como Reagan apriete en un momento de

las normales urbanas y rurales *the city and rural schools*

la plaza segura *a steady job*

uno cae en la cuenta *one realizes*

se la pasen . . . como changos sin memoria *spend their time idly scratching their heads like mindless animals* (literally)

ojete viejito *old crank* (colloq.)

estreñimiento de la próstata el botón final, o que cien millones de manos juveniles destrocen con alegría esta mesa puesta para el hartazgo de unos cuantos?

hartazgo *glutting*

Como siempre, Televisa se ha adelantado a formar y definir el hecho de ser joven. Por ejemplo: dormir la noche del sábado a las puertas del estudio 2 de San Angel para mirar a Lucía Méndez en Siempre en Domingo; ser locutor del canal 9, o invitado a XETU. La prensa de derecha apuntaló el lanzamiento de su diario favorito como si se tratara de una boutique o una discoteca: piensa joven. Se ve chido; Miramón con traje de Madona. Ya no es Novedades sino Nuevaedad. La izquierda recurre a las tocadas de rock para apañarse el voto de los jovenazos gruesos de la periferia del capitalismo: el ritmo es la doctrina, la imagen vale más que cualquier ideología. Ser joven es decir sin pestañeos: ¿Presidente? Sí, pero ya no del país, sino de la COPARMEX.

Se ve chido *juvenile expression meaning "Looks hot"* (colloq.)

es decir sin pestañeos *to say looking right into the eyes*

En el quehacer cultural, los jóvenes aspirantes a maestros con quienes dialogamos siguen fieles a la fotonovela como hábito de lectura, a la televisión como sistema de vida, al disco como forma de entretenimiento, a la moda como santo y seña. Estos futuros mentores tienen la idea de que hacer política es la manera más directa de robarle al país lo que no tiene, mientras que hacer comercio o industria es arriesgar los propios bienes materiales. Parece que cientos de miles de jóvenes se preparan para tomar el rumbo del país como el libro de cuentas de una empresa privada. 75 años de esta Revolución ha dejado al país sin revolucionarios.

santo y seña *password*

mentores *leaders*

B. "Almas de jóvenes," de Miguel de Unamuno (*Nuestro Tiempo,* núm. 41, Madrid, mayo de 1904.) (En *Ensayos,* I, 535.) (O. C., III, 718.)

Los jóvenes esperan. ¿Qué esperan? Lo que ha de venir. ¿A quién esperan? Al que ha de venir. ¿Y qué es lo que ha de venir y quién vendrá? Nadie lo sabe. ¿Y qué le traerá? Le traerá la esperanza. Porque la esperanza, como la fe, crea su objeto.

Un antiguo apotegma escolástico decía que no puede quererse nada que no se haya conocido antes, *nihil volitum quin praecognitum*; y tal es el principio supremo de todo intelectualismo. Al cual principio debemos oponer, jóvenes, el inverso, y afirmar que no cabe conocer nada que no se haya querido antes, *nihil cognitum quin praevolitum*. El deseo es primero, y su realización después. Y el deseo no surge de inteligencia. . . .

apotegma escolástico *scholastic aphorism*

. . . *Nihil cognitum quin praevolitum*. No conocerán nuestros jóvenes al Príncipe de juventud en torno al cual se unan para el asalto de la fortaleza que guarda el misterio de mañana, del eterno mañana, mientras no sepan desearlo, mientras no sepan quererlo. . . .

. . . También vendrá a España el que nos haga falta, el genio esperado, pero es siempre que los jóvenes lo ansíen, y que, al abrir los ojos a la luz, se diga cada uno de ellos: "¿Seré yo el esperado? ¿Seré yo el que esperamos todos, el que yo espero?" Y si sintiera en sí la comezón de las alas, el empuje de las alturas; si se sintiera crecer y henchirse de ambición sagrada, entonces se llenará, no de soberbia, sino de sumisión perfecta, y, viéndose el servidor de todos, esperará que se haga en él según la esperanza de España, según la esperanza de su juventud, según la esperanza de todos. "Tiene que venir, ¿por qué no he de ser yo?" Sólo el que sienta esto de veras, el que lo sienta y no sólo lo piense, y el que de veras y no por ficción lo sienta, sólo el que sienta eso de veras es joven por juventud inmarchitable.

el que nos haga falta *the one we are waiting for*

la comezón de las alas *the urge to leave the nest* (colloq.)

C. "Juventud y juventudes," de Miguel de Unamuno (*Ahora*, Madrid, 3 de enero de 1934.)

Los hombres que más hondamente han sentido la comunidad histórica, la comunión civil de su pueblo en la historia, han solido ser en su niñez y en su mocedad unos solitarios. Han solido hacerse fuera de esas juventudes de santo y seña, de color y grito de fingido desdén a generaciones cuya obra, por desconocerla, no reconocen. Hay al lado de ciertos partidos su "juventud" correspondiente. . . . ¿Estudiar la doctrina? No; esas "juventudes" no se fraguan para estudiar nada. . . .

. . . Que a un partido al uso corriente no le hace el credo, sino la que llaman disciplina. La fe— . . . ¡pase!—de los partidarios suele ser implícita, de carbonero, lo que les permite pasar de un partido a otro y sin tener que sacrificar ni migaja de convicciones. . . . Y así es como no hemos podido ver descollar de esas sedicentes y supuestas juventudes ningún joven de veras, de espíritu juvenil. . . .

esas sedicentes y supuestas juventudes *that apathetic so-called youth*

. . . ¡Y vuelta siempre al mismo tema: al de los solitarios de cada generación! Cuando veo a un joven de edad recatado, reconcentrado, tal vez hosco, que se pasea solo soñando vaguedades, acaso orilla del río, junto a los sauces, mirando correr el agua de un modo que sugiere fatídicas aprensiones, suelo decirme: "¿Será éste uno de los caudillos de mañana, un hombre mesiánico?" Y no se me ocurre decírmelo del que perora en contubernios de cualquier "juventud". . . .

del que perora en contubernios *the one who talks about the laziness of that so-called youth*

. . . No sé si será aprensión mia, pero creo notar que un soplo de desaliento—¡ojo a la intima contradicción de este ajuste!—sopla sobre nuestra juventud solitaria, la no afiliada a ninguna de esas mentidas juventudes. He oído, y casi en confesión, las confidencias de alguno de esos reconcentrados, les he oído abominar de la política por colmo de espíritu civil, de civilidad; les he sorpendido buscando religión o, si se quiere, religiosidad de patria. . . .

un soplo de desaliento *a breath of discouragement*

por colmo *because of* (in context)

. . . Se me llena el alma de la memoria con los recuerdos de aquella mi juventud tan solitaria. . . . Pero ellos son la sal—por amarga que nos sepa—de nuestra tierra espiritual, esos mozos solitarios—¡no neutrales, no, sino que no van a hacerse carrera política!—; esos que no se apuntan en juventudes de partido y menos en partido sin juventud; esos que

Pero ellos son la sal *But they are the salt*

mientras van cada uno dentro de sí—en busca de una clara, honda y fuerte fe española—van tejiendo a la vez los pañales—no forros—con que abrigarla y arrollarla cuando llegue a abrírseles naciéndoles por sustancia y no por accidente un nuevo credo desnudo. Aviéneles el común empeño, pero no se convienen entre sí por no tener acuerdo común; úneles, avenidos, la esperanza; pero la falta de fe les impide convenirse, ya que sus corazones no contemplan todavía una clara España venidera. Y no es hacedero vislumbrar qué o quién—qué cosa o qué hombres—saldrá de todo esto.

con que abrigarla y arrollarla *to shelter and clothe*

Aviéneles el común empeño *They share the common goal*

Y no es hacedero vislumbrar *And it is not possible to foretell*

IV. Actividades de Comprensión de Lectura "Los que van a ser maestros"

A. Escoja la opción que complete la oración correctamente según el contexto de la lectura.

1. La juventud mexicana se distingue por
   a. su homogeneidad en gustos por la música.
   b. defender sus valores en una sociedad reaccionaria.
   c. su modo particular de vestir.
   d. ser el grupo dominante en su sociedad.
2. Los jóvenes que se rebelan en contra de los mayores lo hacen porque
   a. tienen problemas con los padres cuando éstos creen que el dinero todo lo puede conseguir.
   b. son víctimas de la falta de unión familiar.
   c. desean establecer su independencia en todo momento.
   d. una posible combinación de las anteriores.
3. Los futuros maestros de pueblos pequeños en México
   a. será un grupo de jóvenes rebeldes que desafiarán a la autoridad.
   b. serán jóvenes que se adaptan a una sociedad muy conservadora sin atreverse a retarla.
   c. aceptarán la nueva liberación femenina.
   d. serán iguales a los de las grandes ciudades.

4. El autor de este artículo considera que
   a. la futura generación de maestros tendrá graves problemas con los nuevos valores de la juventud.
   b. la nueva generación de jóvenes seguirá los ideales establecidos por la política de Reagan.
   c. la juventud debe participar activamente en los cambios de la sociedad mexicana actual.
   d. la juventud del siglo XXI será radicalmente diferente a la de ahora.
5. Los jóvenes aspirantes a maestros serán
   a. líderes conservadores del futuro.
   b. los mayores propulsores de la reforma social y política.
   c. los que formarán la clase social más privilegiada.
   d. seres pasivos que no lucharán por las condiciones sociales de su país.

"Almas de jóvenes"

B. Conteste verdad (V) o falso (F) a los siguientes asertos.

1. ______ Según Unamuno, la esperanza es sinónimo de vida.
2. ______ Los antiguos eclesiásticos decían que primero venía el deseo de algo y luego su realización.
3. ______ Sólo los creyentes alcanzarán a conocer los secretos del futuro.
4. ______ Está predestinado que en este mundo muchos creerán ser llamados a sobresalir pero sólo los genios serán escogidos.
5. ______ Para tener éxito no basta pensar en la gloria; hay que sentirla genuinamente.

"Juventud de juventudes"

C. Preguntas temáticas.

1. ¿Quiénes han sido los hombres solitarios en cada generación?
2. ¿Qué impresión tiene Unamuno de los jóvenes solitarios?
3. ¿A qué cree el autor que se debe el desaliento que impera entre la juventud?

4. ¿Por qué cree usted que los jóvenes andan buscando la religión?
5. ¿Por qué son considerados los jóvenes la sal de la tierra?
6. ¿Por qué carece de fe la juventud?
7. ¿Qué se sabe con certeza del futuro de España? ¿Cómo serán los líderes del mañana?

V. Dé Su Opinión

A. ¿Cómo será la juventud en el siglo XXI? ¿Cree usted que habrá mayor distancia entre los maestros y los jóvenes del futuro de la que ahora existe?
B. ¿Cree usted que en las sociedades latinomericanas se le da mayor importancia a los adultos que a la juventud? ¿Es ésto diferente en las sociedades angloamericanas?
C. ¿ Cree usted que la juventud de hoy día desafía la autoridad de los adultos? ¿Está usted a favor o en contra de esto?
D. ¿Qué diferencia ve usted entre la juventud de comienzos de siglo que describe Unamuno y la juventud del presente descrita por Ita?
E. Unamuno escribe sobre el desaliento que existía entre los jóvenes de su época. Ve usted el mismo desaliento entre la juventud hoy en día? ¿Qué semejanzas y/o diferencias puede usted señalar?

VI. Actividad Especial

Haga un estudio y preséntelo a la clase sobre las diferentes épocas por las cuales ha pasado la juventud en las últimas décadas. Comente sobre la era del "rock 'n roll," la filosofía del "hippie," las nuevas modas "punk" y "rock." ¿Qué impacto han tenido estas modalidades sobre la juventud mundialmente? Consulte con sus padres y/o abuelos sobre la forma de pensar y actuar de los jóvenes de su época y compárelo con la situación actual.

Escriba un ensayo sobre uno de los temas siguientes.

A. La juventud de ayer, de hoy, y de mañana.

B. El papel que jugará el maestro del futuro en una sociedad cambiante.

C. En la era de la automatización ¿habrán líderes revolucionarios?

VII. Actividad Final

A. ¿Después de leer este capítulo, cuál de las tres lecturas piensa usted que refleja mejor los problemas de los adolescentes?

B. Tanto en el cuento "Bernardino" como en el fragmento "Los pachucos y otros extremos" se describe a los adolescentes como a seres diferentes, ya sea en su apariencia y actitud personal, o en su forma de encararse con la sociedad de su tiempo. ¿Cómo se manifiestan estas diferencias en las dos lecturas?

C. ¿Qué relación encuentra usted entre los jóvenes descritos por Unamuno en la parte periodística y el protagonista del cuento "Bernardino"?

D. En su orden cronológico, Unamuno escribe sus articulos en 1904 y 1934; Paz escribe su ensayo en 1950; Matute su cuento en 1958 y finalmente Ita su artículo periodístico en 1985. Según la visión que se presenta de los adolescentes en cada una de estas lecturas—que comprenden un ciclo de 80 años—¿piensa usted que la concepción que se tiene de los adolescentes ha cambiado radicalmente? Explique.

E. La mayoría de las lecturas en este capítulo, a pesar de sus géneros literarios diferentes [cuento, ensayo y artículo periodístico], ofrecen una característica común en el uso del lenguaje. ¿Podría usted indicar cuál es esa característica? ¿Podría dar algunos ejemplos?

Capítulo 3

La mujer

INTRODUCCION

La situación de la mujer en la sociedad actual es un tema de mucha controversia. No pasa un sólo día sin que los medios de comunicación tengan algo que comentar sobre el papel cambiante de la mujer en y fuera del hogar. En los Estados Unidos hay hoy en día más de un 50% de mujeres que han entrado a la fuerza laboral, compitiendo con el hombre en campos antes vedados al sexo femenino. La mujer moderna está exigiendo la igualdad de derechos en todas las esferas de la sociedad.

En los países hispanos también se están haciendo sentir estos cambios aunque a un ritmo más lento. El "machismo" aún impera en la sociedad latina, y es por esta razón que las mujeres de la clase alta son las principales beneficiarias de esta nueva corriente feminista. La liberación es un lujo que las mujeres de las clases media y baja todavía no pueden disfrutar.

En este capítulo se discuten algunos de estos problemas. En la parte literaria incluímos el cuento "La intrusa" de Jorge Luis Borges (1899–1986), quien goza de una reputación literaria internacional. Las obras de este escritor argentino ha sido traducidas a multitud de lenguas, y muy en particular, las versiones en inglés de sus cuentos han tenido gran éxito tanto en los Estados Unidos como en Inglaterra. Una de las más conocidas es *Labyrinths: Selected Stories and Other Writings* (1962).

El cuento "La intrusa" que hemos seleccionado para este capítulo, se desarrolla en un suburbio de Buenos Aires. La historia narra, con un realismo brutal, la degradante pasión de dos hermanos por la misma mujer. Esta mujer proviene de uno de los sectores más bajos de la escala social y aparece como "el objeto" de placer y discordia entre los dos hombres.

En la segunda parte de este capítulo leeremos "Betty Friedan: Análisis y praxis," ensayo escogido de la colección *Mujer que sabe latín,* escrito por la reconocida autora mexicana Rosario Castellanos (1925–1974). Castellanos es considerada como una de las poetas más destacadas en Latinoamérica por sus obras *De la vigilia estéril, El rescate del mundo* y *Al pie de la letra.* También cultivó con gran éxito otros géneros como el cuento, la novela y el teatro.

En el ensayo que incluímos en esta sección, Castellanos cuestiona la validez de los patrones impuestos a la mujer por la cultura occidental. El movimiento feminista iniciado por Betty Friedan en los Estados Unidos le sirve de modelo para luchar por la igualdad de derechos para las mujeres mexicanas. En su ensayo, Castellanos las exhorta a despertar de su apatía y a no resignarse a su posición de inferioridad.

En la última sección de este capítulo, la profesora Bárbara Mujica de la Universidad de Georgetown en Washington, D.C., describe con cierto optimismo la situación cambiante de las mujeres latinoamericanas en el mundo de hoy. En su opinión, aunque hay serios factores que todavía mantienen la desigualdad de los sexos, las mujeres hispánicas están creando una nueva conciencia que las estimula a esforzarse para lograr sus derechos.

Las tres lecturas seleccionadas mostrarán al lector los marcados contrastes entre la vida y metas alcanzadas por las mujeres norteamericanas y europeas, y las logradas por sus hermanas en los países hispánicos. También aparecen ilustradas las oportunidades que tienen las mujeres para avanzar en la sociedad, y las condiciones que pueden mantenerlas en una posición subordinada.

LA INTRUSA

de Jorge Luis Borges

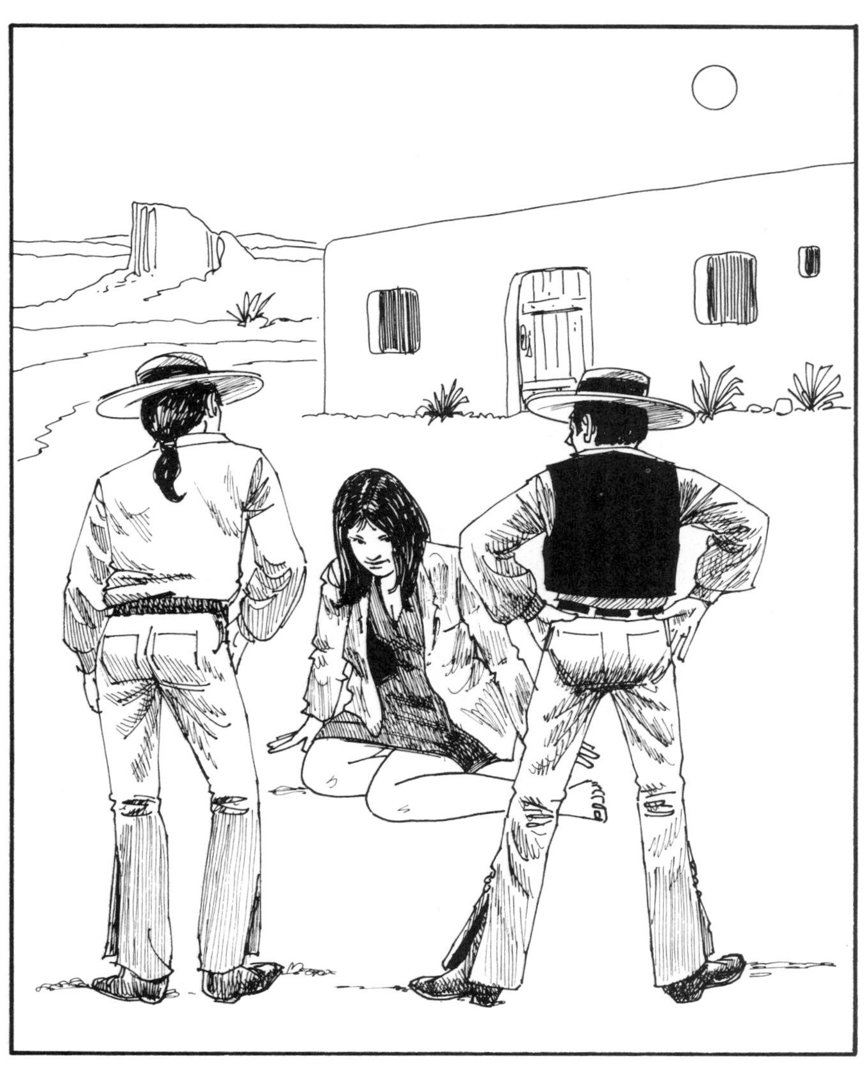

I. Vocabulario Esencial

SUSTANTIVOS

el altercado	dispute
el apodo	nickname
el catre	folding cot
el cuero	rawhide
la daga	dagger
la discordia	disagreement
el forajido	outlaw
la melena	disheveled long hair
el pormenor	detail
la tez	complexion (of the face)
el velorio	wake
el zaguán	hall

ADJETIVOS

azaroso	dangerous
desmantelado	dismantled
gastado	worn out
mal parecido	unattractive
pendenciero	quarrelsome
prolijo	detailed

VERBOS

alzar	to raise
atar	to tie
burlarse	to ridicule
celar	to keep an eye on
descuidar	to neglect
engañar	to deceive
gastar	to spend
hacer trampa	to cheat
injuriar	to insult
malquistarse	to make enemies
reanudar	to resume
recogerse	to withdraw
soler	to be in the habit of
ultrajar	to offend

II. Actividades de Pre-Lectura

A. Escriba una oración con las palabras dadas.

1. él/acostarse/catre/dormir/siesta
2. velorio/haber/poco/pariente/difunto
3. ella/ocultar/secreto/familia
4. hombre/esconder/daga/camisa
5. hermanos/soler/visitar/pueblo

B. Forme una palabra derivada con los verbos dados.
Modelo: bailar—baile

1. ultrajar ____________________
2. gastar ____________________
3. celar ____________________
4. descuidar ____________________
5. altercar ____________________
6. burlarse ____________________
7. engañar ____________________
8. injuriar ____________________

C. Complete la oración con la palabra apropiada, teniendo en cuenta el género, el número y la concordancia verbal.

mal parecido	pilcha	desmantelado	tez
pormenor	variaciones	modesto	altercado
forajido	gaucho	quemado	roto

1. El narrador cuenta la historia con muchos ________________.
2. El ____________________ fue apresado anoche por la policía.
3. La ____________________ de Juliana no estaba arruinada por el sol.
4. María no es ____________________ pero los anteojos no la favorecen.
5. Después del robo, la casa de mi tía estaba ________________.

D. Escoja el antónimo en la columna B para las palabras en la columna A.

A	B
1. ______ alzar	a. tranquilo
2. ______ reanudar	b. armonía
3. ______ azaroso	c. ameno
4. ______ injuriar	d. tumbar
5. ______ discordia	e. terminar
	f. alabar
	g. bajar

E. Escoja la palabra que corresponde a la definición.

1. ______ Sobrenombre que se le da a una persona.
   a. apellido b. apodo c. nombre de pila d. inicial
2. ______ Piel seca de un animal.
   a. overo b. pilcha c. cuero d. tez
3. ______ Es lo mismo que amarrar.
   a. atar b. cejar c. recogerse d. aguantar
4. ______ Prolijo es sinónimo de
   a. aburrido b. detallado c. descuidado d. oculto
5. ______ Hacer enemigos.
   a. ultrajar b. malquistarse c. celar d. injuriar

III. "La intrusa," de Jorge Luis Borges

II, REYES, 26

Dicen (lo cual es improbable) que la historia fue referida por Eduardo, el menor de los Nilson, en el velorio de Cristián, el mayor, que falleció de muerte natural, hacia mil ochocientos noventa y tantos, en el partido de Morón. Lo cierto es que alguien la oyó de alguien, en el decurso de esa larga noche perdida, entre mate y mate, y la repitió a Santiago Dabove, por quien la supe. Años después, volvieron a con-

partido de Morón *a poor neighborhood of Buenos Aires*
decurso *course*
mate *Argentinian tea*

tármela en Turdera, donde había acontecido. La segunda versión, algo más prolija, confirmaba la de Santiago, con las pequeñas variaciones y divergencias que son del caso. La escribo ahora porque en ella se cifra, si no me engaño, un breve y trágico cristal de la índole de los orilleros antiguos. Lo haré con probidad, pero ya preveo que cederé a la tentación literaria de acentuar o agregar algún pormenor.

Turdera *another poor neighborhood of Buenos Aires*

son del caso *to be expected*

orilleros antiguos *The same as* "arrabalero"—*people living in the suburbs* (arrabales).

En Turdera los llamaban los Nilsen. El párroco me dijo que su predecesor recordaba, no sin sorpresa, haber visto en la casa de esa gente una gastada Biblia de tapas negras, con caracteres góticos; en las últimas páginas entrevió nombres y fechas manuscritas. Era el único libro que había en la casa. La azarosa crónica de los Nilsen, perdida como todo se perderá. El caserón, que ya no existe, era de ladrillo sin revocar; desde el zaguán se divisaban un patio de baldosa colorada y otro de tierra. Pocos, por lo demás, entraron ahí; los Nilsen defendían su soledad. En las habitaciones desmanteladas dormían en catres; sus lujos eran el caballo, el apero, la daga de hoja corta, el atuendo rumboso de los sábados y el alcohol pendenciero. Sé que eran altos, de melena rojiza. Dinamarca o Irlanda, de las que nunca oirían hablar, andaban por la sangre de esos criollos. El barrio los temía a los Colorados; no es imposible que debieran alguna muerte. Hombro a hombro pelearon una vez a la policía. Se dice que el menor tuvo un altercado con Juan Iberra, en el que no llevó la peor parte, lo cual, según los entendidos, es mucho. Fueron troperos, cuarteadores, cuatreros y alguna vez tahures. Tenían fama de avaros, salvo cuando la bebida y el juego los volvían generosos. De sus deudos nada se sabe ni de dónde vinieron. Eran dueños de una carreta y una yunta de bueyes.

ladrillo sin revocar *bare brick*

atuendo . . . sábados *Saturday night flashy clothing*

los Colorados *redheads*

no . . . muerte *they were probably responsible for a murder*

Fueron . . . tahures. *They were drovers, hide skinners, horse thieves, and at times gamblers.*

Físicamente diferían del compadraje que dio su apodo forajido a la Costa Brava. Esto, y lo que ignoramos, ayuda a comprender lo unidos que fueron. Malquistarse con uno era contar con dos enemigos.

compadraje *gang*

Los Nilsen eran calaveras, pero sus episodios amorosos habían sido hasta entonces de zaguán o de casa mala. No faltaron, pues, comentarios cuando Cristián llevó a vivir con él a Juliana Burgos. Es verdad que ganaba así una sirvienta pero no es menos cierto que la colmó de horrendas baratijas y que la lucía en las fiestas. En las pobres fiestas de conventillo donde la quebrada y el corte estaban prohibidos y donde se bailaba, todavía, con mucha luz. Juliana era de tez morena y de ojos rasgados; bastaba que alguien la mirara para que se sonriera. En un barrio modesto donde el trabajo y el descuido gastan a las mujeres, no era mal parecida.

Eduardo los acompañaba al principio. Después emprendió un viaje a Arrecifes por no sé qué negocio; a su vuelta llevó a la casa una muchacha que se había levantado por el camino, y a los pocos días la echó. Se hizo más hosco: se emborrachaba solo en el almacén y no se daba con nadie. Estaba enamorado de la mujer de Cristián. El barrio, que tal vez lo supo antes que él, previó con alevosa alegría la rivalidad latente de los hermanos.

Una noche, al volver tarde de la esquina, Eduardo vio el oscuro de Cristián atado al palenque. En el patio, el mayor estaba esperándolo con sus mejores pilchas. La mujer iba y venía con el mate en la mano. Cristián le dijo a Eduardo:

—Yo me voy a una farra en lo de Farías. Ahí la tenés a la Juliana: si la querés, usala.

El tono era entre mandón y cordial. Eduardo se quedó un tiempo mirándolo: no sabía que hacer. Cristián se levantó, se despidió de Eduardo, no de Juliana que era una cosa, montó a caballo y se fue al trote, sin apuro.

Desde aquella noche la compartieron. Nadie sabrá los pormenores de esa sórdida unión que ultrajaba las decencias del arrabal. El arreglo anduvo bien por unas semanas, pero no podía durar. Entre ellos, los hermanos no pronunciaban el nombre de Juliana, ni siquiera para llamarla, pero buscaban y encontraban razones para no estar de acuerdo. Discutían la venta de unos cueros pero lo que discutían era otra cosa. Cristián solía alzar la voz y Eduardo

la . . . baratijas *lavished her with cheap trinkets*

fiestas de conventillo *poor tenement parties*

quebrada . . . corte *dance steps of the "tango"*

el oscuro de Cristián *Cristián's dark horse*

pilchas prendas de vestir, ropa

farra *party, dance*

en lo de Farías *at the Farías home*

callaba. Sin saberlo, estaban celándose. En el duro suburbio, un hombre no decía, ni se decía, que una mujer pudiera importarle, más allá del deseo y la posesión, pero los dos estaban enamorados. Esto, de algún modo, los humillaba.

Una tarde, en la plaza de Lomas, Eduardo se cruzó con Juan Iberra que lo felicitó por ese primor que se había agenciado. Fue entonces, creo, que Eduardo lo injurió. Nadie, delante de él, iba hacer burla de Cristián.

ese primor . . . agenciado *for that nice thing he had gotten hold of*

La mujer atendía a los dos con sumisión bestial; pero no podía ocultar alguna preferencia, sin duda por el menor, que no había rechazado la participación, pero que no la había dispuesto.

pero . . . dispuesto *but that he had not arranged*

Un día le mandaron a la Juliana que sacara dos sillas al primer patio y que no apareciera por ahí, porque tenían que hablar. Ella esperaba un diálogo largo y se acostó a dormir la siesta, pero al rato la recordaron. Le hicieron llenar una bolsa con todo lo que tenía, sin olvidar el rosario de vidrio y la crucecita que le había dejado su madre. Sin explicarle nada la subieron a la carreta y emprendieron un silencioso y tedioso viaje. Había llovido: los caminos estaban muy pesados y serían las once de la noche cuando llegaron a Morón. Ahí la vendieron a la patrona del prostíbulo. El trato ya estaba hecho; Cristián cobró la suma y la dividió después con el otro.

la recordaron *they woke her up* (in context)

En Turdera, los Nilsen, perdidos hasta entonces en la maraña (que también era una rutina) de aquel monstruoso amor, quisieron reanudar su antigua vida de hombres entre hombres. Volvieron a las trucadas, al reñidero, a las juergas casuales. Acaso alguna vez, se creyeron salvados, pero solían incurrir, cada cual por su lado, en injustificadas ausencias. Poco antes de fin de año el menor dijo que tenía que hacer en la Capital. Cristián se fue al Morón; en el palenque de la casa que sabemos reconoció al overo de Eduardo. Entró; adentro estaba el otro, esperando turno. Parece que Cristián le dijo:

en la maraña *in the entanglement*

a las trucadas . . . casuales *card games, cock fights, occasional sprees*

en el palenque *in the yard, enclosure*

al overo *speckled horse*

—De seguir así, los vamos a cansar a los pingos. Más vale que la tengamos a mano.

De seguir así *If we go on like this*

pingos *horses*

Habló con la patrona, sacó unas monedas del tirador y se la llevaron. La Juliana iba con Cristián; Eduardo espoleó al overo para no verlos.

Volvieron a lo que ya se había dicho. La infame solución había fracasado; los dos habían cedido a la tentación de hacer trampa. Caín andaba por ahí, pero el cariño entre los Nilsen era muy grande—¡quién sabe qué rigores y qué peligros habían compartido!—y prefirieron desahogar su exasperación con ajenos. Con un desconocido, con los perros, con la Juliana, que había traído la discordia.

con ajenos *with strangers* (in context)

El mes de marzo estaba por concluir y el calor no cejaba. Un domingo (los domingos la gente se recoge temprano) Eduardo, que volvía del almacén vio que Cristián uncía los bueyes. Cristían le dijo:

no cejaba *didn't diminish*

—Vení; tenemos que dejar unos cueros en lo del Pardo; ya los cargué; aprovechemos la fresca.

ya los cargué *I already loaded them* (referring to the rawhides)

El comercio del Pardo quedaba, creo, más al Sur; tomaron por el Camino de las Tropas, después por un desvío. El campo iba agrandándose con la noche.

por un desvío *by a side road*

Orillaron un pajonal; Cristián tiró el cigarro que había encendido y dijo sin apuro:

sin apuro *calmly*

—A trabajar, hermano. Después nos ayudarán los caranchos. Hoy la maté. Que se quede aquí con sus pilchas, ya no hará más perjuicios.

caranchos *crows*

Que se quede *Let her lie*

Se abrazaron casi llorando. Ahora los ataba otro vínculo; la mujer tristemente sacrificada y la obligación de olvidarla.

IV. Actividades de Comprensión de Lectura

A. Escoja el aserto que complete la oración correctamente según el contexto de la lectura.

1. El único libro que existía en la casa de los hermanos Nilsen era
   a. una novela del siglo diecinueve.
   b. un libro sin nombre de tapas negras.
   c. una vieja Biblia.
   d. un diario de la familia.

2. Los hermanos Nilsen
   a. eran hombres sociables y amistosos.
   b. defendían a todo costo su privacidad.
   c. reunían frecuentemente en su casa a todas las mujeres del vecindario.
   d. tenían fama de generosos.
3. Cristián y Eduardo
   a. se llevaban más o menos bien entre sí.
   b. poseían un lazo fraternal muy fuerte.
   c. tenían frecuentemente muchos desacuerdos.
   d. se veían forzados a vivir juntos por razones económicas.
4. Juliana Burgos era
   a. la sirvienta de los hermanos Nilsen.
   b. la amante de Cristián.
   c. la mujer de Eduardo.
   d. alguna posible combinación de las anteriores.
5. Cuando los hermanos Nilsen decidieron compartir a Juliana Burgos el arreglo no funcionó porque
   a. toda la gente del arrabal protestó por la situación.
   b. la mujer estaba enamorada de Eduardo.
   c. ambos estaban enamorados de la mujer.
   d. Cristián estaba enamorado de la mujer y Eduardo no.
6. Cristián mató a Juliana porque
   a. estaba celoso de su hermano.
   b. la mujer se cansó del arreglo y trató de irse de la casa de los Nilsen.
   c. no quería que nada ni nadie rompiera la unión con su hermano.
   d. se enamoró de otra mujer.

B. Conteste verdad (V) o falso (F) a los siguientes asertos.

1. ______ Esta historia ocurrió en la Argentina en el siglo XX.
2. ______ Los hermanos Nilsen eran hombres decentes y pacíficos hasta que se encontraron con Juliana Burgos.

3. ______ De común acuerdo los hermanos Nilsen vendieron a Juliana a un prostíbulo.
4. ______ Por causa de Juliana, los hermanos se engañaron mutuamente por primera vez.
5. ______ Los hermanos se pusieron de acuerdo para asesinar a Juliana Burgos.

C. Preguntas temáticas.

1. ¿Cómo interpreta usted el título del cuento "La intrusa"?
2. Los hermanos Nilsen cometieron un crimen de asesinato. ¿Por qué piensa usted que la justicia no los castigó?
3. Los hermanos Nilsen eran de ascendencia europea; Juliana, posiblemente de ascendencia india. ¿Qué importancia puede tener esto en el cuento?
4. ¿Qué entiende usted con la frase: "La mujer atendía a los dos (hermanos) con sumisión bestial"?
5. ¿Por qué en el suburbio de los Nilsen un hombre no podía admitir que estuviera enamorado de una mujer?
6. ¿Por qué la única solución para los hermanos fue la de matar a Juliana Burgos?
7. ¿Cómo puede usted relacionar este cuento con la historia bíblica de Caín y de Abel?

V. Dé Su Opinión

A. ¿Opina usted que el machismo exagerado de los hermanos Nilsen en el siglo XIX es todavía característica común del hombre hispano en el siglo XX? Explique.

B. En el cuento leído Juliana aparece en condición de objeto. No opina, protesta o intenta cambiar su situación degradada. ¿Cree usted que esta situación sólo puede ocurrir en un cuento o que también se presenta en la realidad actual?

C. En la actualidad, el Movimiento de Liberación Femenina Mundial protesta que se convierta a la mujer en objeto del placer sexual del hombre. Si usted está de acuerdo con esta posición, qué piensa: ¿De los concursos y reinados de belleza? ¿De los avisos de propaganda en televisión en los cuales se explota la belleza física femenina? ¿De la inclinación de la mujer a seguir las pautas dictadas por los diseñadores de modas?

D. En el caso de Juliana apreciamos que la mujer pertenecía a una de las esferas más pobres y bajas de la estructura social. ¿Piensa usted que una mujer de la clase media alta podría ser vendida a un prostíbulo sin graves consecuencias legales para los criminales?

VI. Actividad Especial

Escriba una composición breve cambiando el final del cuento. Como sugerencia, considere alguna de las siguientes posibilidades.

A. Juliana mata a los dos hermanos.
B. Cristián mata a su hermano Eduardo para quedarse con Juliana.
C. Juliana huye de la casa de los Nilsen para comenzar una nueva vida.
D. Eduardo se casa con Juliana.
E. Ambos hermanos proponen matrimonio a Juliana Burgos.

VII. Actividad Final

A. ¿Quién narra esta historia? ¿Es un personaje del cuento que habla en tercera persona? ¿Es una voz narrativa en tercera persona que observa los acontecimientos desde una perspectiva exterior? ¿O es una primera persona no dramatizada, es decir, que no toma parte directa en la acción del cuento? Explique.
B. ¿Piensa usted que Borges usa un estilo adornado y metafórico en este cuento, o que usa un estilo sencillo y directo? ¿Puede dar unos ejemplos que justifiquen su respuesta?
C. Borges usa muchas expresiones y vocabulario que es típico de la Argentina. ¿Qué efecto tiene esta técnica en la comprensión y goce estético de la lectura? Señale algunas de estas expresiones.

BETTY FRIEDAN: ANALISIS Y PRAXIS
de Rosario Castellanos

I. Vocabulario Esencial

SUSTANTIVOS

el aparato	gadget
el certamen	contest
el conjuro	spell
el cumplimiento	compliance
la destreza	skill
la encargada	woman in charge (of)
la encuesta	inquest
el mago	magician
el malestar	discomfort
la meta	goal
la pesquisa	investigation
la realización	fulfillment
el rechazo	rejection
el vínculo	tie

ADJETIVOS

desasosegado	disturbed
impune	unpunished
inoperante	ineffective
proscrito	exiled
tenaz	tenacious

VERBOS

aburrirse	to be bored
adentrarse	to penetrate
agudizar	to grow worse
consignar	to register (in context)
dispensar	to excuse
enfocar	to focus (on)
enmascarar	to disguise
equivaler	to be equivalent to
fortalecer	to strengthen
girar	to concentrate (in context)
plasmar(se)	to shape
provocar	to incite
superar	to overcome

II. Actividades de Pre-Lectura

A. Complete la oración con la palabra apropiada.

1. El ______________________ de sus responsabilidades no es satisfactorio.
   a. esfuerzo b. cumplimiento c. trabajo
2. El niño ______________________ porque no tiene nada que hacer.
   a. llama b. baja c. se aburre
3. Se necesita ser un ______________________ para resolver ese problema.
   a. aficionado b. mago c. inexperto
4. Se dice que nos hemos convertido en los esclavos de los ______________________ eléctricos.
   a. aparatos b. muebles c. máquinas
5. Los resultados de la ______________________ se falsificaron.
   a. cuestionario b. examen c. encuesta

B. Escoja la palabra más cercana en significado.

1. _______ conjuro: a. ceremonia b. brujería c. reunión d. exorcismo
2. _______ equivaler: a. procesar b. equiparar c. tener igual valor d. equivocarse
3. _______ agudizar: a. afilar b. disminuir c. consignar d. empeorar
4. _______ superar: a. perder b. fortalecer c. triunfar d. igualar
5. _______ enfocar: a. preparar b. examinar c. concentrarse d. resultar

C. Escoja el sinónimo de las siguientes palabras.

1. _______ encargada	a. encuesta
2. _______ certamen	b. otorgar
3. _______ destreza	c. encubrir

4. ______ pesquisa
5. ______ dispensar
6. ______ provocar
7. ______ enmascarar
8. ______ tenaz
9. ______ meta
10. ______ malestar

d. persistente
e. responsable
f. fin
g. habilidad
h. incomodidad
i. concurso
j. incitar

D. Complete la oración con la forma apropiada de la palabra entre paréntesis.

1. (dispensar) Las mujeres están ____________________ del servicio militar en muchos países.
2. (rechazo) Los hombres, en su mayoría, ____________________ el movimiento de liberación femenina.
3. (vincular) Los fuertes ____________________ que existen entre las madres y sus hijos las restringen en sus trabajos fuera del hogar.
4. (enfocar) El ____________________ que le hemos dado a este asunto es equivocado.
5. (proscribir) Muchos intelectuales españoles fueron __________ después de la Guerra Civil.

E. Escoja el antónimo de las siguientes palabras.

1. ______ realización
2. ______ fortalecer
3. ______ inoperante
4. ______ impune
5. ______ desasosegado

a. efectivo
b. castigado
c. tranquilo
d. fracaso
e. éxito
f. debilitar
g. sediento

III. "Betty Friedan: Análisis y praxis," en *Mujer que sabe latín,* de Rosario Castellanos

Cuando hace veinte años Simone de Beauvoir publicó en Paris su ensayo sobre *El segundo sexo** provocó un escándalo, al menos y tal como ella lo consigna minuciosamente en sus memorias, nacional. Recibió cartas insultantes, fue objeto de burlas, apareció caricaturizada en los periódicos, se le anatemizó como a una proscrita.

fue objeto de burlas *it was ridiculed*

se le anatemizó *it was condemned*

¿Qué delito había cometido? Simplemente examinar, con la mayor objetividad y rigor científicos posibles y con el soporte de una teoría filosófica, un hecho que se había mantenido hasta entonces en el plano de lo puramente natural: el hecho de ser mujer.

Simone de Beauvoir enfoca, por primera vez, el fenómeno desde una perspectiva que ya no es la de la fatalidad biológica, que ya no es la del destino impuesto por las funciones corporales sino que es elección libre dentro del marco de una cultura. Y que sobre esa elección influyó una serie de factores religiosos, morales, intelectuales tras de los que se enmascaraban intereses económicos y sistemas de explotación cuya eficacia dependía, en gran parte, de la dosis de dogmatismo que fueran capaces de segregar y de hacer absorber a quienes estaban girando en torno de su órbita.

dentro del marco de una cultura *within a framework of a culture*

a quienes estaban girando en torno de su órbita *those who were gravitating around its orbit*

La tentativa de Simone de Beauvoir por crear una conciencia de la realidad femenina y por hacer un inventario de las posibilidades de cumplimiento y de realización, que presentan nuestras actuales circunstancias, superó la barrera inicial de rechazo para entrar en el terreno de la influencia. Una influencia que fue mucho más honda y 'revulsiva' entre los hombres y que se ha filtrado con mucha más dificultad entre las mujeres. Porque temen contemplar

mas honda y 'revulsiva' *stronger and 'repulsive'*

* Simone de Beauvoir, French writer, published her book *The Second Sex* in 1953. She played a leading role in bringing attention to the importance of including women in politics and intellectual life.

su propia imagen y carecer de las fuerzas suficientes para modificarla.

Mas he aquí, de pronto, que veinte años después, el foco de la preocupación sobre el tema se traslada de Francia a los Estados Unidos donde pierde su carácter individual y privado (tan propio del estilo de pensar latino, tan peculiar de la era de Gutenberg) para adquirir una dimensión colectiva. Aunque, desde luego, la encargada de la formulación de las interrogantes y de la proposición de las respuestas, sea una sola persona, portavoz de esa otra gran "mayoría silenciosa".

Mas he aquí *But we find out* (in context)

portavoz *spokesperson*

En Betty Friedan* el problema del feminismo se manifiesta inicialmente como un malestar que casi podría calificarse de visceral. Ella es una mujer norteamericana que encarna el ideal de la mujer norteamericana. Es decir, que se ha casado con un hombre ambicioso y eficaz en su trabajo; fiel en sus relaciones conyugales; cooperativo en la educación de los hijos; corresponsable en el manejo del hogar. Y el hogar está provisto de todo lo necesario y aun de lo superfluo. Y los niños son sanos y normales. Y los vecinos amistosos. Y las respectivas familias políticas tolerantes y tolerables. Y las diversiones regulares. Y la vida segura. Y el éxito no es una promesa remota sino una realidad que empieza a plasmarse de modo evidente.

visceral *belonging to the viscera,* which are the main organs of the body contained in the body's cavity (literally). In context it means *extremely deep.*

encarna *embodies*

Sin embargo, Betty Friedan experimenta una especie de vacío interior, de automatismo en sus actos, de falta de sentido en sus propósitos. Y si el presente es insatisfactorio (¿por qué?) el futuro, además de absurdo, parece fantasmal.

vació interior *internal vacuum*

Betty Friedan tiene la primera reacción adecuada al enfrentarse con estas sensaciones, que se agudizan, que se adentran, que se expanden: la de creer que es un monstruo, una inadaptada, un candidato viable al tratamiento psiquiátrico.

viable *feasible*

Pero luego descubre que no es la única. Y que

* It is said that the Women's Movement was born in the United States with Betty Friedan's book, *The Feminine Mystique.*

otra mujer, en sus mismas condiciones, disminuye la angustia por medio del consumo de tranquilizantes, por ejemplo. Y que otra recurre al alcohol. Y que la de más allá se consuela en el adulterio. Y que muchas deciden tener otro hijo—no para satisfacer el instinto de la maternidad ni para expresar el amor ni para fortalecer los vínculos matrimoniales ni para aumentar la familia sino para aburrirse menos. Para tener un objeto que solicite, activa y permanentemente, su atención y que las mantenga ocupadas prodigando unos cuidados que los hijos mayores ya no necesitan y que, a quien los dispensa, la hacen sentir, si no indispensable, al menos, transitoriamente, útil.

prodigando *giving*

Betty Friedan hace sus cálculos. Y el resultado es el siguiente: veinticinco millones de mujeres cuya historia podría reducirse a una sola palabra: frustración. Y no incluye a las viudas, a las divorciadas, a las abandonadas, a las enfermas, a las marginales. Se está refiriendo a quienes alcanzaron el privilegio de reunir todos los atributos que se les exigieron para ser declaradas el arquetipo de la feminidad lo que equivale al sinónimo de felicidad.

La conclusión salta a la vista: esos atributos son insuficientes o son inoperantes. ¿No serán también falsos? Examinémoslos: por lo pronto derivan de una concepción según la cual la mujer es una criatura cuyas urgencias y cuyas aptitudes se agotan en el ejercicio de la sexualidad legítima, en la reproducción—legítima también—de la especie y en el cuidado de la casa. Lo demás no le concierne. Ni la participación en la *res publica*. Ni la lucha por la igualdad de derechos. Ni el desempeño de un trabajo que no sea doméstico. Ni el cumplimiento de una vocación.

salta a la vista *is obvious*

"res publica" *public affairs* (Latin)

Pero ocurre que hay excepciones, casos teratológicos, desde luego, que sirven únicamente para confirmar la regla. Si una mujer "femenina" (y la feminidad ha de vivirse y practicarse con fervor místico) sabe sus deberes, no ignora que si asiste a un campus universitario, a una oficina, a un certamen

casos teratológicos *anomalous cases*

deportivo, es con el fin de encontrar pareja. Una vez que este fin se ha conseguido bien puede olvidar lo que aprendió o aquello en lo que adquirió destreza. Son adminículos estorbosos en el nuevo y sublime papel que va a desempeñar: el de esposa, madre, ama de casa.

con el fin de encontrar pareja *with the purpose of finding a mate*

adminículos *aids*

A pesar de los conjuros, los casos teratológicos continúan allí. Hay mujeres, muy femeninas, que ocupan altos puestos en la administración pública o privada; hay mujeres, muy femeninas, que se dedican a la ciencia, al arte, a muchas otras actividades y cuya obra es reconocida y admirada.

Claro. ¿Pero a costa de qué? De haber renunciado a la felicidad, ese estado de perpetua beatitud del que disfruta la sencilla mujercita hogareña. Pero cuando se descubre que la felicidad es algo que tampoco alcanza la sencilla mujercita hogareña, llega la hora de pedir cuentas al responsable. ¿Quién fue el de la idea de atraer a las mujeres con un señuelo falso y llevarlas por un camino que conduce a la autodestrucción y la destrucción de lo que las rodea, en el peor de los casos, o a la autoestupidización y la estupidización de lo que las rodea, en el mejor?

señuelo *lure*

autoestupidización *process of making herself stupid*

Como ante un complot, como ante un crimen Betty Friedan medita: ¿a quién aprovecha la situación creada a partir de un espejismo y mantenida y difundida por todos los medios masivos de comunicación, por todos los instrumentos de la propaganda? Y Betty Friedan responde, luego de hacer pesquisas, interrogatorios, encuestas: "la mística feminina" surge al final de la segunda guerra mundial y tiende, como meta inmediata, a eliminar a las mujeres que habían suplido en el trabajo, a los hombres que se encontraban en el frente. Se distorsionó la imagen de la *career woman* hasta volverla repugnante y ridícula mientras se exaltaba la figura de la mujer que hornea su propio pan, que cose su propia ropa, teme a los ratones y no encuentra apoyo sino en el amplio y fuerte tórax de un hombre. La mujer-hiedra, la mujer-parásito que se nutre de la vitalidad ajena.

espejismo *mirage*

habían suplido *had supplied*

que hornea su propio pan *who bakes her own bread*

Pero hubo mujeres tenaces que no renunciaron

a sus puestos. ¿Qué se hizo con ellas? Negarles el ascenso, disminuirles el salario, quitarles importancia en tanto que funcionarias, discriminarlas en todas las formas posibles e impunes.

Cuando los magos de la manipulación de cerebros cubrieron esta primera etapa descubrieron un nuevo filón: la mujer hogareña era un ente consumidor por excelencia. Y la rodearon de productos sin los cuales no valía la pena vivir: aparatos, muebles, adornos.

filón *aspect* (in context)
ente *being*

Bien, ya está decorado el escenario. ¿Y las protagonistas? Son bellas porque usan los cosméticos que les prometen belleza, son adorables porque se aplican afeites que les aseguran seducción. Y cuando, sin saber por qué, están desasosegadas, salen de compras. Nada levanta el ánimo tanto como poseer algo nuevo. ¿Qué? Cualquier cosa. Lo importante es comprar, ser dueño de algo tangible, olfateable, comestible, exhibible.

afeites *cosmetics*
levanta el ánimo *cheers up*

Betty Friedan denuncia esta maquinación y simultáneamente llama a combatirla. Su libro—*La mística femenina*—es una levadura que fermenta en muchas inteligencias, que incuba muchas inconformidades, que orienta muchos proyectos de vida, que sirve de base, en fin, a un movimiento emancipador.

es una levadura que fermenta *is a yeast that ferments*

IV. Actividades de Comprensión de Lectura

A. Escoja la opción que complete la oración correctamente según el contexto de la lectura.

1. Cuando Simone de Beauvoir publicó *El segundo sexo* en 1953
   a. cometió un delito contra el estado.
   b. inició el movimiento de *Women's Liberation*.
   c. estudió objetivamente por primera vez el hecho de ser mujer.
   d. su libro tuvo gran éxito y fue aprobado por todas las esferas sociales e intelectuales francesas.

2. Varios años después de aparecer la obra de Beauvoir, Betty Friedan en su libro *La mística femenina,* examina el problema
   a. con la misma objetividad de Beauvoir.
   b. desde un punto de vista inicialmente subjetivo que la llevó a pensar que era una mujer anormal.
   c. usando su experiencia personal de la mujer norteamericana que lo tiene todo y que por lo tanto se siente realizada en su vida.
   d. atacando violentamente la obra de Beauvoir por provocar un escándalo universal.
3. Betty Friedan llega a la conclusión de que
   a. las mujeres norteamericanas viven satisfechas con sus vidas.
   b. millones de norteamericanas en una situación socioeconómica similar a la suya, buscan alivio a su angustia recurriendo a las drogas, el alcohol o a otros medios de escapismo.
   c. sólo una minoría de mujeres de la clase media estadounidense se preocupa por el movimiento de liberación femenina.
   d. las mujeres menos favorecidas económicamente son las más inclinadas a luchar por la igualdad de los sexos.
4. Según Friedan, "La mística femenina" apareció en los Estados Unidos después de la segunda guerra mundial con el objeto de
   a. abrir el mercado laboral a los hombres, dominado en la época de la guerra por las mujeres.
   b. estabilizar los hogares trastornados por la guerra y convencer a las mujeres que era fundamental que regresaran a sus tareas domésticas.
   c. evitar que los niños crecieran y se educaran con personas extrañas.
   d. fomentar la natalidad para contrarrestar los estragos causados por la pérdida de millones de vidas de soldados norteamericanos.

5. Las mujeres que se negaron a dejar sus trabajos después de la guerra
   a. pudieron competir en forma equitativa con el sexo masculino.
   b. se dieron cuenta de que eran inferiores física e intelectualmente a los hombres y dimitieron de sus posiciones.
   c. fueron discriminadas por el sistema en lo relacionado a salarios, ascensos y puestos de importancia, tanto en la industria como en puestos gubernamentales.
   d. probaron ser mejor capacitadas que los hombres y llegar a tener mayor éxito que los hombres en posiciones similares.

B. Conteste verdad (V) o falso (F) a los siguientes asertos.

1. ______ Según sus memorias, Simone de Beauvoir afirma que *El segundo sexo* le causó insultos, ataques y burlas de la sociedad francesa.
2. ______ Según *El segundo sexo,* valores religiosos y morales, añadidos a intereses económicos, son los que predeterminan el papel de la mujer en la sociedad occidental.
3. ______ Betty Friedan afirma que la mujer cumple su meta más alta en la vida llevando a cabo sus responsabilidades hogareñas.
4. ______ Muchas mujeres rechazaron la obra de Friedan porque no quisieron enfrentar la realidad de sus vidas vacías.
5. ______ Después de la segunda guerra mundial, las mujeres estaban ansiosas por regresar a sus hogares.
6. ______ En *La mística femenina* se dice que por lo menos 25 millones de mujeres norteamericanas de la clase media viven frustradas.
7. ______ Los directores de la industria descubrieron que la mujer era el ser consumidor por excelencia de los productos comerciales.
8. ______ Betty Friedan aconseja a las mujeres que cuando se

sientan deprimidas deben salir de compras para escapar de su sensación de vacío.

9. ______ El ensayo de Castellanos tiene el propósito de despertar la conciencia de las mujeres mexicanas y las incita a seguir el ejemplo de sus hermanas francesas y norteamericanas.

10. ______ El ensayo de Castellanos fue prohibido para publicación por las autoridades mexicanas.

C. Preguntas temáticas.

1. ¿Quién es Simone de Beauvoir y por qué su obra es muy importante?
2. ¿Qué clase de vida llevaba Betty Friedan en los Estados Unidos?
3. ¿Cómo se siente Friedan cuando descubre que su rol de mujer modelo no la satisface?
4. ¿Qué soluciones buscaron otras norteamericanas que se encontraban en situación similar a la de Friedan?
5. ¿Es cierto que la mujer "femenina" acude a la universidad o busca trabajo para encontrar un posible parejo o futuro esposo?
6. ¿Son las mujeres de carrera, generalmente anti-femeninas en su apariencia física?

V. Dé Su Opinión

A. Además de las autoras mencionadas en estas lecturas, ¿sabe usted de otras mujeres que hoy en día continúen luchando por la igualdad de los sexos?

B. ¿Piensa usted que la condición de la mujer en el mundo occidental ha progresado notablemente desde 1963? Explique.

C. Si todavía existe segregación sexual, ¿cuáles son las áreas donde esta segregación es más evidente? ¿en los puestos gubernamentales? ¿en la industria? ¿en el hogar? Explique.

D. Se ha discutido que si la mujer desea obtener la igualdad total con el hombre, debe participar activamente en el frente de batalla en casos de guerra. ¿Conoce usted algún país en donde esta ley se lleve a efecto?

E. ¿Qué mujeres en el siglo XX puede usted nombrar que hayan sido o sean las dirigentes directas o indirectas de sus países?

F. ¿Piensa usted que en un futuro cercano una mujer será presidente de los Estados Unidos? ¿Se sentiría usted seguro sabiendo que las riendas de la nación y las grandes decisiones serían llevadas a cabo por una mujer?

VI. Actividad Especial

Haga un pequeño trabajo de investigación sobre dos mujeres que hayan sido regentes de sus naciones. Una podría ser Isabel la Católica de España en el siglo XV. La otra Indira Ghandi de la India en el siglo XX. Estudie las consecuencias positivas o negativas de su liderazgo.

PARTE C: EL PERIODISMO

NUEVOS HORIZONTES PARA LA MUJER

de Bárbara Mujica

I. Vocabulario Esencial

SUSTANTIVOS

el aporte	contribution
la cesta	basket
el cónyugue	spouse
el decenio	decade
la desigualdad	inequality
la enfermera	nurse
la finca	farm
la gasolinera	gas station
el mercado laboral	labor force
el nivel	level
el plantel	center of education
el presupuesto	budget
la tasa	rate
el tejido	weave
el varón	male
la velocidad	speed

ADJETIVOS

circunscrito	limited
matriculado	enrolled
pudiente	well-to-do
vedado	forbidden

VERBOS

desempeñar	to perform
esmerar(se)	to do one's best
estar a cargo	to be in charge
poner fin	to put an end (to)
regir	to rule
soler	to be accustomed to
vigilar	to watch

II. Actividades de Pre-Lectura

A. Escoja la definición correcta.

1. ______ cónyugue
   a. Yugo que se le pone a los esclavos.
   b. Sinónimo de esposa.
   c. Conjugar un verbo en español.

2. ______ plantel
   a. Planta baja de un edificio.
   b. Planta nativa de Sur América.
   c. Centro de educación.

3. ______ tasa
   a. Lo mismo que medida o evaluación.
   b. Utensilio para tomar líquidos.
   c. Valor de un artículo comercial.

4. ______ vedado
   a. Cubrirle los ojos a una persona.
   b. Sinónimo de prohibido.
   c. Antónimo de restringido.

5. ______ soler
   a. Tomar mucho sol.
   b. Sinónimo de acostumbrar.
   c. Hacer algo metódicamente.

B. Escoja entre el verbo, el sustantivo y el adjetivo o participio pasado, la forma correcta para completar la oración.

1. aportar, aporte, aportado.
   a. Muchas ideas originales han sido ____________________ por los estudiantes.
   b. El Sr. González ____________________ mucho dinero a su iglesia.
   c. El ____________________ arquitectónico de la cultura maya es incalculable.

2. vigilar, vigilante, vigilado.
   a. ¡El ______________________ se quedó dormido!
   b. El sospechoso es ______________________ por la policía.
   c. La madre ______________________ a sus niños constantemente.
3. matricularse, matrícula, matriculado.
   a. Tienes que ______________________ antes del 15 de enero.
   b. Este año la ______________________ subió en un 20 por ciento.
   c. Pocos estudiantes se han ______________________ en la clase del Profesor Jiménez.
4. regir, regencia, regido.
   a. El Dr. Suárez tiene a cargo la ______________________ de la universidad.
   b. Los dictadores ______________________ cruelmente en muchos países del mundo.
   c. Tradicionalmente el sistema social ha ______________________ que las mujeres deben permanecer en el hogar.
5. nivelar, nivel, nivelado.
   a. Es urgente ______________________ las diferencias que existen entre los sexos.
   b. El ______________________ de educación de la mujer ha aumentado en las últimas décadas.
   c. La educación ha ______________________ parcialmente las diferencias sociales que existen en los países hispanos.

C. Escoja la definición en inglés que corresponde a la palabra subrayada en español.

1. Hoy en día la mujer *se esmera* por sobresalir en su profesión.
   a. works at b. tries very hard c. is interested
2. Hasta años recientes, las madres estaban *circunscritas* al hogar.
   a. limited b. surrounded c. satisfied

3. La *finca* de mis padres está produciendo grandes pérdidas.
   a. factory b. business c. farm
4. No se aprobó el *presupuesto* escolar para este año académico.
   a. salary b. budget c. taxes
5. Todavía existe una gran *desigualdad* entre los sexos.
   a. inequality b. differences c. segregation

D. Dé los cognados en español de las siguientes palabras en inglés.

1. economy ____________________
2. divorce ____________________
3. to affect ____________________
4. zones ____________________
5. tendency ____________________
6. society ____________________
7. projection ____________________
8. reality ____________________
9. proportion ____________________
10. percentage ____________________

E. Escoja el sinónimo para la palabra subrayada.

1. Las mujeres profesionales *desempeñan* su trabajo tan bien como los hombres.
   a. se niegan
   b. llevan a cabo
   c. estudian
2. Es mandatorio *poner fin* a toda clase de discriminación.
   a. atacar
   b. acabar
   c. fomentar
3. Los *varones* tienen más privilegios que las mujeres.
   a. machos
   b. niños
   c. hombres

4. La *cesta* fue hecha por los indios.
   a. cajón
   b. canasta
   c. tejido
5. La Sra. Domínguez *está a cargo* de la administración de la empresa.
   a. tiene el peso
   b. tiene el problema
   c. tiene la responsabilidad

III. "Nuevos horizontes para la mujer," de Bárbara Mujica

Hace 10 años las Naciones Unidas proclamaron el Decenio para la Mujer para llamar la atención sobre el cambio que ha sufrido el papel que desempeñan las mujeres en el mundo y sus necesidades. Este año se cumple el decenio, y las mujeres del Continente siguen haciendo grandes progresos en todos los aspectos de su vida. Aunque todavía queda mucho por hacer para mejorar su situación, no cabe duda de que el viento está cambiando.

llamar la atención sobre *to call attention to*

no cabe duda *there is no doubt*

En toda la América Latina se manifiesta cada vez más que los papeles tradicionales del hombre y la mujer están cambiando. En los últimos 20 años, muchos factores económicos y sociales han determinado que se defina en otros términos lo que constituye la conducta femenina aceptable. Lo más notable es que hay más mujeres que trabajan fuera de la casa, que terminan su educación, que limitan el número de hijos. En algunos países se ha legalizado el divorcio, haciendo posible que las mujeres pongan fin a matrimonios desgraciados y se libren de esposos abusadores. Muchas organizaciones a nivel local y mundial discuten públicamente los problemas que afectan a la mujer, vigilan su progreso y suministran información y apoyo para las mujeres que se hallan en situaciones transitorias.

No cabe duda de que millones de latinoamericanas se rigen aún por los valores tradicionales y están circunscritas a desempeñar un papel tradicional. En las zonas rurales, particularmente, las costumbres cambian lentamente. A veces los gobiernos se demoran en adoptar leyes de protección a la mujer. Aun cuando la mujer latinoamericana logra cierto grado de independencia, con frecuencia se esmera en mantener su feminidad y evita parecer demasiado enérgica o hacerles competencia a los hombres. El conflicto entre el hombre y la mujer que caracteriza a veces a la emancipación femenina en los Estados Unidos es menos evidente en América Latina.

A pesar de esta tendencia al conservadorismo social, es indudable que en América Latina hay una nueva conciencia de los problemas de la mujer y que se progresa en la búsqueda de su solución. Dentro de un país, la situación de la mujer puede variar de un sector de la sociedad a otro, y hasta de una familia a otra. No obstante, pese a esta diversidad, se puede documentar la tendencia al progreso.

No es cierto, ni nunca lo ha sido, que la hispana no trabaje, porque en todas las sociedades las mujeres necesitadas de dinero han tenido que colaborar en el sostenimiento de la familia. Es cierto, sin embargo, que hasta hace muy poco las mujeres de clase media y clase alta no solían tener empleo. En la actualidad, en toda América Latina las mujeres están ingresando en la fuerza laboral y ocupando puestos que antes les estaban vedados. Las mujeres están haciendo sentir su influencia, particularmente en las ciudades grandes, como ejecutivas de empresas y empleadas de gasolineras, como médicas y policías de tránsito.

Las mujeres de la clase pobre trabajaron siempre más cerca de su hogar. En las zonas rurales cultivaban la tierra, criaban animales o producían artículos como cestas o tejidos. En las zonas urbanas cosían para afuera o trabajaban de criadas con familias pudientes. En realidad, la participación femenina en la economía ha sido siempre mayor de lo

cosían para afuera *they took in sewing*

que se supone. Gran parte del trabajo productivo de las mujeres no se refleja en los análisis estadísticos, porque muchas de las actividades económicas femeninas son muy difíciles de medir. Las mujeres que hacen las labores domésticas en su propia casa y reciben el pago en especie más bien que en dinero suelen ser clasificadas de "inactivas" en las estadisticas laborales, cuando, en realidad, estas desempeñan un papel importante en la economía local.

pago en especie *payment in kind* (as opposed to regular salary)

En los últimos años, ha habido una creciente aceptación de la importancia del mercado laboral no estructurado y una mayor participación de la mujer en el sector laboral estructurado. La cantidad de mujeres en la América Latina y el Caribe que participan en la economía monetaria ha aumentado mucho desde 1960, aunque la tasa de participación varia enormemente: desde el 70% en Haití y Jamaica hasta el 12 o 13% en Guatemala y Honduras. Según las proyecciones del Banco Interamericano de Desarrollo, desde ahora hasta fines de siglo, la fuerza laboral femenina latinoamericana aumentará a razón del 3.5% al año, aproximadamente. Esto significa que esta fuerza laboral, que era de unos 23.000.000 en 1980, será de 55.000.000 para el año 2000. Como el aumento proyectado para la fuerza laboral masculina es mucho menor, las mujeres constituirán una mayor proporción del total de la fuerza laboral para fines de siglo.

Un factor que impulsa el crecimiento de la fuerza laboral femenina es la rápida urbanización de muchas partes de América Latina. En los últimos años, más mujeres que hombres se han trasladado del campo a la ciudad, lo cual resulta en una mayor proporción de mujeres en las zonas urbanas. El aumento de la migración es fácil de comprender. En las zonas rurales hay pocas oportunidades de trabajo para las mujeres, mientras que en las ciudades hay una variedad de empleos posibles. En las zonas rurales, los hombres encuentran trabajo en las fincas o en otras cosas, pero en las ciudades se les dificulta hallar empleos que puedan desempeñar, mientras que las mujeres en seguida encuentran colocación en el servicio doméstico. Se estima que en América Latina, entre el 25 y el 45% de las mujeres que trabajan son domésticas, aunque en los países más industrializados les resulta más fácil hallar trabajo en las fábricas.

En los últimos años muchas latinoamericanas se han hecho profesionales. En varios países abundan las médicas, dentistas, abogadas, arquitectas, ingenieras y químicas. En Costa Rica, el 21.2% de la fuerza laboral femenina trabaja en carreras profesionales o técnicas, frente al 11.1% de la fuerza laboral masculina. En Venezuela, la proporción de mujeres a hombres trabajadores es del 19,8 al 8,4; en el Ecuador, del 19,3 al 13,0. En la Argentina, el Brasil y el Perú, el 18%, aproximadamente, de las mujeres que trabajan son profesionales o técnicas—categoría que incluye a las maestras, enfermeras, farmacéuticas y ayudantes de laboratorio. Hay que señalar, sin embargo, que en todos los países la fuerza laboral masculina es mucho mayor que la femenina. Por lo tanto, un porcentaje más alto de la fuerza laboral femenina en una categoría de empleo específica no significa en realidad que haya más mujeres que hombres en ella. En efecto, en números absolutos, en todos los países latinoamericanos hay muchos más hombres profesionales y técnicos que mujeres. Además, en conjunto, los hombres están mejor pagados que las mujeres en todos los niveles.

abundan *abound*

Por lo tanto *Therefore*

La educación es otro campo en el que la situación de la mujer está cambiando. Según estudios realizados por el Banco Interamericano de Desarrollo y la Oficina del Censo, del Departamento de Comercio de los Estados Unidos, el número de niñas matriculadas en las escuelas primarias y secundarias se duplicó de 1965 a 1977. En las escuelas primarias hay un poco más de niñas que de varones, y en las escuelas secundarias el número de varones y niñas es casi igual.

En las universidades y escuelas vocacionales, predominan los varones, aunque hasta en los planteles de enseñanza superior las muchachas están ganando terreno. Hace 50 años muy pocas mujeres recibían instrucción superior. Aunque las dos primeras doctoras en medicina de la América Latina se graduaron en 1887 en la Universidad de Chile, en 1960 sólo el 27% de los estudiantes de las universidades latinoamericanas eran mujeres. Para 1970 el porcentaje había aumentado al 35% y, para 1980, al 45%. Se calcula que para 1990 el porcentaje sea del 50%. En los países más industrializados—como la Argentina y Venezuela, por ejemplo—, la proporción de alumnas universitarias es aún mayor. Gran parte de estas mujeres estudian una carrera, pero muchas no la ejercen si se casan y tienen familia.

pero muchas no la ejercen *but many don't practice it*

Las razones para el aumento del estudiantado son económicas y sociales. Cada vez hay más familias que dependen del aporte monetario de todos los adultos—y, a menudo, hasta de los niños—para salir adelante. La inflación y la inestabilidad de la economía ha obligado a las mujeres a trabajar, incluso a las de clase media y clase alta, y la educación se considera un requisito para ingresar en el mercado laboral. Además, la actitud hacia la educación femenina está cambiando. Muchos padres latinoamericanos de clase media y clase alta consideran que asistir a la universidad da prestigio a las muchachas, piensen o no ejercer la profesión.

para salir adelante *to get ahead*

La mayoría de las latinoamericanas aspiran a casarse y tener hijos. Sea cual sea su procedencia, educación o nivel socioeconómico, las mujeres consideran que tener hijos y criarlos es una actividad honrosa. Es en su papel de esposa y madre donde las latinoamericanas hallan la mayor oportunidad de asumir responsabilidad y ejercer su independencia.

Históricamente, en América Latina la mujer ha tenido poca influencia en la política y los negocios. Dentro del hogar, sin embargo, sí ha tenido mucho poder. En lugar de considerarse "sólo ama de casa", se tiene por administradora, con la obligación de supervisar el funcionamiento de una organización compleja, constituida por los hijos, los criados y los familiares. Es la mujer quien realiza o supervisa las labores domésticas, y es ella quien está a cargo de la compra y preparación de la comida, que con frecuencia es una cuestión bastante complicada en América Latina. También se encarga de la instrucción religiosa de los niños, del presupuesto del hogar y de las actividades sociales.

Aunque los lazos familiares tienen mucha importancia en toda América Latina, el concepto del matrimonio varia según la región, el grupo cultural, la clase social y hasta de la etapa de su vida, en el caso de algunas mujeres. En países donde la población de origen europeo es numerosa y entre las clases media y alta, la norma es casarse legalmente. Entre los pobres el matrimonio de hecho es frecuente. Aunque este tipo de unión da ciertos derechos y a veces se acepta socialmente, no siempre proporciona la misma protección que el matrimonio de derecho. En Guatemala, Honduras y Panamá hay más matrimonios de hecho que de derecho. Muchas mujeres latinoamericanas que aspiran a contraer matrimonio de derecho, de jóvenes viven con un hombre, pero se casan con él al cabo de los años. El matrimonio de hecho es, a menudo, una unión estable, que proporciona a los adultos y a los niños un fuerte respaldo familiar. Sin embargo, en algunos lugares se está manifestando una tendencia creciente a que los hombres abandonen a la familia, con lo que la obligación del sostenimiento de los niños recae en la mujer sola. Cuando la mujer no puede asumir esta responsabilidad, a veces deja que sus parientes se hagan cargo de los niños o los deja que se busquen la vida por su cuenta. El abandono de niños es un problema grave en varias capitales latinoamericanas.

el matrimonio de hecho *living together without being married*

el matrimonio de derecho *legal marriage*

los deja que se busquen la vida por su cuenta *leaves them to survive by themselves*

Cada vez hay más mujeres que ejercen control sobre la situación de la familia. En todas las clases sociales se advierte la tendencia a que las mujeres limiten el número de hijos. Aunque la educación y la participación en la fuerza laboral no garantizan automáticamente que las mujeres tengan menos hijos, en los estudios realizados se revela que la tasa de fecundidad está en razón inversa a dichas actividades. Tradicionalmente, la actitud de la sociedad hacia la maternidad determina que las mujeres consideren el tener hijos como prueba de su valer y su feminidad. A pesar de que en muchos lugares todavía hay matrimonios que tienen seis u ocho hijos, entre las clases media y alta que viven en las ciudades las familias tienden a ser menos numerosas.

Hasta hace poco la latinoamericana que no era feliz en su matrimonio no tenía manera de resolver su situación. Le era imposible divorciarse, social y legalmente. Hoy día esto es menos frecuente. En Colombia, por ejemplo, se instituyeron el matrimonio civil y el divorcio en 1975. También en otros países las leyes de la separación y anulación se han vuelto menos estrictas. Hay leyes nuevas que protegen a las mujeres y los niños en casos de divorcio, al establecer la obligación económica del padre hacia sus hijos.

Pese a estos adelantos, en muchos países los hombres y las mujeres no son iguales ante la ley. En varias naciones—entre ellas, Bolivia, Costa Rica y Guatemala—una mujer divorciada o viuda no puede volver a casarse hasta pasados 300 días del divorcio o del fallecimiento del cónyuge, pero esto no rige para el hombre. En otras, el adulterio por parte de la mujer es motivo de divorcio, pero no por parte del hombre. En Chile, Ecuador y El Salvador, la ley específica que la mujer debe obedecer al marido. En Bolivia, Chile, Guatemala y el Perú, el marido puede obtener una orden judicial que le impida a su mujer trabajar fuera de casa. En Chile, Ecuador, Nicaragua y Perú el marido tiene, por ley, el derecho a determinar dónde ha de residir la familia. En muchos casos los maridos no hacen uso de estos derechos, pero las leyes siguen vigentes.

Pese a estos adelantos *In spite of this progress*

Aunque no cabe duda de que la desigualdad persiste, hay una nueva conciencia de los problemas de la mujer y voluntad para afrontarlos. Algunos organismos, como la Comisión Interamericana de Mujeres, de la OEA, han recogido gran cantidad de información útil sobre las mujeres, determinado cuáles son las cuestiones de interés y hecho recomendaciones. Además, en casi todos los países latinoamericanos hay grupos femeninos y comisiones del gobierno que apoyan la causa femenina y proporcionan material informativo sobre las necesidades y los derechos de la mujer. Entre estos se cuentan la Asociación de Trabajo y Estudio sobre la Mujer y la Organización Feminista Argentina, ambas con sede en Buenos Aires; el Centro de Información de Desarrollo para la Mujer, en Bolivia; el Conselho Estadual de Condiçâo Feminina de Sâo Paulo, en el Brasil; el Comité de Defensa de los Derechos de la Mujer, en Chile; el Centro Feminista de Información y Acción, en Costa Rica, y la Federación de Asociaciones Femeninas Hondureñas, en Honduras.

Las latinoamericanas, igual que las norteamericanas y las europeas, están empezando a asumir una nueva actitud y a desempeñar nuevos papeles. De una región a otra varían los factores sociales, históricos y económicos, lo cual determina que no todas las mujeres progresen de la misma manera ni a la misma velocidad. Sin embargo, no cabe duda de que está cambiando el viento.

IV. Actividades de Comprensión de Lectura

A. Escoja el aserto que complete la oración correctamente según el contexto de la lectura.

1. En la década del 80 la fuerza laboral femenina ha aumentado en la América Latina debido a
   a. la creciente migración de la mujer a las grandes ciudades en busca de empleo.
   b. la accesibilidad de empleos domésticos para la mujer en las grandes ciudades.
   c. que la mayoría de las mujeres hispanas son ahora profesionales.
   d. una posible combinación de las anteriores.

2. En América Latina el papel que desempeña la mujer en la sociedad
   a. ha permanecido igual a través de los años por las restricciones sociales.
   b. ha ido cambiando pero pasarán muchos años antes de verse algún progreso notable.
   c. ha ido evolucionando más rápidamente en las zonas rurales gracias a los movimientos femeninos pro defensa de la mujer.
   d. ha cambiado y la mujer está mejorando su vida personal y profesional.
3. El porciento de mujeres que ahora recibe una instrucción superior ha aumentado debido a
   a. la presión de los padres de la clase alta quienes quieren dar la mejor educación a sus hijas para casarlas bien.
   b. la necesidad de asegurarse un empleo en tiempos de inestabilidad económica.
   c. la nueva ley laboral que exige que la mujer tenga un grado escolar antes de poder competir con el hombre por empleo.
   d. el creciente número de mujeres que desean obtener grados en campos técnicos.
4. Se dice que los hombres y las mujeres no son iguales en muchos países de Latinoamérica porque, por ejemplo,
   a. una mujer viuda o divorciada no puede volver a casarse hasta que pase un tiempo reglamentario.
   b. una mujer puede ser objeto de abuso físico del hombre sin éste sea castigado por la ley.
   c. la mujer que comete adulterio pierde por ley todos los derechos con sus hijos.
   d. una posible combinación de las anteriores.
5. En América Latina el concepto del matrimonio ha variado debido a
   a. la ausencia de la unión conyugal entre la clase pobre.
   b. las diferencias que existen entre las clases sociales y los grupos culturales.

c. la nueva tendencia de la mujer de abandonar su hogar y dejarle el cuidado de los niños al padre.
d. los movimientos de liberación femenina.

B. Conteste verdad (V) o falso (F) a los siguientes asertos.

1. ______ La mujer latinoamericana ha abandonado totalmente sus valores tradicionales.
2. ______ En América Latina hay más mujeres profesionales que hombres.
3. ______ Hasta hace poco las mujeres de clase media y alta en Latinoamérica no acostumbraban a trabajar fuera.
4. ______ Tradicionalmente la mujer latinoamericana ha tenido mucho éxito en los trabajos administrativos.
5. ______ Las mujeres mundialmente han podido alcanzar la igualdad de derechos con el hombre.

C. Preguntas temáticas.

1. ¿Por qué son más visibles los movimientos de emancipación femenina en los Estados Unidos que en Latinoamérica?
2. ¿Cómo están dejando sentir las mujeres su influencia en la sociedad?
3. ¿Cómo ha cambiado el papel que ejerce la mujer en la fuerza laboral en los últimos años?
4. ¿Qué factores han impulsado el crecimiento de la fuerza laboral femenina?
5. ¿Cómo está cambiando la situación de la mujer en el campo de la educación?
6. ¿Cómo se ha reflejado el nuevo control de la mujer sobre la familia?
7. ¿En qué países de América Latina no son iguales ante la ley las mujeres y los hombres? ¿Por qué?
8. ¿Qué organizaciones han ayudado a crear conciencia de los problemas de la mujer y a buscar soluciones posibles a los mismos?
9. ¿Por qué hay desigualdad en la forma en que ha progresado la mujer en diferentes partes del mundo?

V. Dé Su Opinión

A. ¿Cree usted que los movimientos de liberación feminina son positivos o negativos en nuestra sociedad?
B. ¿Cómo puede el gobierno contribuir a que haya igualdad económica y social entre el hombre y la mujer?
C. ¿En que círculos en América Latina considera usted que todavía hay discriminación en contra de la mujer? Dé ejemplos específicos.
D. ¿Cree usted que existirá la total igualdad de los sexos en un futuro cercano? Explique.
E. ¿Cómo visualiza usted el papel que desempeñará la mujer en la fuerza laboral en el año 2000?

VI. Actividad Especial

Usted es reportero de un periódico hispano local. Solicite una entrevista con alguna mujer hispana que se haya destacado en el campo político, social, educativo o artístico. Si no consigue concertar una cita, llame a alguna organización de la comunidad hispana que le pueda proveer esta información. Luego escriba un artículo para la sección del periódico titulada "Gente" con la información recopilada.

VII. Actividad Final

A. Compare temáticamente las tres lecturas en este capítulo: el cuento "La intrusa," de Borges, el ensayo "Betty Friedan: Análisis y praxis," de Castellanos, y el artículo "Nuevos horizontes para la mujer," de Mujica. En sus diferentes estilos, ¿cómo reflejan la realidad de la mujer *americana*?
B. En "La intrusa," Borges crea un personaje de ficción que pertenece al pueblo bajo hispánico actuando en una situación totalmente degradada. Castellanos en su ensayo se basa en Betty Friedan para hablar de la mujer típica de la clase media norteamericana, que en cierta forma es espejo de la mujer de la clase alta hispana. ¿Cómo puede usted relacionar las situaciones presentadas en estos dos escritos? ¿Qué factores contribuyen en ambos casos para la reificación de la mujer?

C. En el artículo periodístico de Mujica se dan estadísticas que indican que la situación de la mujer hispánica está cambiando para mejor. ¿A qué clase de mujeres se refiere la escritora? ¿Qué tipo de trabajo hacen las mujeres que en grandes números están inmigrando del campo a la ciudad?

D. Borges escribió su cuento en 1966. Castellanos escribió su ensayo en 1973. Mujica escribió su artículo en 1985. Dada la diferencia de fechas ¿puede usted explicar los diferentes puntos de vista de los autores en sus respectivas obras?

Capítulo 4

El hombre

INTRODUCCION

Desde la antigüedad, el hombre ha sido en la mayoría de las sociedades la figura predominante. Tradicionalmente se le ha considerado superior a la mujer tanto en lo físico como en lo intelectual. Con raras excepciones, siempre ha asumido la responsabilidad de gobernar y defender a su país, y en el plano familiar, a ser el sostén primario del hogar.

Sin embargo, el papel de los hombres y de las mujeres en las sociedades occidentales, concentrándonos en la norteamericana y la hispánica, está cambiando gradualmente, tal como lo observamos en las lecturas del capítulo previo. A medida que la mujer infiltra la fuerza laboral y compite en las esferas profesionales, el hombre comienza a compartir las responsabilidades del hogar que antes eran dominio exclusivo de la mujer y denigrantes para el ego masculino. Pero si esta situación está sufriendo alteraciones en muchas sociedades, la figura paternal continúa siendo el pilar que fundamenta las estructuras sociales establecidas.

En este capítulo vamos a contrastar el papel desempeñado por el hombre en las sociedades hispánicas, pasadas y presentes. La sección literaria presenta el cuento "No oyes ladrar los perros," escrito por Juan Rulfo (1918–1986), reconocido autor mexicano. En su aclamada novela

Pedro Páramo y en la colección de cuentos *El llano en llamas,* se destaca un lenguaje aparentemente sencillo que encierra el tratamiento complejo de sus personajes, centrándose en la angustia psicológica que los invade. Su novela revolucionó con su técnica novedosa la narrativa hispanoamericana. Al leerla, el lector poco a poco va descubriendo que todos estos personajes son seres muertos que habitan un pueblo inexistente. El cuento que vamos a leer tiene lugar en nuestro tiempo y se desarrolla en un área rural mexicana de extremada pobreza. En este escenario, Rulfo expone la intensa lucha interior de un padre hacia su hijo agonizante, lucha en la cual los sentimientos de amor y de resentimiento se entrelazan.

En la segunda parte leeremos el ensayo "Tres héroes" escrito por José Martí (1853–1895). Fue periodista, ensayista, poeta, patriota y revolucionario de la Independencia de Cuba. Su producción literaria es muy abundante y sus obras completas cuentan con más de 30 volúmenes. Dentro de su obra poética sobresalen *Ismaelillo, Versos sencillos* y *Flores del destierro.* Su única novela fue *Amistad funesta.* Lo más sobresaliente de su obra son sus crónicas, ensayos y cartas. En el presente ensayo Martí nos habla de las vidas, éxitos y sufrimientos de tres de los más grandiosos héroes de la historia hispanoamericana del siglo XIX: Bolívar, Hidalgo y San Martín. Cada uno de ellos luchó hasta la muerte por la libertad y la justicia de sus pueblos.

En la sección final, periodistas contemporáneos nos regresan al mundo actual. El primer artículo destaca la gran importancia del padre en la crianza de los hijos. La segunda selección presenta las opiniones que personajes famosos como Julio Iglesias, Paloma Picasso y Carolina de Mónaco tienen de sus padres. Y finalmente, encontramos la historia del cantante venezolano José Luis Rodríguez, quien venció las circunstancias adversas de su niñez hasta lograr gran fama y fortuna.

Todas las lecturas incluídas en este capítulo, en su variedad de estilos, están unificadas por el tema recurrente del rol del hombre en las sociedades hispánicas pasadas y presentes.

PARTE A: LA LITERATURA

NO OYES LADRAR LOS PERROS

de Juan Rulfo

I. Vocabulario Esencial

SUSTANTIVOS

el arroyo	creek
el cerro	hill
las espuelas	spurs
las gotas	drops
las lágrimas	tears
la llamarada	blaze
el monte	forest
la mortificación	pain, trouble
la orilla	edge
el rastro	track
la sombra	shadow
el sostén	support
el sudor	sweat
el tejado	roof

ADJETIVOS

agarrado	grasped
descolorido	pale (in context)
descoyuntado	disjointed
flojo	lax
mojado	wet
tambaleante	staggering

VERBOS

agacharse	to stoop
aplastar	to crush
apretar	to tighten
cargar	to carry a load
criar	to raise (literally); to grow up (in context)
doblar	to bend
encoger	to shrink
estirar	to stretch
ladrar	to bark
maldecir	to curse
podrir	to rot
sollozar	to sob
temblar	to shake

II. Actividades de Pre-Lectura

A. Escoja el antónimo de las siguientes palabras.

_______	1. mortificación	a. enderezarse
_______	2. cerro	b. encoger
_______	3. doblarse	c. alegría
_______	4. estirar	d. sordo
_______	5. maldecir	e. valle
		f. sudor
		g. bendecir

B. Escoja la definición en inglés que corresponde a la palabra subrayada en español.

1. La luna era como una *llamarada* redonda.
   a. shake b. hill c. blaze
2. El hombre *apretaba* los dientes para morderse la lengua.
   a. tightened b. staggered c. climbed
3. La cara del muchacho estaba *descolorida.*
   a. opaque b. lax c. pale
4. El padre creía que cuando su hijo creciera iba a ser su *sostén.*
   a. sustain b. trouble c. support
5. El cuerpo del muchacho estaba *flojo,* como sin vida.
   a. floss b. lax c. tense

C. Llene el espacio en blanco con la palabra apropiada.

mojada	encajado	doblaba	lágrimas
agarrado	sombra	sollozó	cargó
mortificación	orilla	reconvino	señal

1. Las ______________________ rodaban por la cara de la mujer.
2. El padre llevaba al hijo bien ______________________ para que no se cayera.
3. El padre ______________________ al hijo sobre sus hombros.
4. La cara del viejo estaba ______________________ de sudor.

5. El peso del hijo le ______________________ las piernas al padre.

D. Escoja entre el verbo, el sustantivo y el adjetivo la forma adecuada para llenar el espacio en blanco.

1. temblar, temblor, tembloroso.
   a. El hombre ______________________ de miedo.
   b. El ______________________ de sus manos era obvio.
   c. La pobre mujer estaba ______________________.
2. señalar, señal, señalado.
   a. El día ______________________ para la cita es el lunes.
   b. ¿Hay ______________________ de que alguien esté en casa?
   c. La mujer le ______________________ al viajero el camino correcto.
3. sudar, sudor, sudoroso.
   a. El ______________________ le corría por la cara.
   b. El cuerpo ______________________ del muchacho mojaba la ropa del padre.
   c. José ______________________ mucho cuando juega tenis.
4. cargar, carga, cargado.
   a. El camión que estaba ______________________ de frutas se chocó.
   b. El hombre ______________________ las maletas por varias horas.
   c. Esa ______________________ es muy pesada.
5. sollozar, sollozo, sollozante.
   a. La madre ______________________ besó a su hijo.
   b. Los ______________________ de la mujer se oían en toda la casa.
   c. La muchacha ______________________ cuando se enteró de las tristes noticias.

E. Escriba los verbos que corresponden a los siguientes sustantivos o adjetivos.

ladrido ____________________

tambaleante ____________________

agarrado ____________________

maldición ____________________

sollozo ____________________

sacudida ____________________

encogido ____________________

estirón ____________________

III. "No oyes ladrar los perros," de Juan Rulfo

—Tú que vas allá arriba, Ignacio, díme si no oyes alguna señal de algo o si ves alguna luz en alguna parte.

—No se ve nada.

—Ya debemos estar cerca.

—Sí, pero no se oye nada.

—Mira bien.

—No se ve nada.

—Pobre de ti, Ignacio.

Pobre de ti *Poor you*

La sombra larga y negra de los hombres siguió moviéndose de arriba abajo, trepándose a las piedras, disminuyendo y creciendo según avanzaba por la orilla del arroyo. Era una sola sombra, tambaleante.

trepándose *climbing*

La luna venía saliendo de la tierra, como una llamarada redonda.

—Ya debemos estar llegando a ese pueblo, Ignacio. Tú que llevas las orejas de fuera, fíjate a ver si no oyes ladrar los perros. Acuérdate que nos dijeron que Tonaya estaba detrasito del monte. Y desde qué horas que hemos dejado el monte. Acuérdate, Ignacio.

las orejas de fuera *your ears uncovered*

detrasito *closely behind* (dim.)

—Sí, pero no veo rastro de nada.

—Me estoy cansando.

—Bájame.

El viejo se fue reculando hasta encontrarse con el paredón y se recargó allí, sin soltar la carga de sus hombros. Aunque se le doblaban las piernas, no quería sentarse, porque después no hubiera podido levantar el cuerpo de su hijo, al que allá atrás, horas antes, la habían ayudado a echárselo a la espalda. Y así lo había traído desde entonces.

El viejo se fue reculando *The old man backed up slowly*

recargó *leaned*

—¿Cómo te sientes?

—Mal.

Hablaba poco. Cada vez menos. En ratos parecía dormir. En ratos parecía tener frío. Temblaba. Sabía cuándo le agarraba a su hijo el temblor por las sacudidas que le daba, y porque los pies se le encajaban en los ijares como espuelas. Luego las manos del hijo, que traía trabadas en su pescuezo, le zarandeaban la cabeza como si fuera una sonaja.

sacudidas *shakes*

encajaban *were digging in*

ijares *flanks*

pescuezo *neck* (colloq.)

(las manos . . .) le zarandeaban . . . sonaja (his son's hands) *were shaking his head like a rattle*

Él apretaba los dientes para no morderse la lengua y cuando acababa aquello le preguntaba:

—¿Te duele mucho?

—Algo—contestaba él.

Primero le había dicho: "Apéame aquí . . . Déjame aqui . . . Vete tú solo. Yo te alcanzaré mañana o en cuanto me reponga un poco." Se lo había dicho como cincuenta veces. Ahora ni siquiera eso decía.

Apéame aquí *Put me down*

Allí estaba la luna. Enfrente de ellos. Una luna grande y colorada que les llenaba de luz los ojos y que estiraba y oscurecía más su sombra sobre la tierra.

—No veo ya por dónde voy—decía él.

Pero nadie le contestaba.

El otro iba allá arriba, todo iluminado por la luna, con su cara descolorida, sin sangre, reflejando una luz opaca. Y él acá abajo.

Sudaba al hablar. Pero el viento de la noche le secaba el sudor. Y sobre el sudor seco, volvía a sudar.

—Me derrengaré, pero llegaré con usted a Tonaya, para que le alivien esas heridas que le han hecho. Y estoy seguro de que, en cuanto se sienta

Me derrengaré *I'll break my back*

usted bien, volverá a sus malos pasos. Eso ya no me importa. Con tal que se vaya lejos, donde yo no vuelva a saber de usted. Con tal de eso . . . Porque para mí usted ya no es mi hijo. He maldecido la sangre que usted tiene de mí. La parte que a mí me tocaba la he maldecido. He dicho: "¡Que se le pudra en los riñones la sangre que yo le di!" Lo dije desde que supe que usted andaba trajinando por los caminos, viviendo del robo y matando gente . . . Y gente buena. Y si no, allá está mi compadre Tranquilino. El que lo bautizó a usted. El que le dio su nombre. A él también le tocó la mala suerte de encontrarse con usted. Desde entonces dije: "Ése no puede ser mi hijo."

malos pasos *wrongdoings*

riñones *kidneys*

que usted andaba trajinando *that you were always moving from place to place*

—Mira a ver si ya ves algo. O si oyes algo. Tú que puedes hacerlo desde allá arriba, porque yo me siento sordo.

—No veo nada.

—Peor para ti, Ignacio.

—Tengo sed.

—¡Aguántate! Ya debemos estar cerca. Lo que pasa es que ya es muy de noche y han de haber apagado la luz en el pueblo. Pero al menos debías de oir si ladran los perros. Haz por oir.

¡Aguántate! *Hold on!*

Haz por oir. *Try to listen.*

—Dame agua.

—Aquí no hay agua. No hay más que piedras. Aguántate. Y aunque la hubiera, no te bajaría a tomar agua. Nadie me ayudaría a subirte otra vez y yo solo no puedo.

—Tengo mucha sed y mucho sueño.

—Me acuerdo cuando naciste. Así eras entonces. Despertabas con hambre y comías para volver a dormirte. Y tu madre te daba agua, porque ya te habías acabado la leche de ella. No tenías llenadero. Y eras muy rabioso. Nunca pensé que con el tiempo se te fuera a subir aquella rabia a la cabeza . . . Pero así fue.

No tenías llenadero. *You were never satisfied.*

se te fuera . . . cabeza *that such rage would make you lose your mind*

—¿Me oíste, Ignacio? Te digo que no veo bien.

Y el otro se quedaba callado.

Siguió caminando, a tropezones. Encogía el

a tropezones *stumbling*

cuerpo y luego se enderezaba para volver a tropezar de nuevo.

se enderezaba *he straightened up*

—Éste no es ningún camino. Nos dijeron que detrás del cerro estaba Tonaya. Ya hemos pasado el cerro. Y Tonaya no se ve, ni se oye ningún ruido que nos diga que está cerca. ¿Por qué no quieres decirme qué ves, tú que vas allá arriba, Ignacio?

—Bájame, padre.

—¿Te sientes mal?

—Sí.

—Te llevaré a Tonaya a como dé lugar. Allí encontraré quien te cuide. Dicen que allí hay un doctor. Yo te llevaré con él. Te he traído cargando desde hace horas y no te dejaré tirado aquí para que acaben contigo quienes sean.

a como dé lugar *no matter what*

para . . . sean *so that whoever it is finishes you off*

Se tambaleó un poco. Dio dos o tres pasos de lado y volvío a enderezarse.

Se tambaleó *He staggered*

—Te llevaré a Tonaya.

—Bájame.

Su voz se hizo quedita, apenas murmuraba:

Su voz se hizo quedita *His voice became very soft*

—Quiero acostarme un rato.

—Duérmete allí arriba. Al cabo te llevo bien agarrado.

Al cabo *After all*

La luna iba subiendo, casi azul, sobre un cielo claro. La cara del viejo, mojada en sudor, se llenó de luz. Escondió los ojos para no mirar de frente, ya que no podía agachar la cabeza agarrotada entre las manos de su hijo.

agarrotada *pressed*

—Todo esto que hago, no lo hago por usted. Lo hago por su difunta madre. Porque usted fue su hijo. Por eso lo hago. Ella me reconvendría si yo lo hubiera dejado tirado allí, donde lo encontré, y no lo hubiera recogido para llevarlo a que lo curen, como estoy haciéndolo. Es ella la que me da ánimos, no usted. Comenzando porque a usted no le debo más que puras dificultades, puras mortificaciones, puras vergüenzas.

Ella . . . reconvendría *She would recriminate me*

Tu madre, que descanse en paz, quería que te criaras fuerte. Creía que cuando tú crecieras irías a ser su sostén. No te tuvo más que a ti. El otro hijo que iba a tener la mató. Y tú la hubieras matado otra vez si ella estuviera viva a estas alturas.

a estas alturas *now* (colloq.)

Sintió que el hombre aquel que llevaba sobre sus hombros dejó de apretar las rodillas y comenzó a soltar los pies, balanceándolos de un lado para otro. Y le pareció que la cabeza, allá arriba, se sacudía como si sollozara.

Sobre su cabello sintió que caían gruesas gotas, como de lágrimas.

—¿Lloras, Ignacio? Lo hace llorar a usted el recuerdo de su madre, ¿verdad? Pero nunca hizo usted nada por ella. Nos pagó siempre mal. Parece que, en lugar de cariño, le hubiéramos retacado el cuerpo de maldad. ¿Y ya ve? Ahora lo han herido. ¿Qué pasó con sus amigos? Los mataron a todos. Pero ellos no tenían a nadie. Ellos bien hubieran podido decir: "No tenemos a quién darle nuestra lástima." ¿Pero usted, Ignacio?

Le . . . maldad *we would had filled your body with evil*

Allí estaba ya el pueblo. Vio brillar los tejados bajo la luz de la luna. Tuvo la impresión de que lo aplastaba el peso de su hijo al sentir que las corvas se le doblaban en el último esfuerzo. Al llegar al primer tejabán se recostó sobre el pretil de la acera y soltó el cuerpo, flojo, como si lo hubieran descoyuntado.

las corvas *hamstrings*

tejebán *hut*

pretil de la acera *curb of the sidewalk*

Destrabó difícilmente los dedos con que su hijo había venido sosteniéndose de su cuello y, al quedar libre, oyó cómo por todas partes ladraban los perros.

destrabó *loosened*

—¿Y tú no los oías, Ignacio?—dijo—. No me ayudaste ni siquiera con esta esperanza.

IV. Actividades de Comprensión de Lectura

A. Escoja la frase que complete la oración correctamente según el contexto de la lectura.

1. El padre llevaba a su hijo Ignacio sobre los hombros porque el muchacho
   a. estaba muy cansado.
   b. estaba gravemente herido.

c. tenía una pierna rota.
d. tenía un dolor fuerte de estómago.

2. Tonaya era
a. el perro del pueblo.
b. el pueblo donde estaba el médico.
c. el nombre del cerro que estaba cerca.
d. el nombre del médico.

3. La madre de Ignacio no los acompañó al pueblo porque
a. tenía que cuidar de los otros niños.
b. no sabía lo que había sucedido.
c. había muerto.
d. estaba fuera de la casa cuando ocurrió el accidente.

4. El padre no quería saber de su hijo Ignacio porque el muchacho
a. maltrataba a su hermano.
b. era adicto a las drogas.
c. había maltratado a su madre.
d. vivía del robo y mataba.

5. El padre de Ignacio pensaba que su hijo no merecía su ayuda pero lo llevó al pueblo en busca del médico porque
a. sabía que su esposa le hubiese pedido que lo hiciera.
b. quería mucho a su hijo a pesar de sus delitos.
c. sentía lástima por su hijo y no quería que él muriera.
d. todas las anteriores.

B. Conteste verdad (V) o falso (F) a los siguientes asertos.

1. ______ La historia ocurre por la tarde.
2. ______ Ignacio fue asaltado por un ladrón.
3. ______ Ignacio se portaba mal con su padre.
4. ______ El padre de Ignacio se paró a descansar y a tomar agua en un hermoso lago que había en el camino.
5. ______ El padre temía que su hijo muriera en el camino al pueblo.

6. ______ Ignacio habló mucho con su padre durante todo el trayecto.
7. ______ Ignacio no llegó al pueblo de Tonaya vivo.
8. ______ Ignacio nunca le dijo a su padre que oía ladrar los perros.

C. Preguntas temáticas

1. ¿A qué hora del día ocurre la historia?
2. ¿A dónde llevaba el padre a su hijo Ignacio?
3. ¿Por qué lo llevaba cargado sobre sus hombros?
4. ¿Por qué seguía caminando el padre a pesar de estar tan cansado?
5. ¿Por qué le preguntaba el padre a Ignacio si oía ladrar los perros?
6. ¿Por qué quería Ignacio que su padre lo dejara en el camino y se fuera solo al pueblo?
7. ¿Llegó Ignacio al pueblo vivo?
8. ¿Cómo supo el padre de Ignacio que éste había muerto?
9. ¿Qué dijo el padre al ver que Ignacio había muerto sin decirle si había oído ladrar los perros?

V. Dé Su Opinión

A. Las facilidades médicas descritas en el cuento "No oyes ladrar los perros" son típicas de un sitio rural o campesino. ¿Cómo hubiera podido terminar el cuento si el lugar hubiera sido la ciudad de México o Los Angeles?

B. En este cuento el tema del amor paternal es de gran importancia. Señale las partes del cuento donde se refleja el amor del padre por su hijo.

C. Describa las siguientes cualidades del padre de Ignacio.

1. Su carácter moral.
2. Su amor paternal.

3. Su capacidad para perdonar.
4. Su lealtad como esposo.

D. ¿Cómo parece que se hace justicia por los crímenes cometidos por Ignacio en el pueblo? ¿ Qué habría sucedido si Ignacio hubiera sido un delincuente en una ciudad cosmopolita como México?

E. ¿Cómo usa el autor a la naturaleza para describir

1. La hora del día?
2. El transcurrir del tiempo?
3. Los contrastes de luz y sombra?
4. La luna como brújula en el sendero oscuro de la noche?

VI. Actividad Especial

Escriba una composición cambiando el final de este cuento. Algunas sugerencias son a) Ignacio se recupera y se convierte en un hombre honesto, b) Ignacio se recupera pero su padre muere por el esfuerzo hecho en su viaje a Tonaya, o c) Invente su propio final.

Una vez escrita la composición, dos o tres estudiantes pueden presentar oralmente a sus compañeros los cambios efectuados en el final de la historia.

TRES HEROES

de José Martí

I. Vocabulario Esencial

SUSTANTIVOS

el acero	steel
la carga	load
el cura	priest
la derrota	defeat
el estandarte	banner
la falta	defect
la jaula	cage
la limosna	charity
la mancha	spot
el polvo	dust
la pólvora	gunpowder
el rayo	lightning
el sacerdote	priest
el tambor	drum
la tapia	wall
la ternura	tenderness

ADJETIVOS

descabezado	beheaded
descalzo	barefooted
gigantesco	gigantic
honrado	honest
manso	gentle
oloroso	fragrant
preso	imprisoned

VERBOS

cansarse	to get tired
colgar	to hang
contentarse	to be happy with
derrotar	to defeat
echar	to throw out
huir	to run away
maltratar	to mistreat
padecer	to suffer
pelear	to fight
quemar	to burn

valer	to be worth
vencer	to subdue

II. Actividades de Pre-Lectura

A. Escoja la definición correcta.

1. ______ derrota
   a. Romper algo deliberadamente.
   b. Sinónimo de ruina.
   c. Lo mismo que fracaso.
2. ______ tambor
   a. Arma de batalla.
   b. Instrumento musical.
   c. Sinónimo de estandarte.
3. ______ padecer
   a. Lo opuesto de estar triste.
   b. Tener semejanza con alguien.
   c. Similar a sufrir.
4. ______ descalzo
   a. Sin zapatos.
   b. Pobre.
   c. Ropa muy vieja.
5. ______ tapia
   a. Parte de una puerta.
   b. Sinónimo de pared.
   c. Mueble de barro.

B. Dé la forma apropiada de la palabra entre paréntesis.

1. (gigante) Estos árboles son ______________.
2. (honrar) Juan es un hombre muy ______________.
3. (manchar) Ese vestido está lleno de ______________.
4. (derrotar) Bolívar sufrió muchas ______________.
5. (contento) Nos ______________ con ir al cine.

C. Llene el espacio con la palabra adecuada.

1. Generalmente las armas son hechas de ______________.
   a. madera b. acero c. plata

2. Los indios no conocían la ______________________.
a. caballo b. guerra c. pólvora.

3. El ______________________ de la aldea ayuda a los necesitados.
a. cura b. apoyo c. esclavo

4. Este caballo parece muy ______________________.
a. valiente b. risueño c. manso

5. Esa mujer siempre da ______________________ a los pobres.
a. limosnas b. maltrato c. descalzos

D. Escoja el sinónimo para la palabra subrayada.

1. El *sacerdote* es un hombre valiente.
   a. militar
   b. líder
   c. cura
2. El general tuvo que *huir* para salvar la vida.
   a. rendirse
   b. escapar
   c. pedir perdón
3. Los españoles *vencieron* a los revolucionarios en varias batallas.
   a. derrotaron
   b. castigaron
   c. mataron
4. Las rosas son muy *olorosas*.
   a. espinosas
   b. fragantes
   c. frágiles
5. *Se cansó* después de tantas horas de viaje.
   a. se fatigó
   b. se acostó
   c. se fue a dormir.

E. Escriba una frase con las palabras dadas.

1. a pesar/faltas/hombre/sobresaliente
2. cruel/encerrar/pájaros/jaulas
3. verano/causar/polvo/camino
4. soldado/pelear/valentía/fin
5. hombre/estar/preso/años

III. "Tres héroes," de José Martí

Cuentan que un viajero llegó un día a Caracas al anochecer, y sin sacudirse el polvo del camino no preguntó dónde se comía ni se dormía, sino cómo se iba a donde estaba la estatua de Bolívar. Y cuentan que el viajero, solo con los árboles altos y olorosos de la plaza, lloraba frente a la estatua, que parecía que se movía, como un padre cuando se le acerca un hijo. El viajero hizo bien, porque todos los americanos deben querer a Bolívar como a un padre. A Bolívar, y a todos los que pelearon como él por que la América fuese del hombre americano. A todos: al héroe famoso, y al último soldado, que es un héroe desconocido. Hasta hermosos de cuerpo se vuelven los hombres que pelean por ver libre a su patria.

sin sacudirse *without shaking off*

Hasta *Even*

Libertad es el derecho que todo hombre tiene a ser honrado, y a pensar y a hablar sin hipocresía. En América no se podía ser honrado, ni pensar ni hablar. Un hombre que oculta lo que piensa, o no se atreve a decir lo que piensa, no es un hombre honrado. Un hombre que obedece a un mal gobierno, sin trabajar para que el gobierno sea bueno, no es un hombre honrado. Un hombre que se conforma con obedecer a leyes injustas, y permite que pisen el país en que nació, los hombres que se lo maltratan, no es un hombre honrado. El niño, desde que puede pensar, debe pensar en todo lo que ve, debe padecer por todos los que no pueden vivir con honradez, debe trabajar porque puedan ser honrados todos los hombres, y debe ser un hombre honrado. El niño que no piensa

no se atreve *doesn't dare*

pisen *step on*

en los que sucede a su alrededor, y se contenta con vivir, sin saber si vive honradamente, es como un hombre que vive del trabajo de un bribón y está en camino de ser bribón. Hay hombres que son peores que las bestias, porque las bestias necesitan ser libres para vivir dichosas; el elefante no quiere tener hijos cuando vive preso; la llama del Perú se echa en la tierra y se muere, cuando el indio le habla con rudeza, o le pone más carga de la que puede soportar. El hombre debe ser, por lo menos, tan decoroso como el elefante y como la llama. En América se vivía antes de la libertad como la llama que tiene mucha carga encima. Era necesario quitarse la carga, o morir.

a su alrededor *around him*

bribón *scoundrel*

rudeza *roughness*

Hay hombres que viven contentos aunque vivan sin decoro. Hay otros que padecen como en agonía cuando ven que los hombres viven sin decoro a su alrededor. En el mundo ha de haber cierta cantidad de decoro, como ha de haber cierta cantidad de luz. Cuando hay muchos hombres sin decoro, hay siempre otros que tienen en sí el decoro de muchos hombres. Esos son los que se rebelan con fuerza terrible contra los que les roban a los pueblos su libertad, que es robarles a los hombres su decoro. En esos hombres van miles de hombres, va un pueblo entero, va la dignidad humana. Esos hombres son sagrados. Estos tres hombres son sagrados: Bolívar, de Venezuela; San Martín, del Río de la Plata; Hidalgo, de México. Se les deben perdonar sus errores, porque el bien que hicieron fue más que sus faltas. Los hombres no pueden ser más perfectos que el sol. El sol quema con la misma luz con que calienta. El sol tiene manchas. Los desagradecidos no hablan más que de las manchas. Los agradecidos hablan de la luz.

aunque vivan sin decoro *even though they may live without honor*

Bolívar era pequeño de cuerpo. Los ojos le relampagueaban y las palabras se le salían de los labios. Parecía como si estuviera esperando siempre la hora de montar a caballo. Era su país, su país oprimido que le pesaba en el corazón, y no le dejaba vivir en paz. La América entera estaba como despertando. Un hombre solo no vale nunca más que un pueblo

Los ojos le relampagueaban *His eyes used to flash*

nunca más *never again*

entero; pero hay hombres que no se cansan, cuando su pueblo se cansa, y que se deciden a la guerra antes que los pueblos, porque no tienen que consultar a nadie más que a sí mismos, y los pueblos tienen muchos hombres y no pueden consultarse tan pronto. Ese fue el mérito de Bolívar, que no se cansó de pelear por la libertad de Venezuela, cuando parecía que Venezuela se cansaba. Lo habían derrotado los españoles: lo habían echado del país. El se fue a una isla, a ver su tierra de cerca, a pensar en su tierra.

Un negro generoso lo ayudó cuando ya no lo quería ayudar nadie. Volvió un día a pelear, con trescientos héroes, con los trescientos libertadores. Libertó a Venezuela. Libertó a la Nueva Granada. Libertó al Ecuador. Libertó al Perú. Fundó una nación nueva, la nación de Bolivia. Ganó batallas sublimes con soldados descalzos y medio desnudos. Todo se estremecía y se llenaba de luz a su alrededor. Los generales peleaban a su lado con valor sobrenatural. Era un ejército de jóvenes. Jamás se peleó tanto, ni se peleó mejor, en el mundo por la libertad. Bolívar no defendió con tanto fuego el derecho de los hombres a gobernarse por sí mismos, como el derecho de América a ser libre. Los envidiosos exageraron sus defectos. Bolívar murió de pesar del corazón, más que de mal del cuerpo, en la casa de un español en Santa Marta. Murió pobre, y dejó una familia de pueblos.

se estremecía *he shuddered*

de pesar del corazón *of a broken heart*

México tenía mujeres y hombres valerosos, que no eran muchos, pero valían por muchos: media docena de hombres y una mujer preparaban el modo de hacer libre a su país. Eran unos cuantos jóvenes valientes, el esposo de una mujer liberal, y un cura de pueblo que quería mucho a los indios, un cura de sesenta años. Desde niño fue el cura Hidalgo de la raza buena, de los que quieren saber. Los que no quieren saber son de la raza mala. Hidalgo sabía francés, que entonces era cosa de mérito, porque lo sabían pocos. Leyó los libros de los filósofos del siglo XVIII, que explicaron el derecho del hombre a ser honrado, y a pensar y a hablar sin hipocresía. Vio a los negros esclavos, y se llenó de horror. Vio maltratar a los indios, que son tan mansos y generosos, y se sentó entre ellos como un hermano viejo, a enseñarles las artes finas que el indio aprende bien: la música, que consuela; la cría del gusano, que da la seda; la cría de la abeja, que da *miel*. Tenía fuego en sí, y le gustaba fabricar: creó hornos para cocer los ladrillos. Le veían lucir mucho de cuando en cuando los ojos verdes. Todos decían que hablaba muy bien, que sabía mucho nuevo, que daba muchas limosnas al señor cura del pueblo de Dolores. Decían que iba a la ciudad de Querétaro una que otra vez, a hablar con unos cuantos valientes y con el marido de una buena señora. Un traidor le dijo a un comandante español que los amigos de Querétaro trataban de hacer a México libre. El cura montó a caballo, con todo su pueblo, que lo quería como a su corazón; se le fueron juntando los caporales y los sirvientes de las haciendas, que eran la caballería; los indios iban a pie, con palos y flechas, o con hondas y lanzas. Se le unió un regimiento y tomó un convoy de pólvora que iba para los españoles. Entró triunfante en Celaya, con música y vivas. Al otro día juntó el Ayuntamiento, lo hicieron general, y empezó un pueblo a nacer. El fabricó lanzas y granadas de mano. El dijo discursos que dan calor y echan chispas; como decía un caporal de las haciendas. El declaró libres a los negros. El les devolvió sus tierras a los indios. El publicó un periódico que llamó *El Despertador Americano*. Ganó y perdió batallas. Un día se le juntaban siete mil indios con flechas, y al otro día lo dejaban solo. La mala gente quería ir con él para robar en los pueblos y para vengarse de los españoles. El les avisaba a los jefes españoles que si los vencía en la batalla que iba a darles, los recibiría en su casa como amigos. ¡Eso es ser grande! Se atrevió a ser magnánimo, sin miedo a que lo abandonase la soldadesca, que quería que fuese cruel. Su compañero Allende tuvo celos de él; y él le cedió el mando a Allende. Iban juntos buscando amparo en su derrota cuando los españoles les cayeron encima. A Hidalgo

la cría de gusano *the breeding of worms*

seda *silk*

abeja *bee*

Tenía fuego en sí *He had fire in his blood*

creó . . . ladrillos *he invented ovens to make bricks*

caporales *corporals*

caballería *cavalry*

con palos . . . lanzas *with sticks, arrows, or with slings and spears*

El dijo discursos . . . chispas *He gave speeches that flared up the audience*

soldadesca *military*

le quitaron uno a uno, como para ofenderlo, los vestidos de sacerdote. Lo sacaron detrás de una tapia, y le dispararon los tiros de muerte a la cabeza. Cayó vivo, revuelto en la sangre, y en el suelo lo acabaron de matar. Le cortaron la cabeza y la colgaron en una jaula, en la Alhóndiga misma de Granaditas, donde tuvo su gobierno. Enterraron los cadáveres descabezados. Pero México es libre.

los tiros de muerte *the fatal shots*

San Martín fue el libertador del sur, el padre de la República Argentina, el padre de Chile. Sus padres eran españoles, y a él lo mandaron a España para que fuese militar del rey. Cuando Napoleón entró en España con su ejército, para quitarles a los españoles la libertad, los españoles todos pelearon contra Napoleón: pelearon los viejos, las mujeres, los niños; un niño valiente, un catalancito, hizo huir una noche a una compañía, disparándole tiros y más tiros desde un rincón del monte: al niño lo encontraron muerto, muerto de hambre y de frío; pero tenía en la cara como una luz, y sonreía, como si estuviese contento. San Martín peleó muy bien en la batalla de Bailén, y lo hicieron teniente coronel. Hablaba poco: parecía de acero: miraba como un águila: nadie lo desobedecía: su caballo iba y venía por el campo de pelea, como el rayo por el aire. En cuanto supo que América peleaba para hacerse libre, vino a América: ¿qué le importaba perder su carrera, si iba a cumplir con su deber?: llegó a Buenos Aires; no dijo discursos: levantó un escuadrón de caballería: en San Lorenzo fue su primera batalla: sable en mano se fue San Martín detrás de los españoles, que venían muy seguros, tocando el tambor, y se quedaron sin tambor, sin cañones y sin bandera. En los otros pueblos de América los españoles iban venciendo: a Bolívar lo había echado Morillo el cruel de Venezuela: Hidalgo estaba muerto: O'Higgins salió huyendo de Chile; pero donde estaba San Martín siguió siendo libre la América. Hay hombres así, que no pueden ver esclavitud. San Martín no podía; y se fue a libertar a Chile y al Perú. En diez y ocho dias cruzó con su ejército los Andes altísimos y fríos: iban los hombres como por el cielo, hambrientos, sedientos;

catalancito *small Catalonian boy* (dim.)

águila *eagle*

cumplir con su deber *carry out his duty*

escuadrón de caballería *cavalry squadron*

hambrientos, sedientos *hungry, thirsty*

abajo, muy abajo, los árboles parecían yerba, los torrentes rugían como leones. San Martín se encuentra al ejército español y lo deshace en la batalla de Maipú, lo derrota para siempre en la batalla de Chacabuco. Liberta a Chile. Se embarca con su tropa, y va a libertar el Perú. Pero en el Perú estaba Bolívar, y San Martín le cede la gloria. Se fue a Europa triste, y murió en brazos de su hija Mercedes. Escribió su testamento en una cuartilla de papel, como si fuera el parte de una batalla. Le habían regalado el estandarte que el conquistador Pizarro trajo hace cuatro siglos, y él le regaló el estandarte en el testamento al Perú. Un escultor es admirable, porque saca una figura de la piedra bruta: pero esos hombres que hacen pueblos son como más que hombres. Quisieron algunas veces lo que no debían querer; pero ¿qué no le perdonará un hijo a su padre? El corazón se llena de ternura al pensar en esos gigantescos fundadores. Esos son héroes; los que pelean para hacer a los pueblos libres, o los que padecen en pobreza y desgracia por defender una gran verdad. Los que pelean por la ambición, por hacer esclavos a otros pueblos, por tener más mando, por quitarle a otro pueblo sus tierras, no son héroes, sino criminales.

(*La Edad de Oro,* New York, julio de 1889)

los torrentes . . . leones *the torrents roared like lions*

le cede *grants him*

cuartilla de papel *sheet of paper*

el parte *the report*

piedra bruta *rough-cut stone*

más mando *more command*

IV. Actividades de Comprensión de Lectura

A. Escoja el aserto que complete la oración correctamente según el contexto de la lectura.

1. El viajero al llegar a Caracas buscó la estatua de Bolívar porque
   a. era un buen sitio para pasar la noche.
   b. quería ver la figura que representa para los americanos los ideales de libertad y honradez.
   c. éste fue un buen amigo de su padre.
   d. quería ver las atracciones de la ciudad antes de buscar alojamiento.

2. Según el autor de este ensayo, el hombre debe
   a. creer en la libertad absoluta del ser humano.
   b. obedecer sólo las leyes que son justas.
   c. poder expresar lo que siente sin reservas.
   d. todas las anteriores.
3. Bolívar libertó a países como Venezuela, Ecuador y Perú con
   a. un ejército de soldados uniformados.
   b. un ejército de soldados mayores ya jubilados.
   c. la ayuda del ejército español.
   d. un ejército de soldados desprovisto de zapatos y ropa adecuada para la batalla.
4. Hidalgo fue
   a. cura y filósofo que escribió sobre la vida de los indios.
   b. libertador de los esclavos negros y defensor de los indios.
   c. héroe importante para los españoles.
   d. cura que fue expulsado de la iglesia por luchar por la liberación de su país.
5. San Martín
   a. libertó a países como Chile y Perú del dominio español.
   b. se unió al ejército español para luchar a favor de Napoleón.
   c. ayudó a Bolívar a liberar a Perú y recibió mucha gloria por ello.
   d. murió en Europa reconocido como un gran héroe.

B. Conteste verdad (V) o falso (F) a los siguientes asertos.

1. ______ Bolívar es considerado como el padre de Venezuela.
2. ______ El era un hombre corpulento admirado por su figura.
3. ______ Fue expulsado de Venezuela por los españoles.
4. ______ Libertó a Venezuela y a otros países latinoamericanos del dominio español.
5. ______ Murió sin dinero y desolado.
6. ______ Hidalgo era un cura joven de pueblo cuando empezó a defender a los indios.

7. ______ Defendió a México con los pocos hombres que quisieron seguirle.
8. ______ Hidalgo murió humillado por los españoles al éstos despojarlo de sus vestimentas eclesiásticas.
9. ______ San Martín fue obligado por sus padres a luchar contra los españoles por la independencia de su patria.
10. ______ Murió triste y alejado de su patria.

C. Preguntas temáticas relacionadas con el ensayo "Tres héroes."

1. ¿Quién fue Bolívar?
2. ¿Qué hizo por los indios y los esclavos?
3. ¿Quién fue Hidalgo?
4. ¿Qué representa Hidalgo para la historia de México?
5. ¿Por qué fue considerado San Martín como el libertador del sur?
6. ¿Qué tienen en común estos tres héroes?

V. Dé Su Opinión

A. Bolívar, Hidalgo y San Martín fueron tres héroes en la historia de Latinoamérica. ¿Con quiénes compararía usted a estos héroes en la actualidad?

B. En este ensayo el autor destaca los temas de la libertad y la honradez. ¿Cómo representan los tres héroes mencionados estos ideales?

C. ¿Qué paralelismos hay entre las vidas de Bolívar, Hidalgo y San Martín?

D. ¿Justifica usted que un sacerdote católico como Hidalgo usara de la violencia para lograr sus ideales? ¿Acepta la Iglesia Católica hoy en día que los sacerdotes defiendan causas de justicia social acudiendo al uso de las armas?

E. ¿En qué se parecen las luchas de Venezuela, Argentina y México?

F. ¿Justifica el autor de este ensayo a Bolívar, San Martín e Hidalgo por los actos de violencia cometidos en defensa de una causa? Busque datos específicos en el ensayo que ilustren su respuesta.

VI. Actividad Especial

Haga un pequeño estudio sobre algún personaje importante que luche por los derechos humanos en América Latina en el siglo XX. Puede ser un hombre o una mujer que se haya destacado en la política, las ciencias o las artes. Luego escriba un diálogo entre usted y este personaje en forma de entrevista y preséntelo a la clase con otro compañero (a).

PARTE C: EL PERIODISMO

LA IMPORTANCIA DEL CARIÑO DE UN PADRE
de Graziella González

COMO INFLUYO MI PADRE
Anónimo

UN EXITO QUE TIENE HISTORIA . . .
de Antonio Lozada

I. Vocabulario Esencial

A. "La importancia del cariño de un padre"

SUSTANTIVOS

la amenaza	threat
la caricia	caress
la encuesta	inquiry
la falta	flaw
el parto	birth
la pesquería	fishing
la queja	complaint
el refugio	shelter
el varón	male
la venganza	revenge

ADJETIVOS

apretado	tight
arrugado	wrinkled
asequible	approachable
involucrado	involved

VERBOS

anhelar	to wish
aprisionar	to clench (in context)
atesorar	to treasure
batallar	to battle
besar	to kiss
culpar	to blame
dañar	to damage
desbaratarse	to fall apart
equivocarse	to be mistaken
gritar	to yell
sembrar	to seed

B. "Cómo influyó mi padre . . ."

SUSTANTIVOS

el asombro	amazement
los guantes	gloves

ADJETIVOS

inaudito	unheard of
resplandeciente	resplendent

VERBOS

vacilar	to hesitate

C. "Un éxito que tiene historia . . ."

SUSTANTIVOS

el apodo	nickname
el artesano	craftsman
la célula	cell
el desenlace	outcome
la etapa	stage, phase
el isleño	islander
el orgullo	pride
el papel	role
el reto	challenge
el solista	soloist
las tonterías	nonsense

ADJETIVOS

abrumado	overwhelmed
celoso	jealous

VERBOS

adueñarse	to take possession of
ahorrar	to save
aprovechar	to take advantage of
auto-realizarse	to reach self-fulfillment
avergonzarse	to be ashamed of
delatar	to denounce
derrocar	to overthrow
ensombrecerse	to become somber
perjudicar	to harm
refugiarse	to take refuge
retirarse	to withdraw

II. Actividades de Pre-Lectura

A. Escoja la palabra que se acerque más a la definición.

1. Hablar en voz muy fuerte.
   a. modular b. gritar c. cuchichear
2. Poner la responsabilidad de un hecho negativo en una persona determinada.
   a. culpar b. encargar c. dar mando
3. Algo que brilla.
   a. opaco b. dorado c. resplandeciente
4. Lugar que ofrece asilo a una persona.
   a. calle b. refugio c. parque
5. Expresión de disgusto o insatisfacción.
   a. castigo b. llanto c. queja

B. Escoja la palabra más cercana en significado.

1. ______ derrocar: a) to crush b) to dismantle c) to fight d) to overthrow e) to defeat
2. ______ perjudicar: a) to be prejudiced b) to judge c) to harm d) to threaten e) to sentence
3. ______ orgullo: a) humbleness b) pride c) jealousy d) envy e) confidence
4. ______ desenlace: a) outcome b) climax c) plot d) defeat e) victory
5. ______ abrumado: a) cloudy b) sad c) overwhelmed d) overworked e) insecure

C. Escoja un sinónimo para las siguientes palabras.

1. ______ falta	a. denunciar
2. ______ venganza	b. pelear
3. ______ varón	c. desafío
4. ______ batallar	d. alejarse
5. ______ anhelar	e. dudar
6. ______ reto	f. revancha
7. ______ delatar	g. defecto

8. ______ retirarse h. indagación
9. ______ vacilar i. desear
10. ______ encuesta j. hombre

D. Forme una palabra derivada de las dadas a continuación. Modelo: camino—caminar.

1. caricia ____________________
2. besar ____________________
3. equivocarse ____________________
4. tapa ____________________
5. dañar ____________________
6. ahorro ____________________
7. provecho ____________________
8. refugiarse ____________________

E. Complete la oración con la forma correcta de la palabra entre paréntesis.

1. (amenaza) El hombre ____________________ a los niños con una pistola.
2. (involucrar) Los estudiantes no quieren estar ______________ en política.
3. (pescar) De todos los deportes el que menos me gusta es la ____________________.
4. (artesano) Hoy se presenta una exposición de ______________ mexicana en el museo Nacional de Arte.
5. (avergonzarse) Me ____________________ con tus padres después de ese incidente tan desagradable en la fiesta.

III. A. "La importancia del cariño de un padre," de Graziella González

¿Por qué ha de haber algo malo en que un padre bese y sea cariñoso con su hijo varón? ¿Por qué ha de sentirse menos hombre si es tierno con él, o por qué temer a que sus besos y caricias puedan hacerlo menos "machito"? Es que, desafortunadamente, a pesar de lo mucho que se ha batallado sobre la importancia del amor paterno, todavía en muchas familias se arrastra el atavismo machista de que un padre debe ser fuerte y autoritario, ya que los mimos, los besos y la ternura, no son "cosas de hombres".

¿Cuántas veces hemos oido en nuestra casa, o en la del vecino, gritarle al niño que se porta mal: "¡Espera a que llegue tu padre!"?

Esta amenaza encierra un peligro terrible para las relaciones de padres a hijos. De entrada la madre que así amenaza es porque se siente incapaz de imponer su respeto y necesita que su marido llegue para complementar su debilidad de carácter. Sitúa al padre en un plano de "terrible lobo feroz" y nada razonable y comprensivo. Y por último, siembra en el menor una peligrosa rebeldía hacia los padres que "están abusando porque él es un niño", y a su vez engendra en éste una oscura y secreta venganza.

Entre un padre y un hijo varón deben existir las mismas demostraciones de cariño que con la madre. No es tan sólo porque el niño lo necesita para crecer emocionalmente sano, sino también porque el propio padre le "tiene" que dar salida a sus sentimientos paternos. En varias encuestas practicadas en distintos trabajos y universidades con hombres de varias edades, hemos recibido respuestas como éstas: "Entre mi padre y yo siempre han existido demostraciones físicas de cariño. Cuando regreso de algún viaje le doy varios besos y abrazos apretados a mi padre sin que entre nosotros exista ninguna vergüenza. No veo nada malo en eso. Es más, creo que es algo que nos beneficia a los dos. Si mi padre no hubiese sido así conmigo, probablemente no me habría ido tan bien en la vida. Hubiera echado algo muy grande de menos, sin habérmelo podido explicar!" Los hombres mayores se inclinaron más por imitar a sus propios padres, pero los más jóvenes confesaron sus relaciones cariñosas y de identificación con sus hijos varones y revelaron: "Mi relación con mi padre era mucho más distante que la que yo tengo ahora con mi hijo".

era mucho más distante *was much more distant*

Aunque Freud trató de la importancia que tiene el papel del padre sobre los hijos varones, no ha sido hasta hace relativamente poco tiempo que esto se ha venido comprobando palpablemente en las sicoterapias. Sobre todo en las de grupo. Los resultados de las confesiones de pacientes han indicado que los varones criados sin padres tienen más problemas en sus estudios y una marcada confusión acerca de sus identidades sexuales.

No sólo son importantes esas demostraciones de afecto, sino también es necesario que el padre le dedique tiempo a su hijo varón. Sobre todo, cuando ese niño que va dejando de serlo necesita intercambiar opiniones con su padre, consultarle acerca de sus relaciones con las chicas, él quiere saber cómo su padre piensa y no hay mejor oportunidad que yendo a un partido de fútbol o a una pesquería. Nada de eso se puede conversar por teléfono y menos por cartas. Su padre es su ídolo, al que él quiere imitar, saber cómo piensa, y debe estar asequible.

cuando ese niño que va dejando de serlo *when that child that is growing up*

La vieja teoría de echarle la culpa de la homosexualidad masculina a las madres dominantes y manipuladoras está dando paso a otras nuevas que sostienen que dicha homosexualidad es más bien producto de unas frustradas relaciones de afecto con el padre. Son muchas las hojas clínicas que atesoran quejas como éstas: "Mi padre siempre estaba lejos". "Yo no creo que él no me quisiera, pero nunca me lo dijo". "Yo estaba más pegado a mi madre porque ella siempre estaba conmigo y mi padre no".

las hojas clínicas *clinical records*

Existe igualmente una gran relación entre la mala conducta de los varones y la ausencia del padre o la presencia de un padre indiferente. Los niños necesitan tener una íntima relación con el padre a fin de establecer los patrones del bien y del mal (aunque, a veces, estén alterados). Muchas actividades delincuentes de varones que se han criado sin padres van dirigidas contra alguna forma de autoridad. De ma-

mala conducta *poor behavior*

los patrones del bien y del mal *the standards of good and evil*

nera inconsciente, ellos desean dañar ese autoridad paterna que nunca tuvieron.

Afortunadamente, los padres modernos que asisten al parto y que están muy involucrados con sus hijos desde el nacimiento son más susceptibles de expresarles su amor. Un empleado de 30 años declara: "Mi cariño por mi hijo fue creciendo a través de los 9 meses del embarazo. Fue indecible lo que sentí cuando nació. Era un cuerpecito feo y arrugado que parecía desbaratarse. Pero lo tapé con cuidado y lo aprisioné contra mí. Yo creía que estaba preparado para ese momento, pero no. Cuando nació, sentí algo superior e inexplicable. Y no me siento menos hombre al contarlo ahora".

embarazo *pregnancy*
Fue indecible *It was indescribable*

Esta aceptación de la paternidad desde el nacimiento mismo no sólo es beneficiosa para el hijo, sino para todos en la familia. El padre tendrá que ir participando más en la vida de los varones, y manifestarles cuánto siente por ellos, para que tanto la madre como él puedan lograr su felicidad, que es el interés supremo de todo matrimonio.

puedan lograr *could achieve*

Esto es parte de una carta del padre de un niño que nunca nació: "Cuando te tenga a mi lado te daré muchos besos y abrazos. Todos los besos y abrazos que anhelé y no recibí de mi padre. Pero nunca lo culpé, porque siempre fue ejemplar. Sabrás que soy tu padre y un hombre igual que tú, *pero* también has de saber que soy un ser humano. Siempre podrás venir a pedirme consejo y a buscar amor. Yo te diré lo mejor y te diré que te quiero. Pero cuando me equivoque, como cualquier persona, seré yo quien vaya a tu lado y serás el primero en conocer mis faltas. Iré a buscar tu refugio, tu comprensión y a pedirte que me digas que me quieres".

B. "Cómo influyó mi padre . . ."

Papá es una de las pocas personas que juega un papel clave en la formación de nuestro carácter. Sus valores ayudan a definir nuestro yo más íntimo, a decidir cuál camino tomar . . . ¿Qué opinan los famosos de los suyos?

"Mi padre y yo estamos muy cerca por muchas y diferentes razones. Papá es muy sensible y tenemos relaciones de chico a padre. A papá le gusta que nos movamos. Cuando hice un estudio sobre el Renacimiento Carolingio, a mi padre le pareció un trabajo estupendo. A mamá, sin embargo, le extrañaba y se preguntaba el porqué. Cuando yo estudiaba, me decía: 'Eso no te servirá para nada. Debes viajar, observar y cultivarte.' Pero papá siempre me ha entendido."

Carolina de Mónaco

"En el verano, durante las vacaciones, mi hermano y yo nos reuníamos con él en Cannes. Nos estaba esperando cuando llegábamos en el tren. Durante las primeras horas nos hacía preguntas de padre, del género '¿Cómo están? ¿Y la escuela?' Entonces jugábamos a los niños. Yo le contaba, porque era necesario contarle. ¡Cuatro horas artificiales! A la hora del almuerzo, la situación volvía a ser finalmente normal. Y él, normal. La única regla era no tocar sus cosas."

La única regla *The only rule*

Paloma Picasso

"Con mi padre, mi infancia fue maravillosa. El era bueno, simplemente bueno. Y siempre estaba presente. Soñaría para mis hijos una niñez como la mía. Tantos años de felicidad a su lado, es inaudito. Al punto que un día, con gran asombro de la persona que me había formulado la pregunta, yo respondí sin vacilar un solo instante que, entre mi padre y mi hija, prefería al primero. Y es verdad, lo dije espontáneamente. No podría escoger entre los dos, pero mi padre es una parte de mí. Es mi alma. Hoy como ayer . . ."

Al punto que un día *To the point that one day*

Julio Iglesias

"El siempre me oía y me respetaba. Tenía una absoluta fe de hierro en que yo sabía lo que hacía. Y cuando eso viene de un padre, es algo muy, muy especial."

Liza Minelli

"La gente ha sido realmente muy buena conmigo toda la vida. Me ha dado seguridad en mí misma. Mi padre, especialmente. Hemos pasado por muchas cosas juntos. Haciendo películas, haciendo un hogar, compartiendo los mismos amigos y la familia."

Tatum O'Neal

"Cuando volvía a casa, todo tenía que estar resplandeciente. Los sábados por la mañana se ponía unos guantes blancos y pasaba la mano por los muebles. Si los guantes se ensuciaban, no me permitía salir en todo el fin de semana. Tenía que llegar a cierta hora. Si llegaba diez minutos más tarde, se me restringían las salidas. Todos vivíamos según sus reglas y, cuando yo era muy joven, odiaba eso. Pero hoy lo agradezco. Probablemente no estaría hoy sentada aquí, tan intacta e íntimamente segura, con todo lo que me ha pasado, si no hubiera sido por esas reglas tan estrictas. Me han ayudado a sobrevivir toda clase de situaciones."

se me restringían las salidas *I was put under curfew*

Priscilla Presley

"Cuando era niña, mi padre no creía que yo tendría la voluntad necesaria para lograr lo que quería. Me acuerdo que una vez me dijo que las muchachas van a la universidad y que luego terminan casándose. Yo no quería eso, así que tenía que encontrar otra cosa."

Jacqueline Bisset

C. "Un éxito que tiene historia . . . José Luis Rodríguez," de Antonio Losada

Hay otra imagen de José Luis Rodríguez que hemos descubierto con motivo del "Día del Padre". De él sabemos infinidad de cosas . . . por ejemplo que el apodo "El Puma" lo motivó el éxito grandioso de la telenovela "Una muchacha llamada Milagros". En ella José Luis interpretaba el papel de *Omar Contreras,* un doctor que se retira a una apartada hacienda, después de la muerte de un paciente que se le muere por negligencia. Se convierte en un ser misterioso y agresivo. Y se refugia con su complejo de culpabilidad en una hacienda; mata un puma, cuelga la cabeza en la sala de su casa y uno de los colmillos lo lleva sobre el pecho . . . Así fue como empezaron a llamarle "El Puma". Sabemos también de él . . . que va a grabar un LP en inglés y que quizás cante con Olivia Newton-John y Lani Hall . . . y sabíamos también que su gira de conciertos es de 7 estados y 22 ciudades de Norteamérica . . .

colmillos *fangs*

Cuando nos concedió esta entrevista exclusiva, nos encontramos con el verdadero José Luis Rodríguez, un hombre extraordinariamente sencillo y de porte amistoso y familiar, que tiene ideas muy fijas sobre el amor, la política, el matrimonio, la familia . . .

porte *appearance; personality* (in context)

ideas muy fijas *very set ideas*

Y así respondió amablemente a todas nuestras preguntas . . .

—¿Quieren saber cuál es el mejor regalo que me pueden hacer mis hijas en el "Día del Padre" . . .? Pues sencillamente que me demuestren que no están perdiendo su tiempo en la vida y que están aprovechando lo que tienen. Lo que les estoy dando con mi trabajo y con mis esfuerzos. Que me demuestren que van bien sus estudios y que no tienen su tiempo ocupado en tonterías, sino labrando su futuro.

labrando su futuro *working on their future*

Su hija Liliana tiene 17 años. Y Lilibeth 15.

—En poco tiempo puedes convertirte en abuelo, ¿se dañaría entonces la imagen de "El Puma"?

—Algo tan hermoso como ser padre por segunda vez no perjudica, enaltece. Pero yo creo que mis hijas no están preparadas mentalmente para el matrimonio. Creo que ante todo, deben autorealizarse. Ellas tienen todo lo que yo no tuve jamás. Y para poder darles esto a mis hijas, he tenido que trabajar muy duro. Yo no llegué donde estoy gracias a la

enaltece *exalts*

suerte de haberme enriquecido con un juego de lotería o con la ayuda de un productor de televisión. Yo nunca fui un hombre de carrera. Y mi padre tampoco. Yo no tuve estudios importantes. Todo eso significa que yo he sido un verdadero artesano de mi propia carrera; un artista-obrero de mi propio trabajo y que todo lo conseguido con él lo he puesto con orgullo y satisfacción a los pies de mis hijas y con la ayuda y la compañía de mi esposa Lila.

gracias a la suerte *thanks to the good fortune*

artista-obrero *worker-artist*

—Yo en la vida lo aprendí todo a fuerza de la práctica. Yo no tuve clases de arte dramático ni fui a una academia de canto. Trabajando fui aprendiendo y esto es muy amargo. Y eso es lo que les inculco a mis hijas. Hay una etapa del ser humano que es la juventud y la pubertad, que es el momento bueno para absorber toda clase de conocimientos importantes.

esto es muy amargo *this is a bitter experience*

inculco *I try to impress*

—Entonces, ¿quieres que tus hijas sean artistas?—preguntamos.

—Ante todo quiero que *sean*. Que no tengan que depender de nadie, sino de ellas mismas. Que se puedan abastecer solas de todas sus necesidades. Y esta es la mentalidad que ha de ir cambiando la imagen de la América Latina. Veinte o veinticinco años atrás, el sueño de cada muchacha era encontrar un muchacho de buena posición y de buena familia, a ser posible con mucho dinero, para que se hiciera cargo de ellas para el resto de sus días. Entonces la mujer pasaba a ser un objeto y no un sujeto. De esta forma hay que ir erradicando de Hispanoamérica la idea del machismo. Por lo que a eso respecta, mis hijas están muy claras. Y conste que yo no me opongo a la idea del matrimonio. ¡Todo lo contrario! Soy un defensor de la célula vital de nuestra sociedad, que es el hogar. Creo en él, a pesar de las adversidades que hubo en el mío. Creo que el matrimonio, si se toma en serio, es algo muy delicado.

abastecer *to provide*

para que se hiciera cargo de ellas *in order to support them financially*

—Entendemos que a ti te gustaría que Liliana y Lilibeth eligieran una carrera de rango como . . . medicina, abogacía, literatura . . . pero . . . ¿y si ellas

carrera de rango *very respectable career*

decidieran dedicarse específicamente a la canción . . . igual que los padres?

—No me opondría. Ante todo porque tienen muy buena voz. Pero sobre este particular les digo siempre "*si quieren entrar en el mundo del espectáculo, tienen que prepararse muy bien, porque en el momento actual hay mucha competencia. Deben saber no menos de cuatro idiomas, música, teoría, solfeo, piano, lenguaje del cuerpo, declamación, canto . . . Si la oportunidad les llega, tienen que estar preparadas. Porque ya no es mi época. La época aquella de 'párate ahí y canta . . .', 'párate ahí y actúa . . .'. Ahora, dondequiera hay doscientas personas haciendo cola para atrapar la oportunidad y las doscientas están preparadas. La improvisación no existe*". Y por esto he dicho hace un momento, que el logro de todo ello es el mejor regalo que pueden hacerme mis hijas cualquier día del año . . . aunque no sea precisamente el "Día del Padre".

solfeo *rules of melody and measure*

—José Luis . . . tú, que tanto exiges de tus dos hijas, a tu tiempo ¿fuiste un buen hijo?

—Creo que un solo hecho, no palabras, te darán la mejor respuesta.

Alguien entra para servir unas copas de vino y el actor-cantante lo rechaza. Está mucho más interesado en lo que nos va a contar . . .

—Yo andaba con mi madre y tres de mis once hermanos dando tumbos por el mundo. Pero no pienses que ese andar de una parte a otra fuese por ciudades grandes como Nueva York, Buenos Aires o México. . . . Nuestro caminar sin rumbo en pos de cobijo, comida y un poco de suerte era por pueblecitos de Hispanoamérica. ¡Por eso te he dicho que conozco bien la América Latina! Y al ver a mi madre tan angustiada y llorando porque no teníamos el hogar que deseaba para nosotros, yo le dije "*cuando sea rico te compraré una casa*". Y cuando empecé a cantar y logré un puesto fijo como solista de una orquesta, comencé a ahorrar, pedí préstamos, hice todo lo increíble para reunir el dinero necesario . . . ¡no para

dando tumbos *struggling along*

Nuestro caminar sin rumbo en pos de cobijo *Our endless traveling in search of shelter*

puesto fijo *permanent job*

comprarme un auto como era mi sueño! sino para comprarle a mi madre la casa que en una ocasión le había prometido . . .

Y con su sonrisa espontánea y juvenil añade . . .

—¡Claro que el auto no tardó en llegar . . .! Señal de buena suerte, ¿no?

—¿Y a qué se debía la vida nómada que estabas llevando con tu familia?—preguntamos—¿Qué sucedió en Caracas que es donde habías estado viviendo hasta entonces?

—Verás . . . —su mirada se ensombrece con el temblor de los recuerdos—Son cosas muy tristes que hasta ahora había guardado celosamente. Pero he decidido que no debo callarlas porque cada día me siento más orgulloso de mi ancestro y sobre todo de mi familia. ¡No tengo por qué avergonzarme de nada! Y a medida que pasan los años, menos. Sucedió . . . que a mi padre, como buen español, le gustaba el vino. Pero no un poco. Mucho.

—¿De dónde era tu papá?

—De las Islas Canarias. Y mi madre era india venezolana. Y se produjo la eterna historia del emigrante: mi padre dejó tierras españolas en pos de fortuna en las soñadas Américas y el isleño hizo dinero en Caracas. Recuerdo que siendo yo muy "chico", agarraba la guitarra y acompañándose, cantaba flamenco. ¡Y hasta *cante jondo*! Y yo hacía dúo con él y mamá decía que tenía muy buena voz. Pero aquellos momentos felices fueron pocos y duraron menos. Todo lo que mi padre había ganado y la felicidad de mi hogar se fueron evaporando en el alcohol . . . en el abandono de la familia . . . en el abandono de sus intereses. Incluso tenía una compañía de autobuses de línea, que se perdió también por falta de atención. Y dice el refrán que "de donde se saca y no se mete, se busca y no se encuentra".

Hace una pausa, en la que adivinamos que se siente realmente abrumado por el peso de los recuerdos . . .

—Yo tenía seis años cuando vi morir a mi padre de una cirrosis hepática. Quería entender mejor el

fueron pocos y duraron menos *were few and didn't last*

"de donde se saca y no se mete, se busca y no se encuentra" *"You cannot make profits without investing"*

cómo y por qué de todo lo que estaba sucediendo . . . pero ¿cómo va a comprender tragedias así un niño de seis años? Por eso en mis conciertos me impresiona tanto la presencia de los niños. Quizá porque recuerdo mi infancia . . . Y cuando canto alguna canción apropiada para ellos, pienso . . . ¿cómo se llegará al alma de un niño con una canción? Cómo puede un hombre de mi edad llegar al corazón de un niño? Debe ser algo mágico . . . En mi infancia, cuando la tragedia, nadie lograba llegar a mi corazón; nadie lograba que yo entendiera lo que es la vida . . .

Sonríe, como disculpándose por haber cambiado el tema básico de la entrevista. Fue un momento de verdadera expansión emocional. Y sigue diciendo muy serenamente . . .

—¡La agonía de mi padre no la olvidaré nunca! El alcohol se adueñó de él, y cuando esto ocurre, el alcohol acaba con la persona. Jamás sucede lo contrario . . . ¡desgraciadamente!

(Y entonces comprendo el gesto de rechazo cuando le ofrecieron una copa de vino para refrescar la entrevista.)

—Pero ¿qué motivó que después de un desenlace tan trágico tuvieran que estar viviendo de una parte a otra y lejos de Caracas?

—Problemas políticos. Fuimos deportados. Mi madre, que había sido siempre amante de la libertad, se unió a un grupo revolucionario. Imprimían folletos en una imprenta, delatando todo lo que estaba ocurriendo. Era la época difícil de Pérez Jiménez y nos unimos al grupo que estaba dispuesto a derrocar la dictadura. Mi madre, al igual que yo y que toda la familia creemos en la libertad individual del ser humano. Y al igual que Bolívar creemos en una América Latina libre, unida, pero libre de verdad y sin hombres de esos que andan con un fusil al hombro sin saber lo que es la verdadera libertad. La consecuencia fue que tuvimos que marcharnos, sin rumbo y sin dinero, a Ecuador. Estuvimos viviendo en Guayaquil, en Quito y en muchos sitios más. Y lo mismo

Imprimían folletos *They printed pamphlets*

sin rumbo y sin dinero *without destination or money*

que mi madre, fueron muchas las gentes que lucharon y, gracias a Dios, Venezuela tiene ahora unos 25 años de maravillosa democracia.

Se ha expresado con un aplomo que nos sorprende y con un pleno convencimiento de todas sus ideas y creencias.

—¿Te interesa la política . . . tanto como para algún día dedicarte a ella?

Tarda en contestar y no acepta el reto de la mirada con que también le estamos interrogando . . .

Tarda *He takes a while*

—Me interesa todo lo que me rodea. Y en la vida todo tiene un ciclo. Y si no, ahí tenemos el ejemplo de Reagan.

IV. Actividades de Comprensión de Lectura

A. Conteste verdad (V) o falso (F) a los siguientes asertos relacionados con la lectura "La importancia del cariño de un padre."

1. ______ A los niños se les debe enseñar a tener al padre como la figura máxima de autoridad en la familia.
2. ______ La madre que enseña al niño a temerle al padre lo hace generalmente por debilidad.
3. ______ La única figura importante para el hijo varón es la del padre.
4. ______ Los varones no deben hacerle demostraciones de afecto al padre por medio de besos y abrazos, porque la sociedad latinoamericana lo condena.
5. ______ Tanto el hijo como el padre necesitan expresar sus sentimientos hacia el otro para que haya una relación emocionalmente estable.
6. ______ Estudios freudianos han revelado que los varones que se crían sin la figura paterna generalmente tienen más problemas de identificación sexual.
7. ______ Sin embargo, otros estudios revelan que los que viven solamente con la madre salen mejor en sus estudios académicos.

8. ______ El padre es el mejor confidente que tiene el hijo varón.
9. ______ La teoría de culpar a las madres de carácter fuerte por la homosexualidad de sus hijos, ha sido aceptada recientemente por los sicólogos.
10. ______ Muchos jóvenes que se convierten en delincuentes desafiando a la autoridad, lo hacen por rebeldía en contra de sus padres.
11. ______ Las relaciones familiares entre esposos siempre son más favorables cuando el padre le dedica más tiempo a sus hijos.

B. Preguntas temáticas relacionadas con la lectura "La importancia del cariño de un padre"

1. ¿Cómo debe ser la figura paterna según el estereotipo machista?
2. ¿Por qué usan muchas madres la figura paterna como símbolo de autoridad?
3. ¿Qué significa poner al padre en el plano de "terrible lobo feroz"?
4. ¿Qué relaciones deben existir entre el padre y el hijo varón? ¿Por qué?
5. ¿Es permitido en la sociedad el que un hijo varón bese a su padre como lo haría una niña?
6. ¿Cuál es la diferencia entre la relación que existía entre padre e hijo en épocas pasadas y la relación que existe entre muchos padres y jóvenes de ahora?
7. ¿Cuál es la teoría freudiana sobre la influencia del padre en el desarrollo emocional de un niño?
8. ¿Qué hay de cierto en la teoría de que las madres dominantes son las culpables de la homosexualidad del hijo varón?

C. Preguntas temáticas relacionadas con la lectura "Cómo influyó mi padre"

1. ¿Qué relación existe entre Carolina de Mónaco y su padre?
2. ¿Con cuál de los padres se entendía ella mejor? ¿Por qué?
3. ¿Qué sentía Paloma Picasso cuando se reunía con su padre?

Compare esta relación de padre-hija con la de Carolina de Mónaco.

4. ¿Qué siente Julio Iglesias por su padre?
5. ¿Cómo se comparan los padres de Liza Minelli y de Tatum O'Neal?
6. Priscilla Presley llegó a odiar de joven la oposición de su padre. ¿Sigue ella pensando de igual manera? Explique.
7. ¿Qué quería el padre de Jacqueline Bisset para ella? ¿Estaba ella de acuerdo con ésto? ¿Por qué?

D. Después de leer "Un éxito que tiene historia," escoja la opción correcta para completar la oración según el contexto.

1. José Luis dice en el artículo, que el mejor regalo del "Día del Padre" que le pueden hacer sus hijas es
   a. casarse muy jóvenes y tener una familia numerosa.
   b. un carro deportivo último modelo.
   c. dedicarse a una carrera artística como sus padres.
   d. aprovechar las buenas oportunidades que la vida les brinda.
2. "El Puma" ha tenido éxito como artista y cantante
   a. gracias a su formación académica.
   b. por su dedicación al trabajo.
   c. porque inicialmente tuvo la ayuda de un buen productor.
   d. porque estudió arte dramático y cantó en un buen instituto.
3. José Luis cree que sus hijas deben
   a. dedicarse a las tareas del hogar y dejar que el esposo las mantenga.
   b. estudiar una carrera lucrativa.
   c. luchar por la realización de sus metas personales.
   d. dedicarse al arte en cualquiera de sus formas.
4. José Luis dice que estamos entrando en "otra época" en el mundo artístico porque
   a. durante su tiempo no había que estudiar para ser artista y lograr la fama.

b. la competencia hoy día es mucho más difícil.
c. hay menos empleos para los artistas en la época actual.
d. el artista que no sabe varios idiomas no puede triunfar.

5. El mayor anhelo que este cantante tenía cuando era joven era
   a. comprarse una villa en la Riviera francesa.
   b. llevar a sus padres a viajar por todo el mundo.
   c. regalarle una casa a su madre.
   d. viajar a España par poder ver a su padre.
6. Este cantante sufrió mucho cuando era joven porque
   a. su padre perdió todo lo que tenía por su vicio al alcohol.
   b. la famillia tuvo que irse de Caracas porque la madre estaba en abierta oposición al régimen político vigente.
   c. la familia no tenía recursos económicos para permanecer en el país.
   d. todas las anteriores.

V. Dé Su Opinión

A. ¿Cuáles son para usted las cualidades más importantes que un padre debe tener?

B. ¿Cómo cree usted que ha cambiado el rol de la madre en nuestra sociedad? ¿A qué le atribuye usted este cambio?

C. ¿En cuál de las siguientes circunstancias diría usted que el hijo varón tendría más estabilidad emocional?

1. Viviendo con una madre soltera que trabaja fuera de casa pero que le da todo el cariño y la seguridad que él necesita.
2. Viviendo con los dos padres donde uno de ellos tiene problemas emocionales severos.
3. Viviendo con un padre soltero que trabaja pero que le da mucho amor y seguridad y le sirve de modelo a su hijo.

D. ¿Diría usted que los hijos de padres divorciados o separados sufren mayores desajustes que los de padres que viven juntos pero en una falta de armonía constante?

E. Estudie la vida de uno de las siguientes figuras y comente sobre la influencia positiva o negativa del padre en su vida:

1. Martin Luther King, Jr.
2. Jane Fonda
3. Indira Ghandi
4. un personaje de su preferencia

VI. Actividad Especial

Escriba una composición sobre *uno* de los siguientes temas.

A. La influencia que ha tenido su padre en su vida.

B. La imagen del padre ideal.

C. Las características que usted cree haber heredado de su padre y como éstas han influido en su vida.

VII. Actividad Final

A. Contraste la figura del padre en el cuento "No oyes ladrar los perros," con la influencia de la figura paterna en los artículos periodísticos.

B. Compare el estilo narrativo de Rulfo en cuanto a la complejidad del lenguaje (uso de adjetivos descriptivos, metáforas, expresiones idiomáticas) con el de Martí en su ensayo "Tres héroes."

C. Compare el estilo de los artículos periodísticos con el de Martí.

D. ¿Cómo puede usted relacionar el tema del amor *paternal* en estas tres lecturas? Recuerde que a los héroes de la Independencia se les llama "los padres de la patria," tanto en los países hispanos como en los Estados Unidos.

Capítulo 5

La vejez

INTRODUCCION

> Pues vendrá el tiempo en que las extremidades temblarán con la edad, y que las piernas fuertes se harán débiles, y cesarán las muelas porque han disminuído y cegarán tus ojos también."
>
> Eclesiastés 12:3

Esta es la última, pero quizás la más hermosa etapa del ciclo de la vida humana. Estos son los años dorados, el tiempo para recordar los momentos de alegría, tristeza o añoranzas de lo que hubiera podido ser pero no fue. Y así como si fuera una película vuelven a nuestra mente las muchas experiencias vívidas: la boda, los niños ya jóvenes que abandonan el hogar en busca de una nueva vida y los rostros de familiares y amigos que nos hicieron la vida más placentera. Este capítulo trata de las experiencias de los envejecientes, la sabiduría en su máxima expresión.

El capítulo comienza con el cuento "Las canas" del escritor cubano Angel Castro, autor de la novela *Refugiados* (1969), un volumen de poesía, *Poemas del destierro* (1971) y cuatro volúmenes de cuentos cortos. En el cuento que van a leer, se contrastan las actitudes de los hispanos y americanos hacia la vejez. El segundo cuento, "Un pobre viejo," fue escrito por el Profesor Oscar Ponce Merino, mexicano, quien narra la historia de un anciano que, aunque pasa muchas dificultades a través de los años, muere en paz cuando su vida era ya imposible de sobrellevar a causa de una enfermedad mortal muy dolorosa.

La segunda parte de este capítulo introduce al lector al ensayo "Sobre el pasado y la vejez" del escritor español Ramón Pérez de Ayala (1881–1962), uno de los escritores más originales de su época. Es también novelista y poeta. Entre sus obras cumbres están *Tigre Juan* y *El curandero de su honra*. Entre sus libros de ensayo más importantes están *Política y toros* y *Las máscaras*. En este ensayo, el autor expresa como la vieja generación puede revitalizarse aceptando y entendiendo las experiencias y valores de la nueva generación. Así mismo, la juventud aprende y se beneficia con la sabiduría que hereda de sus mayores.

El capítulo concluye con el artículo periodístico "La historia de María de Jesús." La autora, Cristina Pacheco, lleva al lector por el túnel del tiempo mientras visita a una señora mexicana quien, después de sobrevivir el gran terremoto que sacudió a la ciudad de México en septiembre de 1985, cuenta de las experiencias de su larga vida y el porque ella quiere regresar al vecindario que por largo tiempo fue su hogar, el lugar donde ella vivió, trabajó, amó y fue amada.

Esta variedad de selecciones le permite al lector examinar los diferentes puntos de vista concernientes a las ventajas y desventajas de envejecer.

PARTE A: LA LITERATURA

LAS CANAS

de Angel Castro

UN POBRE VIEJO

de Oscar Ponce Merino

I. Vocabulario Esencial

SUSTANTIVOS

el agujero	hole
la almohada	pillow
la angustia	anguish, affliction
el bastón	cane
las canas	gray hair
la cátedra	professorship
los comestibles	provisions, groceries
el compadre	godfather (literally); pal (in context)
el contador	accountant
el fallecimiento	death
la gestión	measure, action
la golondrina	swallow
la llaga	sore
el pordiosero	beggar
el sostén	support

ADJETIVOS

acabado	emaciated, worn-out (in context)
aislado	isolated
alejado	separated, withdrawn (in context)
apartado	distant
desabrido	tasteless
despreciable	despicable, low-down
espantoso	dreadful (in context)
raquítico	meager (in context)

VERBOS

asear	to clean
auxiliar	to help
cobrar	to receive (in context)
desempeñar	to perform, carry out
destrozar	to destroy
esclavizar	to enslave
ingerir	to consume, eat

mezclar	to mix
quejar(se)	to complain
resignar(se)	to conform
sospechar	to suspect
suspirar	to sigh
tapar	to cover

II. Actividades de Pre-Lectura

A. Escoja la definición correcta.

1. ______ quejarse
   a. Burlarse de alguien.
   b. Lo mismo que lamentarse.
   c. Enojarse.
2. ______ fallecimiento
   a. Pérdida de algo valioso.
   b. Lo mismo que desmayarse.
   c. Sinónimo de muerte.
3. ______ desabrido
   a. Sin sabor.
   b. Desgastado.
   c. Sin color.
4. ______ auxiliar
   a. Ayudar a alguien.
   b. Cuidar de los enfermos.
   c. Sustituir a una persona.
5. ______ pordiosero
   a. Persona que roba.
   b. Alguien que es deshonesto.
   c. Persona que pide limosna por las calles.

B. Escriba los verbos que corresponden a los siguientes sustantivos.

1. angustia ____________________
2. fallecimiento ____________________
3. gestión ____________________
4. sostén ____________________
5. agujero ____________________

C. Escoja el antónimo de las siguientes palabras.

1. ______ aislar	a. liberar
2. ______ asear	b. encarcelar
3. ______ mezclar	c. confiar
4. ______ esclavizar	d. ensuciar
5. ______ sospechar	e. lavar
	f. rodear
	g. separar

D. Llene el espacio en blanco con la palabra apropiada.

1. Tuvo que ______________ a la muerte de su padre.
   a. quejarse b. resignarse c. alejarse
2. Los trabajos que requieren de mucha fuerza física no deben ser ______________ por una mujer.
   a. desempeñados b. asignados c. contratados
3. El salario que se gana ese obrero es ______________; por eso puede mantener bien a su familia.
   a. sustancioso b. raquítico c. duro
4. Esa pobre mujer tiene varias ______________ en la boca y no puede comer nada.
   a. comestibles b. golondrinas c. llagas
5. El padrino de mi hijo es mi ______________ .
   a. compadre b. cónyuge c. comadre

E. Escriba una oración con las palabras dadas.

1. aunque/muchacho/ser/joven/tener/muchas/canas
2. hombre/no/ser/viejo/estar/acabado
3. él/ser/persona/despreciable
4. niños/ver/muchas/golondrinas/parque
5. viejo/taparse/cobija/tener/frío

III. A. "Las canas," de Angel Castro

Pedro Gutiérrez, cubano, contador público y ex Profesor de la Escuela de Ciencias Comerciales de la Universidad de La Habana, era uno más entre los miles que habían abandonado la República de Cuba en repudio silente al régimen comunista de Fidel Castro, que hoy esclaviza al pueblo cubano. Su edad, sesenta años, de pequeña estatura, despierto de mente y cuerpo con su cabeza cubierta de nieve. Las canas eran el orgullo del Profesor Gutiérrez. Las canas simbolizaban una vida de trabajo, dedicado a la contabilidad, y a la cátedra, dedicado a moldear a la juventud estudiosa en la Escuela de Ciencias Comerciales de la Universidad de La Habana. Eran sus canas símbolo de honradez, de trabajo, y los estudiantes cubanos le respetaban y admiraban.

en repudio silente *in silent repudiation*

despierto de mente y cuerpo *with an alert mind and body*

Al llegar a los Estados Unidos de la América del Norte recibió la ayuda generosa del Gobierno federal, y vivía de un cheque de *Welfare* (asistencia pública), en una pequeña ciudad de New Jersey, en unión de su esposa, Gertrudis Hernández de Gutiérrez.

—Estoy cansado de vivir sin trabajar . . . , no me gusta cobrar un cheque sin trabajarlo . . .

—Viejo . . . , y mira que has hecho gestiones para trabajar en lo que sea . . .

—Qué difícil es encontrar empleo . . . , me parece que me discriminan porque soy cubano.

—No, no es porque seas cubano, sino porque eres viejo—le dijo su mujer.

—Es verdad, soy un viejo, tengo sesenta años, pero me parece que aquí, en los Estados Unidos de la América del Norte, descriminan a los negros y a los viejos.

El domingo, Gutiérrez recibió la inesperada visita de un viejo amigo de la infancia—Walterio Rivas—, que enseñaba español en la Universidad de New Jersey.

—¡Qué alegría, Pedro! Estás igualito que la úl-

Estás igualito *You haven't changed a bit*

tima vez que te vi en La Habana; no has cambiado nada . . .—¿Has encontrado empleo?

—No, no, Walterio, me he cansado de hacer gestiones . . . , y nada . . .

—Bueno, te voy a explicar algo: aquí, en los Estados Unidos de la América del Norte, no gustan de las canas . . . , las personas mayores de sesenta años lo pasan mal y completamente aislados . . . Este país adora la juventud, la belleza, el sexo y el dinero . . . , sobre todo el dinero.

no gustan de las canas *they don't like gray hair*

lo pasan mal *they have it rough*

—Pero no te descorazones, tengo un remedio para ti . . . , voy a la tienda y regreso en seguida.

no te descorazones *don't get discouraged*

Walterio regresó a la casa de Pedro en menos de veinte minutos con dos frascos de tinte para el pelo.

frascos de tinte *dye bottles*

—Mira . . . , tienes que hacerme caso y pintarte el pelo . . . , si no te pintas el pelo, no conseguirás empleo—dijo Walterio.

tienes que hacerme caso *you have to listen to me*

—Me parece que la juventud en yankilandia no respeta a los ancianos . . . , están perdidos . . . En Cuba, México, en China, Japón, en España, etc., se respeta a los viejos . . . , los ancianos son la experiencia y la sabiduría . . . —dijo el Profesor Gutiérrez.

yankilandia *Yankee land* (slang)

El lunes, Pedro salía de nuevo a buscar empleo, sus canas habían desaparecido, y en su lugar mostraba un pelo de ébano.

El martes conseguía empleo en una casa comercial como tenedor de libros.

tenedor de libros *bookkeeper*

El miércoles regresaba a su casa y se dirigía a su cuarto, mirándose en el espejo, y al contemplar el ébano en lugar de la nieve, se echó a llorar como un niño.

se echó a llorar como un niño *he began to cry like a child*

—Mis canas . . . , mis canas—se decía.

B. "Un pobre viejo," de Oscar Ponce Merino

El anciano fue empleado de gobierno; cuando ejercía su empleo, no obstante el raquítico sueldo que co-

el raquítico sueldo *the meager salary*

braba, siempre estaba de buen humor. Era un tomador y un fumador empedernido. Gustaba de la lectura, hacía versos, paseaba por el campo, feliz de sentirse en contacto con la naturaleza y cumplía con sus deberes como jefe de familia, aunque la familia pasaba muchas penas por la falta de dinero, porque los empleados de gobierno en todas las épocas han tenido salarios tan miserables, que ni siquiera para el sustento alcanza.

Era un tomador y un fumador empedernido. *He was a hard-hearted drinker and smoker.*

hacía versos *he liked to write poems*

pasaba muchas penas *suffered a lot of hardships*

Antes de dormir gustaba de estar solo en su cuarto, leyendo con deleite sus antiguos libros; personalmente aseaba su bandeja, su jarra y su cubeta viejas y llenas de agujeros, que él tapaba con hilachas; metía a su dormitorio el agua limpia para asearse al día siguiente y cerraba sus puertas para que no fueran a interrumpir sus ocupaciones. A las diez se disponía a dormir; dormía solo, en su vieja y dura cama de madera pintada de negro, que parecía un sarcófago.

con deleite *with pleasure*

aseaba su bandeja, su jarra y su cubeta *he cleaned his tray, his pitcher, and his pail*

él tapaba con hilachas *he covered with cloth shreds*

parecía un sarcófago *looked like a coffin*

Hacia tiempo que era viudo y sus hijos, ya adultos, vivían en barrios alejados con sus propias familias y apartados del anciano.

Por las mañanas cantaba sus viejas canciones, mientras hacía su aseo cotidiano; por toda la casa se escuchaban sus melodías, entonadas con voz vigorosa:

Buscando amor la golondrina va
a otra nación allende la mar.

¡Cuántas canciones viejísimas sabía el anciano! Si alguna vez estuvieron de moda, debió haber sido muchos años atrás, porque nadie las conocía ni se escuchaban por ninguna parte, solamente por las manañas en su dormitorio. Al volver cansado de sus tareas diarias, jugaba con los nietos, los llevaba al campo, les refería cuentos; aun sin su esposa, parecía feliz.

les refería cuentos *he told them stories*

Vinieron tiempos malos, el gobierno cayó y, los nuevos gobernantes, llevaron a las oficinas a sus amigos y a sus compadres.

Vinieron tiempos malos *There came bad times*

Los antiguos empleados, calificados de reaccionarios y considerados un lastre social, fueron despedidos sin ninguna consideración a sus méritos y antigüedad en el servicio.

calificados de reaccionarios y considerados un lastre social *labeled as reactionary and considered undesirable by society*

Aunque en realidad fueron sustituidos por nuevos recomendados, se dijo que la administración necesitaba ser renovada con elementos jóvenes, revolucionarios y llenos de energía.

Los nuevos empleados eran ineptos e irresponsables, pero eso no constituía ningún obstáculo para poder cobrar el sueldo, si les ligaba algún parentesco o cierta amistad con uno de los señorones de la polítíca.

si les ligaba algún parentesco o cierta amistad con uno de los señorones de la política *if they were in any way related or were friends with any of the "bigwigs" of politics*

El anciano se quedó sin empleo, buscó mucho tiempo ocupación nueva, recorrió las casas comerciales, las oficinas particulares, pero todo fue en vano; en todas partes le dijeron que estaba muy viejo y que los empleos vacantes solamente podían ser desempeñados por gente joven, que nunca se enferma y puede resistir todo lo que exigen los patrones.

todo fue en vano *all was in vain*

Se resignó a vivir sin trabajo y sin dinero, en casa de su hija mayor, compartiendo con ella y con sus nietos la humilde comida que diariamente adquirían con un trabajo excesivo.

Todos sus hijos eran muy pobres, pero auxiliaban al anciano de acuerdo con sus posibilidades.

Daba pena ver al pobre viejo distribuyendo las moneditas proporcionadas por sus hijos. Compraba sus cigarros marca "El Pabellón", de los más baratos, de los que fumaban los más pobres, de los que tenían en sus cajetillas las banderas de todos los países, que el anciano reunía para que sus nietos formaran su colección de banderas.

Compraba dos centavos de "aguardiente blanco", lo mezclaba con agua, para preparar una bebida que tomaba a pequeñas dosis durante el día.

"aguardiente blanco" *white rum*

Nunca se quejó de su situación, pero su angustia debe haber sido muy profunda, porque envejeció muy rápidamente y, aunque en apariencia no tenía ninguna enfermedad, representaba diez años más de los que en realidad tenía. Se sentía débil y cansado y hasta tuvo necesidad de usar un bastón para caminar por las calles, tal vez porque tenía temor de caerse. La situación se puso peor en el hogar de la hija mayor. Faltó pan y todos, incluso el anciano, pasaron hambre y penalidades terribles.

pasaron hambre y penalidades terribles *went hungry and suffered terrible hardships*

El hijo, sostén de una numerosa familia, vivía en un barrio alejado de la casa del anciano; su esposa elaboraba un pan, duro y desabrido, en su estufa de hierro, con una gruesa chimenea, que arrojaba una espesa columna de humo negro, producto de los palos, papeles y desperdicios que la señora quemaba en ella. Ellos le dijeron al anciano que podía ir todos los días para que le dieran pan del que cocían en su estufa. Así lo hizo el anciano; por las mañanas iba hasta la lejana vivienda del hijo, por el pedazo de pan que comía con avidez.

la lejana vivienda *the faraway home*

con avidez *eagerly, anxiously*

Su vejez le hacía muy difícil el viaje hasta el barrio del hijo y hacía el camino por partes, teniendo necesidad de descansar varias veces, sentado en los umbrales de los zaguanes o en las bancas del Parque Viejo.

Personas conocidas le vieron en ocasiones, sentado ante las puertas, calentándose a los rayos del sol, con su sombrero y su bastoncito entre las manos, con el ensortijado cabello de plata, caído sobre la frente y sus grandes ojos de santo, mirando fijamente, perdidos en el vacío.

el ensortijado cabello de plata *the curly silver hair*

grandes ojos de santo *big saintly eyes*

¡Era muy duro para él, conseguir el pedazo de pan! Se imaginaba un pordiosero que implora el pan.

En otro barrio, no muy decente, y todavía más lejano que el del hijo, vivían dos de sus hijas, quienes de un modo muy duro y penoso, ganaban su vida.

de un modo muy duro y penoso *in a harsh and painful way*

En aquellos años no había trabajo para las mujeres. Sólo las maestras y las empleadas trabajaban por raquíticos salarios, las demás mujeres, principalmente las que no tenían ninguna preparación, pasaban el tiempo en su casa, dedicadas a las labores domésticas, esperando que algún hombre se casara con ellas y, si ese hombre no llegaba, el futuro de la mujer era vivir arrimada en casa del hermano o del pariente, o ganar el sustento comerciando con su cuerpo.

Hay quien piensa que los tiempos pasados siempre fueron mejores, pero para la mujer, que ahora labora igual que el hombre, en la fábrica o en la oficina, sería un espantoso drama regresar a los tiempos idos cuando no había mujeres profesionistas, cuando en las fábricas solamente admitían hombres y el destino de las mujeres era la cocina, o el lavadero, o el prostíbulo.

Las dos hijas del anciano, ignorantes y con poca capacidad mental, prefirieron prostituir su vida, a esperar un hombre que formara con ellas un hogar y una familia. Decían que era preferible buscar el sustento como ellas, a pasar la vida como las hijas que vivían con el anciano, en el hambre y la miseria.

Hasta la casa de las dos mujeres iba el anciano, con paso muy lento, apoyándose en su bastoncito. Ellas siempre tenían algo que darle a su padre, dinero, comestibles, alguna prenda de vestir. ¡Con cuánto dolor, el antiguo empleado tomaba asiento y esperaba largo tiempo a que sus hijas pudieran darle parte del producto de su despreciable comercio! El viejecito estaba cada vez más triste, más pálido, más débil, más acabado.

No volvió a cantar más, como era su costumbre, y pasaba largas horas en silencio, calentándose a los rayos del sol. Parecía que rezaba y de cuando en cuando levantaba los ojos al cielo y suspiraba profundamente.

La hija que hacía la limpieza de su cuarto, se dio cuenta de que en un cajón de su escritorio guardaba los alimentos en vez de comerlos. Lo interrogó insistentemente; al principio dijo que se encontraba muy bien y que no había motivo para preocuparse de su salud, pero acabó por confesar que una muela le había causado una escoriación en el borde de la lengua, que la escoriación se estaba haciendo grande y le molestaba mucho, no dejándolo comer. La hija

vivir arrimada *seeking shelter*

ganar el sustento comerciando con su cuerpo *earning a living by selling her body* (literally)

los tiempos idos *the fargone times*

con paso muy lento *at a very slow pace*

prenda de vestir *article of clothing*

una muela le había causado . . . lengua *a molar tooth had caused him a sore on the side of his tongue*

inspeccionó la herida, era bastante grande y de aspecto sospechoso. Era necesario ver al médico, pero no había dinero para la consulta y dejó que el tiempo pasara, sin hacer nada para curar aquella llaga.

de aspecto sospechoso *suspicious looking*

El anciano redujo sus alimentos a líquidos, porque le era imposible masticar los sólidos y, cuando trataba de hacerlo, sufría intensos dolores. No hacía comentarios sobre su enfermedad, tampoco pedía medicamentos, ni alimentos especiales; quizá porque sabía que sus hijas no podían proporcionárselos; es posible que no se haya dado cuenta de su gravedad, pero las hijas sospecharon que era algo terrible y pensaban qué sería del anciano cuando el mal invadiera otras partes de su organismo.

El pobre viejo aparentaba serenidad, pero las hijas, sin dinero para médico y medicinas, se desesperaban y pedían a Dios que velara por el enfermo. Entre tanto, el tiempo pasaba y la enfermedad avanzaba; no sentía dolores más que cuando trataba de ingerir algo sólido, pero muy pronto aparecerían los dolores constantes y terribles, propios de estas enfermedades. Estaba próxima la Navidad, la fiesta que acostumbraba celebrar el viejo. En esta festividad, la familia pedía siempre a Dios todo lo que quería que le fuera concedido para el nuevo año. Las hijas pedirían fervorosamente a Dios, que remediara los males de su padre. Tal vez éste pediría lo mismo. Tres días antes de la Navidad se hizo el milagro. A hora muy avanzada de la mañana, cuando el sol ya estaba muy alto, el viejo, contra su costumbre, permanecía todavía en el lecho; esto era muy raro, pues él se levantaba siempre al salir el sol. Una de sus hijas, abriendo un poco la puerta del dormitorio, pudo ver que dormía plácidamente. Así pensó ella; su rostro estaba tranquilo como siempre y apoyado sobre sus dos manos, como si éstas fueran la almohada. La hija se retiró con el propósito de dejarlo descansar un poco más.

aparentaba serenidad *pretended to be calm*

el lecho *bed*

Como se hacía tarde y el anciano no despertaba, le dio los buenos días, primero con una voz muy suave y después en voz alta; pero el viejo no despertó, permaneció callado, callado y dormido para siempre . . .

Su rostro no perdió su color normal, ni adquirió la rigidez de los cadáveres. Parecía que estaba dormido y hasta sus familiares imaginaron que su pecho se levantaba como si estuviera respirando. ¡Cuántas gracias dieron a Dios, que permitió su muerte tranquila!

Fue un ataque al corazón, la causa de su fallecimiento. ¡Bienvenido el ataque al corazón, que le evitó los dolores espantosos del cáncer que estaba destrozando su lengua! Dios se lo llevó cuando su vida era un calvario muy doloroso. Afortunados los que llegan al final, del mismo modo que el pobre viejo, sin darse cuenta, sin sufrimiento, como si estuviera en un sueño sereno y profundo . . .

fallecimiento *death*
Bienvenido *Welcome*
cuando su vida era un calvario muy doloroso *when his life was very painful*

IV. Actividades de Comprensión de Lectura

A. Conteste verdad (V) o falso (F) a los siguientes asertos relacionados con la lectura "Las canas."

1. ______ Pedro Gutiérrez era un catedrático de Ciencias Naturales en la Universidad de la Habana.
2. ______ A él le gustaban las canas porque eran símbolo de una vida llena de esfuerzo y logros.
3. ______ Al señor Gutiérrez le gustaba vivir de los servicios de Asistencia Pública porque así podía pasar más tiempo con su esposa.
4. ______ Pedro pensaba que no conseguía empleo porque era cubano y no porque era viejo.
5. ______ Un viejo amigo le dio la solución a su problema: pintarse el cabello de negro para lucir más joven.
6. ______ A Pedro Gutiérrez le pareció una idea excelente y fue rápido en busca de tinte para el pelo.
7. ______ A pesar de sus esfuerzos tardó varias semanas en conseguir empleo.

8. ______ Pedro consiguió un empleo como contador en una casa comercial.
9. ______ Al mirarse en el espejo se sintió triste y frustrado al ver que ya no tenía su pelo blanco.

B. Preguntas temáticas relacionadas con la lectura "Las canas"

1. ¿Como describiría usted a Pedro Gutiérrez?
2. ¿Qué simbolizan las canas para él?
3. ¿Quién ayudó al señor Gutiérrez cuando llegó a los Estados Unidos?
4. ¿Cuál creía Pedro que era la razón por la cual el no conseguía trabajo?
5. ¿Estaba su mujer de acuerdo con él?
6. ¿Quién llegó a visitar a Pedro?
7. ¿Qué hizo su amigo para ayudarlo a buscar trabajo?
8. ¿Cómo se sentía Pedro con su nueva apariencia? ¿Por qué?

C. Después de leer "Un pobre viejo," escoja la opción que complete la oración correctamente.

1. Al caer el gobierno vigente, los nuevos gobernantes
   a. dejaron en sus puestos a los empleados del gobierno anterior.
   b. emplearon a personas de su partido político, muchos de ellos incompetentes, que trabajaban sólo para ganarse un sueldo.
   c. trajeron personas mayores a trabajar en puestos del gobierno por tener éstos más experiencia.
   d. contrataron sólo revolucionarios de buena o aún mala reputación.
2. El anciano tuvo que resignarse a vivir una vida llena de miseria porque
   a. su familia era muy pobre y no podían auxiliarlo.
   b. se había alcoholizado y nadie quería emplearlo.
   c. tuvo que darle el poco dinero que le quedaba a sus nietos porque éstos se estaban muriendo de hambre.

d. su hija mayor le quitó todo el dinero a cambio de recibirlo en su casa.

3. Dos de las hijas del anciano se ganaban la vida
   a. ejerciendo su profesión de maestras en su pueblo.
   b. haciendo labores domésticas en los hogares de los más adinerados.
   c. prostituyendo su cuerpo para ganarse el sustento.
   d. laborando en las fábricas cuando les daban una oportunidad de trabajo.

4. Al preguntarle una de las hijas porqué tenía los alimentos que le proporcionaban en el escritorio, éste contestó que
   a. los guardaba para llevárselos a sus pobres nietos.
   b. la falta de muelas no le permitía comer fácilmente.
   c. no había motivo para preocuparse porque él comía lo suficiente.
   d. tenía llagas en la lengua que le impedían ingerir alimentos duros.

5. La actitud del anciano ante su enfermedad fue una de
   a. resignación ante el mal irremediable que le iba quitando la vida lentamente.
   b. soberbia por no comprender por qué Dios lo había castigado tanto a él y a sus hijos.
   c. desesperación e intranquilidad porque no podía soportar el dolor en la boca y no había dinero para hospitalizarlo.
   d. resistencia a la muerte que ya se aproximaba a causa del cáncer que tenía en la lengua.

D. Preguntas temáticas relacionadas con la lectura "Un pobre viejo."

1. ¿Cómo describiría usted al protagonista de este cuento?
2. ¿Cuáles eran sus pasatiempos favoritos? Describa su rutina diaria.
3. ¿Con quién(es) vivía el anciano?
4. ¿Qué sucesos ocurrieron con la caída del gobierno?

5. ¿Por qué no conseguía empleo este señor a pesar de sus muchos esfuerzos?
6. ¿Qué decidió hacer este hombre al ver su mala fortuna?
7. ¿Cómo era la familia del anciano?
8. ¿Por qué envejeció tan rápido con el cambio de vida?
9. ¿Cómo fue su vida de aquí en adelante?
10. ¿Cómo murió él?

V. Dé Su Opinión

A. ¿Cree usted que en nuestra sociedad se le da la debida importancia a los envejecientes?

B. ¿Qué tipos de empleo reservaría usted para los ancianos?

C. ¿Le daría usted trabajo a un hombre en los sesenta años que solicitara trabajo en su empresa?

D. ¿Cree usted que hay ancianos pasando hambre hoy día en la sociedad hispana? ¿angloamericana? Explique.

E. ¿Diría usted que los puestos más altos en el gobierno y grandes corporaciones deben ser ocupados por jóvenes o por personas mayores con experiencia?

F. ¿Si usted fuera a contratar a alguien para su empresa, en qué orden contrataría a las siguientes personas?

1. Un hombre de cincuenta años con vasta experiencia en su campo.
2. Un hombre acabado de graduarse de una institución académica reconocida con poca o ninguna experiencia.
3. Una mujer joven también acabada de graduarse con honores en su campo de especialidad y con poca o ninguna experiencia.
4. Una persona con un cáncer controlado que necesita un empleo para sostenerse.

VI. Actividad Especial

Escriba una composición sobre uno de los temas siguientes:

A. Los ancianos en la sociedad hispana y angloamericana.
B. ¿Qué significa envejecer?
C. La juventud y los ancianos: Cooperación mutua.

Traiga un retrato(s) de uno de sus abuelos a la clase y haga una presentación oral sobre el tema siguiente:

El abuelo(a) que quiero que todos conozcan.

SOBRE EL PASADO Y LA VEJEZ (FRAGMENTOS)

de Ramón Pérez de Ayala

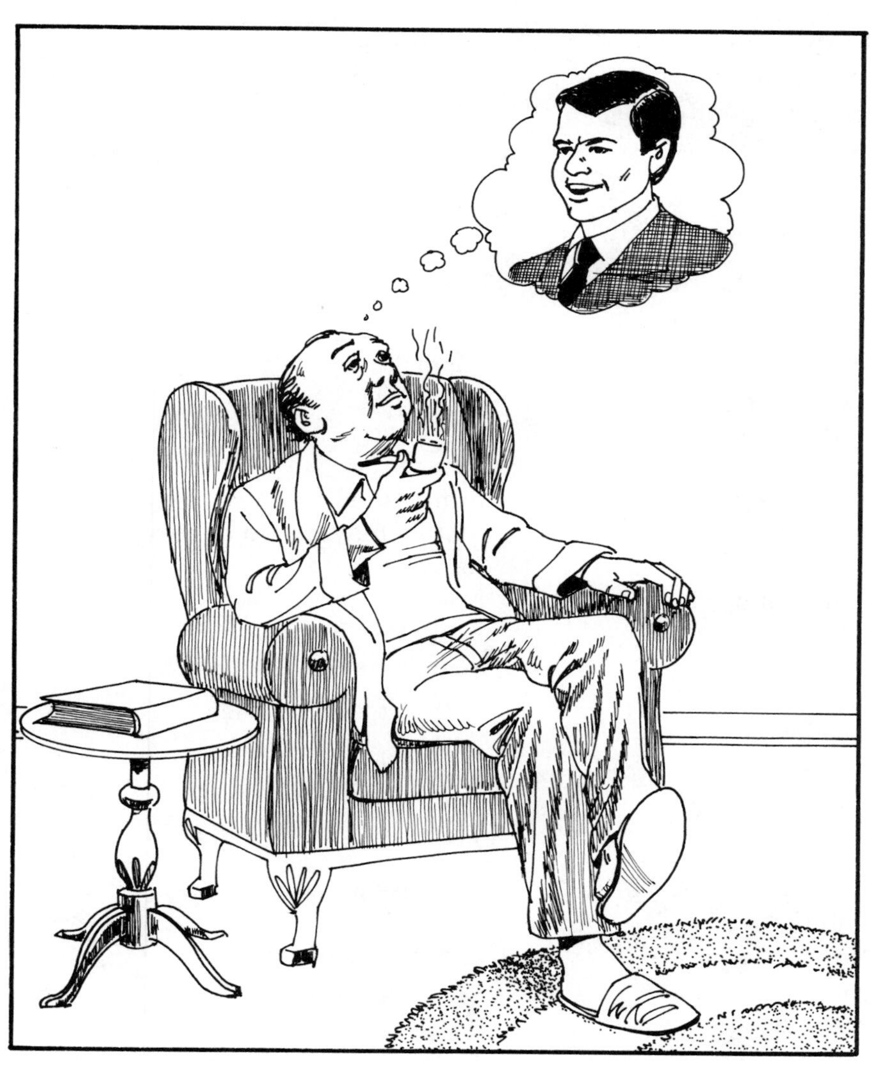

I. Vocabulario Esencial

SUSTANTIVOS

la correspondencia	letters (in context)
el crédito	assets (in context)
el deleite	pleasure
el desaire	rebuff
el desengaño	disillusionment
la fatiga	fatigue
la fe	faith
la firmeza	stability (in context)
la flaqueza	weakness
las primas	premiums
el primogénito	firstborn
la quimera	chimera, dreams
la senectud	old age
la sima	abyss

ADJETIVOS

cautivador	charming
consumido	spent
chocante	annoying
enconado	inflamed
ingénito	innate
menguado	diminished
motriz	motor, moving (in context)
nocivo	harmful
paulatino	gradual
postrero	hindmost, last
sagaz	sagacious
sufragado	paid (in context)
temprano	early
vedado	prohibited

VERBOS

acertar	to guess correctly
colmar	to fulfill
desasir(se)	to rid oneself (of)
enmendar(se)	to change one's ways
escindir	to split

frisar	to approach
garantizar	to guarantee
marchitar	to wither
proseguir	to continue
refulgir	to shine
renovar	to renew
retirar(se)	to withdraw
sobrepujar	to outdo
sujetar	to subdue

II. Actividades de Pre-Lectura

A. Escoja entre el verbo, el sustantivo y el adjetivo o participio pasado, la forma correcta para completar la oración.

1. acertar, acierto, acertado.

   a. El presidente tuvo un gran ______________ al nombrar a esa mujer como directora de los programas educativos.

   b. La decisión de mis padres en la selección de mi universidad fue muy ______________.

   c. En el programa de televisión el joven ______________ en contestar correctamente la mayoría de las preguntas.

2. enmendar, enmienda, enmendado.

   a. Es necesario ______________ el programa de estudios para que sea más efectivo.

   b. Finalmente hemos ______________ el manuscrito y estamos satisfechos con los resultados.

   c. Las ______________ que propuse a mi jefe no le gustaron.

3. garantizar, garantía, garantizado.

   a. Todos estos productos están ______________ por un año.

   b. El científico ______________ la validez de sus experimentos.

   c. No hay ______________ de que nos den la beca para el verano.

4. menguar, mengua, menguado.
   a. El crecimiento de la población ______________________ en años futuros.
   b. Las ganancias de la empresa han ______________________ durante el presente año.
   c. La apatía de los directores del programa ha producido una ______________________ de interés en los participantes.
5. consumir, consumo, consumido.
   a. El presupuesto de este año está ______________________ y por lo tanto, no tenemos recursos económicos.
   b. Este proyecto ______________________ muchas horas de trabajo.
   c. A la clase media también se le llama "la sociedad de ______________________."

B. Escoja la definición que corresponde a la palabra subrayada.

1. Los adultos temen la cercanía de la *senectud.*
   a. muerte b. jubilación c. vejez
2. Hay muchas drogas que son *nocivas* para la salud.
   a. saludables b. perjudiciales c. importantes
3. Se está presentando una falta de interés *paulatino* por las artes liberales.
   a. gradual b. repentino c. inesperado
4. Pedro es un estudiante bastante *sagaz.*
   a. malicioso b. superdotado c. vivo
5. El gobierno ha *vedado* la venta de ciertas medicinas que producen serios efectos laterales.
   a. recomendado b. prohibido c. limitado

C. Dé los cognados en español de las siguientes palabras en inglés.

1. egocentric ______________________.
2. correspondence ______________________.
3. literature ______________________.
4. physiological ______________________.

5. to illustrate ________________________.
6. generation ________________________.
7. criticism ________________________.
8. conviction ________________________.
9. atrocious ________________________.
10. secret ________________________.
11. to perceive ________________________.
12. existence ________________________.
13. melancholy ________________________.
14. exemplary ________________________.
15. fortunate ________________________.

D. Escoja el sinónimo para la palabra subrayada.

1. Escucho con *deleite* la música de los grandes compositores clásicos.
   a. indiferencia
   b. desagrado
   c. placer
2. Siento *fatiga* después de muchas horas de trabajo.
   a. pereza
   b. cansancio
   c. sueño
3. La *flaqueza* de mi mamá son los perfumes franceses.
   a. debilidad
   b. obsesión
   c. tentación
4. Sufrimos un *desengaño* cuando nos enteramos que nuestro viaje a México se había cancelado.
   a. frustración
   b. tristeza
   c. desilusión

5. Mi tía, quien tiene noventa y dos años, está en sus momentos *postreros*.
    a. últimos
    b. peores
    c. dolorosos

E. Escriba una oración usando los verbos dados.

1. colmar
2. desasir(se)
3. marchitar(se)
4. proseguir
5. renovar
6. retirar(se)
7. sujetar
8. refulgir
9. desairar
10. cautivar

III. "Sobre el pasado y la vejez," en *Principios y finales de la novela,* de Ramón Pérez de Ayala

Recuerdo haber leído, hace no pocos años, en la correspondencia de Flaubert* a Jorge Sand,* la declaración siguiente: «Me doy cuenta de que me estoy haciendo viejo porque ya empiezo a tirar de mi pasado.» Flaubert no se refiere al pasado del mundo, sino a la propia vida pasada. Era un egocéntrico. Como él mismo dice de uno de sus personajes: «Para él el mundo exterior no existía.» No pensaba ni vivía sino para su obra, con delectación amorosa. Treinta años estuvo dándole vueltas a *Las tentaciones de San Antonio*. Un día acordó en sí y se dio cuenta de que apenas le quedaba tiempo para vivir o para hacer literatura. No le quedaba sino el propio pasado.

hace no pocos años *many years ago*

ya empiezo a tirar de mi pasado *I am already starting to draw from my past*

con delectación amorosa *with sensual pleasure*

Un día acordó en sí . . . de que apenas le quedaba tiempo *One day he realized that he had barely enough time left*

* Flaubert—Novelista francés (1821–1880).
* Jorge Sand—Pseudónimo de la escritora francesa, baronesa Aurora Dupin (1804–1876).

El interés hacia lo que ha tiempo fue y el deleite en leer viejas historias no son precisamente síntomas, señales, ni indicios de senectud fisiológica y fatiga intelectual, antes bien los muy mozos, al poner pie en los umbrales de la vida activa, con todas sus aventuradas posibilidades y cautivadores incentivos, son quienes con más desasimiento y pasión se entregan a esa clase de lectura, imaginando, en su ánimo noble, que aquello que la vida les tiene reservado podrá hallar digno término de comparación en los grandes hechos y generosas acciones que ilustraron el pasado. Cuando una nueva generación, o camada juvenil, muestra indiferencia, desgana o despego por conocer el pasado del mundo, en correspondencia crítica, recíproca y unitaria universal con el pasado del propio país, donde, siendo ante todo hombre, hubieron por acaso de nacer, a cuyo escenario y proscenio acaban ellos de sobrevivir como actores, eso nos hace formar un pobre concepto de la tal generación, o bien de los métodos que en su país se emplean para la enseñanza de la historia. En general, los jóvenes, si poseen un alma bien organizada, buscan en la historia del pasado el máximo de fuerza motriz espiritual que les colme, les empuje vigorosamente y les haga tan sagaces como aptos para proseguir adelante en el descubrimiento de lo desconocido, hasta llegar por ellos mismos a conquistar futuras regiones históricas no sospechadas antes. Es propio de la inteligencia juvenil la convicción de que la historia no se repite necesariamente, sino que se renueva y avanza sin cesar, así como los viejos problemas siguen sin resolver, y a ellos, a los jóvenes, les toca resolverlos, de una vez para siempre. No hay firmeza ni alegría comparables a la fe en lo por venir; fe que, por otro nombre, se llama esperanza. Al contrario, el viejo, en general, con el crédito sobre el futuro ya consumido hasta un resto mezquino y paupérrimas migajas, cree haber llegado a la persuasión desencantada del *Eclesiastés*; no hay nada nuevo bajo el sol; todo es uno y lo mismo; leer la historia es tiempo perdido, pues todo se repite; lo ocurrido

los umbrales de la vida *the threshold of life*

desasimiento *lack of interest* (in context)

en su ánimo noble *in his noble way; in his noble mind*

camada juvenil *new generation*

desgana o despego *lack of interest* (in context)

hubieron por acaso de nacer *they just happened to be born*

proscenio *proscenium; part of the stage*

sin cesar *without stopping*

lo por venir *what is yet to come*

hasta un resto mezquino y paupérrimas migajas *with meager leftovers and miserable crumbs* (literally); *with not much left to live for* (in context)

ayer es igual a lo que hoy ocurre y a lo que ocurrirá mañana; lo único aparentemente nuevo, pero tampoco nuevo, sino también repetido, son las ilusiones y espejismos individuales predestinados fatalmente a convertirse en desengaño y decepción, y de los cuales el hombre cuerdo debe guardarse muy bien.

espejismos *mirages*

el hombre cuerdo *the wise man*

Cuando un miembro de la Cámara de los Comunes le echó en cara su juventud a Pitt,* junior, este replicó: «Me reconozco culpable de este crimen atroz de ser joven, pero confío en que he de enmendarme paulatinamente día a día.» Podrá ser la juventud una enfermedad (etimológicamente, enfermedad quiere decir falta de firmeza), pero inevitablemente va en disminución y franca mejoría; en tanto la vejez es una enfermedad que se agrava. Mientras se desarrolla la curva ascendente de la juventud, la firmeza crece, la alegría rebosa, la fe se corrobora y la esperanza canta desde invisible altura, como la alondra al despuntar el alba. Pero, ¿acaso firmeza, alegría, fe y esperanza le han de estar vedadas inexorablemente al hombre en su declive de senectud? No, por cierto. Bien pudiera corregirse la sentencia de Menandro y dejarla así: no es que los elegidos de los dioses mueran jóvenes porque hayan de perecer en edad temprana, sino que mueren colmados de años sin haber perdido la juventud.

le echó en cara *blamed him*

franca mejoría *complete recovery*

como la alondra al despuntar el alba *like the lark at dawn*

en su declive de senectud *in his decline into old age*

¿Y en qué consiste ese divino secreto? Si un viejo contempla su futuro menguado y en mengua amenazadora, por fuerza se ha de sentir cada vez menos firme, se le marchitará la alegría, no hallará fe en sí mismo, y lejos de volver los ojos a la esperanza de lo venidero los retraerá de huida hacia la sima de su propio pasado, donde si gusta quizá la consolación del dulce recuerdo, no dejará de percibir que sobrepuja al dulzor la amargura de los irreparable y para no volver jamás. En ese desencanto íntimo y desesperanza del futuro, no se diferencia un viejo viejo de

y lejos de volver los ojos *and without looking back*

los retraerá de huida *he will turn them away*

* Pitt—William Pitt, político inglés enemigo de la Revolución francesa (1759–1806).

un joven viejo prematuro. Luego, contrariamente, un viejo joven será como un joven joven si acierta a conservar sin merma ese tesoro de firmeza, fe, alegría y esperanza. Pero, ¿cómo pudiera conseguirlo, si únicamente canalizase el caudal de su alma en el angosto caz de su vida efímera, que ahora, ante un futuro a punto de extinguirse, corre a precipitar sus últimas gotas en el sumidero de la nada inexorable? Bien entenderá el discreto lector que me estoy refiriendo a lo temporal y no a lo eterno. Un joven creyente a machamartillo, por muy sinceramente que abrigue el santo temor de los castigos eternos, no por eso perderá su firmeza y alegría de mocedad. Y viceversa: un viejo, por muy confiado que esté en haber sufragado las correspondientes primas que le garanticen un seguro de eterna bienaventuranza, no dejará de reconocer, con la consiguiente flaqueza y melancolía, que ya le queda poco que hacer, por sí y para sí, en los afanes de este bajo mundo, y que en aquello que afecta a su propia existencia temporal, material, terrenal y corpórea, está ya frisando con la nada inexorable.

¿Cuál será el secreto de conservar la juventud, aunque la senectud prosiga con su paso inexorable? Quizá consistirá en desaire del propio futuro y seguir pensando en el futuro de los demás hombres. De esta suerte no pasará de uno su propio pasado, sino que el pasado del mundo se nos presentará como un espectáculo con toda la frescura e incentivo del presente; y el futuro del mundo como incesante crepúsculo matutino, de sonrosadas y renovadas esperanzas. Eso de desasirse del propio futuro presupone una condición temperamental: la de no ser ambicioso, vanidoso ni envidioso. Pero esta buena pasta, o pasta de bondad nativa, es un don que los dioses sólo otorgan a sus elegidos. Seréis como dioses, dice la serpiente. La quimera de querer ser como dioses implica ambición, envidia y vanidad de consumo. El barro humano es propicio a que esa quimera germine en él. Vanidad y envidia; dos hermanas siamesas que intercambian una misma mala sangre; si se las es-

conservar sin merma *to maintain intact*

el angosto caz *the narrow path* (caz = *canal* literally)

en el sumidero de la nada inexorable *in the depths of inexorable nothingness* (literally)

Un joven creyente a machamartillo *A firm young believer*

en los afanes de este bajo mundo *in the prosaic reality of this world*

incesante crepúsculo matutino, de sonrosadas y renovadas esperanzas *an unending matutinal twilight of rosy and renewed hope* (literally)

esta buena pasta *this good nature*

El barro humano *Human nature*

cinde a cuchillo, una u otra perece, cuando no entrambas. En la juventud, la largueza del futuro y la superabundancia de fuerzas vitales parecen ahogar o encubrir esas dos plantas malignas de la vanidad y de la envidia. El joven suele ser generoso, salvo chocantes excepciones de senilidad precoz. Con la merma del futuro y de las energías es cuando prosperan aquellos nocivos gérmenes, como los espinos en el yermo. Goethe* era de opinión que el único remedio contra la enfermedad es el amor. No el amor del envidiado al envidioso, que la provocaría humillación, suspicacia y resentimiento, sino el amor del envidioso al envidiado. El amor es la liberación de uno mismo. Pero este remedio no se vende en las boticas, ni es adquirible en los tratados de moral. La amorosa sumisión, en vez de la enconada tristeza del bien, felicidad y superioridad ajenas, es también atributo ingénito y don gracioso de los dioses. Es el secreto de la eterna juventud.

cuando no entrambas *if not both*

salvo chocantes excepciones *except in annoying exceptions* (literally)

como los espinos en el yermo *like hawthorns in the wasteland*

boticas *pharmacies*

Yo he conocido varios casos ejemplares de juventud portentosa acompañada de la propensión y tendencia a olvidarse de sí y a gozarse acaso, como en un juego infantil, con las cosas y los hombres. Este fondo maravilloso de infantibilidad es ni más ni menos que la facultad perenne de creación libre y superactual. La imaginación del niño es libre, porque no se deja sujetar por las leyes de la necesidad; y es superactual, porque, pasado, presente y futuro los ve fundidos en una imagen única, que él está creando de continuo, y de continuo recreándose en ella. Schiller dice que el impulso del juego es el origen y sustancia de la creación literaria y artística; de la creación estética, en suma. Es indudable para mí.

Yo he conocido algunos de esos casos. Uno era don Jacinto Benavente,* sus obras postreras parecían mellizas de sus hermanas juveniles, así como las primogénitas se dijera haberlas engendrado un hombre sobremanera maduro y experimentado.

* Goethe—Poeta alemán (1749–1832).
* Jacinto Benavente—Autor dramático español (1866–1954).

Otro caso fue don Benito Pérez Galdos,* que, a pesar de su caducidad física, no perdió hasta el postrer instante su propensión de admiración hacia todo y hacia todos (él estaba persuadido de que lo escrito por otro era siempre mejor que lo escrito por él), ni su generosa vena creativa (sus últimas obras las dictó ciego). Finalmente, don Juan Valera.* También don Juan Valera se quedó ciego; pero, siempre productivo, siguió dictando algunas obras; entre ellas, una de las mejores, *Morsamor,* novela histórica, que es un prodigio de fantasía y de vida, en que un pasado suntuoso y magnífico refulge y centellea ante nuestros ojos como un presente. ¿Pues qué, no escribió ya muy viejo Cervantes* sus *Persiles y Segismunda,* el más rico en galas imaginativas de todos sus libros, y no menos ágil y seguro de estilo que sus hermanos mayores?

Yo tuve, siendo estudiante de doctorado, el afortunado privilegio de asistir a las tertulias nocturnas de don Juan Valera, en su casa, Costanilla de Santo Domingo. Padecía de insomnio y gustaba de que le fueran a hacer compañía hasta muy pasada la medianoche. Alguna vez asistía don Marcelino Menéndez y Pelayo* (otro viejo joven), a quien don Juan (no sin asombro por mi parte) le llamaba siempre Menéndez. En sus ensayos críticos le menciona también como Menéndez a secas. Don Marcelino se retiraba a hora temprana. En aquellas tertulias se departía alegremente de todo, y se referían chascarrillos de todos los colores y olores. Si alguna persona espetada y agria hubiera escuchado detrás de la puerta, o asomado la jeta, habría pensado que aquella regocijada charla y conversación ligera no eran propias de hombres mayores y serios, sino de muchachos, y, a ratos, de niños.

Ante este recuerdo («recordar» es traer de nuevo

caducidad física *physical decline*

refulge y centellea *shines and flashes*

tertulias nocturnas *evening get-togethers*

hasta muy pasada la medianoche *well past midnight*

no sin asombro por mi parte *not without my surprise*

Menéndez a secas *just Menéndez*

chascarrillos *malicious gossip*

Si alguna persona espetada y agria *If some sullen and bitter individual*

asomado la jeta *having shown up* (colloq.)

* Benito Pérez Galdos—Escritor español (1843–1920).

* Juan Valera—Escritor español (1824–1905).

* Miguel de Cervantes Saavedra—El famoso escritor español, autor de *Don Quijote de la Mancha* (1547–1616).

* Marcelino Menéndez y Pelayo—Conocido hombre de letras español (1856–1912).

al corazón) no es que el propio pasado empiece a tirar de mí hacia atrás, sino que el pasado histórico vivo, en su curso permanente, me empuja sobre la cresta de una de sus grandes olas hacia el futuro presumiblemente cierto.

me empuja sobre la cresta *pushes me over the crest*

Me he permitido hacer las anteriores disquisiciones porque estoy releyendo a don Juan Valera; redescubriéndole, como si fuera un autor nuevo. ¡Y qué admirable y aun asombroso es; qué lleno, singularmente, de juventud inmarcesible, de novedad y de novedades!

inmarcesible *imperishable*

IV. Actividades de Comprensión de Lectura

A. Escoja la opción que complete la oración correctamente, según el contexto de la lectura.

1. Dice Pérez de Ayala que Flaubert en una de sus cartas a Jorge Sand
   a. confiesa que no le interesa su pasado.
   b. acepta su vejez y reconoce que su vida está llegando a su fin.
   c. se rebela contra la realidad de morir joven por causa de una enfermedad incurable.
   d. afirma que no tiene temor a la muerte porque sus obras lo han hecho inmortal.
2. Según la opinión del autor, las nuevas generaciones que poseen valores positivos son las que
   a. empiezan una nueva vida sin mirar al pasado y sin estudiar la herencia cultural de sus antecesores.
   b. continúan el sistema de la generación anterior sin aportar nada nuevo.
   c. estudian la tradición y valores de la vieja generación mientras que continúan investigando nuevos caminos que enriquezcan a las generaciones nuevas.
   d. cambian radicalmente los sistemas establecidos por la antigua generación por considerarlos atrasados y demasiado conservadores.

3. Según el autor, el individuo en su vejez
   a. se enfrenta sin remedio a una declinación física y mental que no da cabida a la alegría y a la esperanza.
   b. logra en muchas ocasiones seguir siendo joven de espíritu, y gozando de los placeres intelectuales y físicos que la vida ofrece al ser humano.
   c. piensa que la juventud es su peor enemigo.
   d. trata de remediar las faltas cometidas en sus años de juventud.

4. El autor dice que para conservar el espíritu joven, a pesar del pasar inexorable de los años, los ancianos deben
   a. evitar los sentimientos de vanidad y de envidia, gozando con las experiencias de las nuevas generaciones.
   b. refugiarse en la memoria de sus años de juventud para poder rescatar los años ya idos.
   c. imitar a los jóvenes en su forma de pensar, actuar y vestir.
   d. hacer ejercicio, seguir una dieta sana y llevar una vida muy metódica.

5. Cuando el autor recuerda las tertulias sostenidas en las casas de sus maestros, dice que
   a. eran muy aburridas porque los ancianos se quedaban dormidos en la mitad de sus historias.
   b. se sentía muy triste por verlos tan envejecidos y mentalmente acabados.
   c. si algún extraño los hubiera podido escuchar sin verlos, habría pensado que esa era una reunión de gente joven.
   d. las conversaciones siempre giraban sobre la juventud ya ida, y con la idea de que todo tiempo pasado fue mejor.

B. Conteste verdad (V) o falso (F) a los siguientes asertos.

1. ______ Según el ensayo, cuando una generación nueva muestra indiferencia por su pasado cultural es señal de que algo anda mal con esa generación.
2. ______ La juventud no podría salir adelante sin seguir los caminos ya trazados por la generación anterior.

3. ______ El deterioro físico de la vejez no se puede evitar, pero la claridad y juventud mentales se pueden mantener intactas mediante la fe, el amor y la alegría de vivir.
4. ______ Se puede aceptar la afirmación de que siempre han existido "viejos jóvenes" y "jóvenes viejos."
5. ______ Para poder conservar la juventud mental, el individuo debe refugiarse en su pasado.
6. ______ Según Goethe, el amor es la mejor medicina para combatir la enfermedad, la tristeza y la vejez.
7. ______ Juan Valera, al quedar ciego, se deprimió profundamente y dejó de escribir.
8. ______ Las tertulias en el hogar de Juan Valera terminaban muy temprano porque los ancianos intelectuales ya no tenían temas para discutir.

C. Preguntas temáticas.

1. ¿Piensa usted que el autor de este ensayo ve con pesimismo el estado [*stage*] de la vejez?
2. ¿Cómo interpreta usted la frase de Flaubert "Me doy cuenta de que me estoy haciendo viejo porque ya empiezo a tirar de mi pasado"?
3. Según este ensayo, ¿cuáles son los aspectos positivos y negativos de centrarse, durante la vejez, en la vida pasada?
4. ¿Cómo critica el autor, el hecho de que las nuevas generaciones no tengan interés por conocer su pasado nacional y el pasado del mundo?
5. ¿Qué medios tienen los ancianos para combatir los sentimientos de tristeza, soledad y abandono?
6. ¿Qué entiende usted por la frase un "viejo joven"?
7. ¿Piensa usted que una vida intelectualmente activa puede evitar los sentimientos existenciales negativos entre los ancianos? Explique.
8. ¿Qué descubre Pérez de Ayala al releer las obras de Juan Valera?

V. Dé Su Opinión

A. ¿Piensa usted que el optimismo sobre la vejez expresado por Pérez de Ayala coincide con el tema de los cuentos "Las canas" y "Un pobre viejo"?

B. Pérez de Ayala se refiere en su ensayo a hombres ilustres y famosos en la historia de la literatura europea, y particularmente de la española. ¿Piensa usted que sus conceptos se pueden aplicar al hombre estandard? Es decir, al anciano de la clase media, que trabajó mucho cuando estaba joven pero que no consiguió fama o fortuna?

C. ¿Opina usted que la vejez en los Estados Unidos puede ser más solitaria y deprimente que en los países hispánicos? Antes de responder piense en los conceptos ya discutidos de "la familia nuclear" vs. "la familia extendida."

D. La mayor parte de los ancianos en los Estados Unidos termina su vida en los "nursing homes" o ancianatos. En los países hispánicos este sistema se ha empezado a fomentar entre los miembros de la clase media acomodada [*well-to-do*]. Para los pobres existen ancianatos públicos o del estado. ¿Cuáles son las ventajas y desventajas de este sistema?

E. ¿Piensa usted que la jubilación obligatoria entre los 60 y los 65 años de edad es una medida positiva porque da campo a que la juventud ocupe puestos acaparados [*monopolized*] por los ancianos? O por el contrario, ¿opina que un individuo debe trabajar mientras sea capaz física e intelectualmente, sin que importe la edad?

VI. Actividad Especial

Con dos compañeros de clase visite dos ancianatos cerca de su universidad o de su vecindario. Uno debe ser un ancianato privado. El otro debe ser estatal. Contraste las condiciones de vida de los ancianos en ambos lugares, y si es posible, lleve a cabo breves entrevistas con algunos de ellos.

Escriba los resultados de estas visitas en una composición, incluyendo su reacción personal a esta experiencia.

LA HISTORIA DE MARIA DE JESUS

de Cristina Pacheco

I. Vocabulario Esencial

SUSTANTIVOS

el desagradecimiento	ingratitude
el descanso	rest
la desgracia	misfortune
los lavaderos	washing places
la limosna	alms
la manta	blanket
el padrastro	stepfather
los patrones	employers
el rostro	face
la sirvienta	maid
el trajín	movement
el trozo	piece
la vecindad	neighborhood

ADJETIVOS

abundante	plentiful
agonizante	dying
ajeno	belonging to another
canoso	gray-haired
desgastado	worn-out
doblado	bent
ennegrecido	blackened
flojo	lazy (in context)
indebido	improper (in context)
inservible	useless
mutilado	mutilated
recio	strong
relleno	stuffed
sano	healthy
valiente	courageous

VERBOS

acusar	to accuse
ahorrar	to save
alquilar	to rent
descansar	to rest
engañar	to deceive, cheat

entretener(se)	to keep busy (in context)
fallecer	to die
gastar	to spend
implorar	to implore
jurar	to swear
padecer	to suffer
platicar	to chat
regañar	to scold
robar	to steal

II. Actividades de Pre-Lectura

A. Complete la oración con la palabra apropiada.

1. En los países hispanos es común que los niños pidan ______________________.
   a. joyas b. limosna c. derechos
2. La policía ______________________ a ese hombre de asesinato.
   a. señaló b. identificó c. acusó
3. Es necesario ______________________ para el bienestar futuro.
   a. ahorrar b. salvar c. gastar
4. La pobre mujer está ______________________.
   a. indebida b. rellena c. agonizante
5. La ______________________ está conmovida por la muerte de la Sra. Gómez.
   a. vecindad b. vecindario c. país

B. Escoja la palabra más cercana en significado.

1. ______ implorar: a) llorar b) gritar c) rogar d) pedir
2. ______ fallecer: a) desmayarse b) perder la razón c) agonizar d) morir
3. ______ patrones: a) amos b) dueños c) directores d) jefes
4. ______ mutilado: a) quemado b) destruído c) cortado d) cuarteado
5. ______ trozo: a) rasgo b) trajín c) pedazo d) pared

C. Escoja la palabra que corresponde a cada definición.

1. ______ Acontecimiento desafortunado.
   a. terremoto b. desgracia c. susto

2. ______ Persona empleada para hacer las tareas domésticas.
   a. sirvienta b. niñera c. cocinera

3. ______ Cabello de color gris claro o blanco.
   a. peluca b. vejez c. cana

4. ______ Algo que yo no sirve para nada.
   a. pasado de moda b. inservible c. viejo

5. ______ Sinónimo de fuerte.
   a. recio b. sano c. débil

D. Escoja el antónimo de las siguientes palabras.

1. ______ abundante	a. derecho
2. ______ desgastado	b. propio
3. ______ doblado	c. ahorrar
4. ______ ennegrecido	d. escaso
5. ______ gastar	e. enfermo
6. ______ ajeno	f. aburrirse
7. ______ desagradecimiento	g. nuevo
8. ______ valiente	h. gratitud
9. ______ entretenerse	i. blanqueado
10. ______ sano	j. cobarde

E. Dé la forma apropiada de la palabra entre paréntesis para completar la frase.

1. El árbol (mutilar) ______________________.
2. Los (padecer) ______________________ de los enfermos graves.
3. Los días de (descansar) ______________________.
4. Los frecuentes (robar) ______________________ en el banco.
5. Los (jurar) ______________________ falsos.

6. Los (regañar) ______________________ de la madre.
7. Los (engañar) ______________________ del marido infiel.
8. El (trajinar) ______________________ de las grandes ciudades.

III. "La historia de María de Jesús," de Cristina Pacheco

Tiene 101 años de edad y a todo lo que aspira es morir en su casita . . .

En mi vida larguísima he visto muchas desgracias, cosas tan terribles como la influenza española; pero nada, nada tan espantoso como el temblor de septiembre. A esas horas ya estaba yo vendiendo mis taquitos. Vi que la casa como que me empujaba, que la gente corría llorando. Yo sólo me hinqué y pedí: "Señor, aplaca tu ira . . ." Ahora mi única esperanza es que me permitan volver a entrar a mi vivienda aquí, en Palacio Negro. En el cuarto he sufrido, he llorado, he vivido. Allí quiero morirme. Mi hija es muy buena. Me recogió en su casa: el cuarto piso de un condominio. No me hallo: no me gusta estar tan alto, tan lejos de la tierra donde puedo ir caminando a mi gusto. Desde que mi esposo murió me siento muy triste, muy sola porque ya no tengo con quien platicar. Mi consuelo es que vivo hablándole a la Divina Providencia: "No permitas que me machuque un camión. Hazme la caridad de que yo muera en mi cama y con todos los auxilios de la Santa Madre Iglesia."

No me hallo; no me gusta estar tan alto *I don't feel confortable; I don't like to live on top floors*

No permitas que me machuque un camión. Hazme la caridad *Don't let a truck hit me. I beg you . . .*

. . . LLUVIA INVERNAL

invernal *wintery*

Cuatro semanas nos separan del horror que vivimos el 19 de septiembre. Herida y mutilada, la ciudad comienza a recobrar su ritmo y sus rumores. Quienes la habitamos hemos aprendido a descubrir otros refugios, nuevos caminos, a desplazarnos entre escombros, a sortear los congestionamientos causados por

a desplazarnos entre escombros, a sortear los congestionamientos *to move among the rubbish, to avoid the crowds*

el cierre de calles y avenidas; sin embargo, hay algo que estamos aún lejos de aprender: a resignarnos frente a las ausencias, los olvidos, la muerte. . . .

hay algo que estamos aún lejos de aprender *there is something that we still have not been able to understand*

. . . La inclemencia del tiempo agobia a las familias que, arrojadas de sus casas por el temblor, viven en plena calle bajo tablas, cartones, colchas, trozos de plástico. . . .

. . . Esa lluvia tristísima cae también sobre los habitantes de la colonia Morelos, una de las más antiguas de la ciudad de México. En sus calles—Lecumberri, Talabarteros, Labradores, Mecánicos, Hojalateros—se han escrito algunas de las páginas más célebres del barrio bravo. Como Garibaldi, Peralvillo, La Merced o Tepito, la Morelos tiene una placita, una iglesia, una vecindad legendaria: El Palacio Negro.

una placita *plaza* (dim.)

LA CASA DE LOS SIETE PATIOS

El origen de El Palacio Negro se pierde en la memoria de las generaciones que han vivido en la colonia Morelos. Los restos de la famosa vecindad ocupan la esquina de Hojalateros y Labradores. Desde el 19 de septiembre mantiene sus puertas cerradas, los quicios entorpecidos por montones de escombros o basura. Sobre la entrada principal hay una manta que prohibe el acceso a los siete patios que ahora recorren libremente las moscas y un gatito atigrado.

los quicios entorpecidos por montones de escombros o basura *the doorways blocked by mounds of rubbish and garbage*

las moscas y un gatito atigrado *flies and a tiger-striped kitten*

Frente a las ruinas de adobe y ladrillo los antiguos moradores de El Palacio Negro construyeron tiendas de campaña hechas de tela y plástico. Desde allí vigilan los escombros, las ruinas, los restos de sus pertenencias ya completamente inservibles, los fragmentos de su vida simbolizados en una ventana, un escalón, un techo desplomado: "Aquí llegué a vivir cuando era chica", "Aquí nacieron mis hijos", "De aquí sacaron a mis dos señoritas, ya muertas . . ."

de adobe y ladrillo *of adobe and brick*

tiendas de campaña *camping tents*

un techo desplomado *a fallen roof*

Las mujeres cocinan a media calle, los niños acarrean botes de agua, los hombres mayores con-

a media calle *in the middle of the street*

acarrean botes de agua *carry water bottles*

versan, los jóvenes van y vienen con las camisetas remangadas sobre el torso desnudo y moreno. Una jovencita se mira en un trozo de espejo colgado en la pared. Todos los habitantes de la calle, en un momento u otro, se vuelven hacia las ruinas del El Palacio Negro, del que no piensan alejarse porque "aquí hemos compartido nuestros sufrimientos y nuestras alegrías; aquí nos ayudamos si estamos enfermos o solos o ya muy viejitos . . ."

las camisetas remangadas sobre el torso desnudo y moreno *their T-shirts rolled up over their bare and dark torsos*

ANTE EL ALTAR VACIO

En medio del trajín de la mañana se escuchan risas y frases de bienvenida. Con ellas reciben a doña María de Jesús: "Es la más ancianita de por aquí. Ya cumplió 101 años. El padrecito le hizo su desayuno y su misa. Llegó a El Palacio Negro desde 1950. Puede contarle muchas cosas porque tiene muy buena memoria y ánimo. Si la ve tristecita es porque extraña su casa. Está cuarteada y la desalojaron. Vive con su hija en unos condominios, aquí cerca, pero todo el día se lo pasa dando vueltas por la que fue su calle . . ."

"Es la más ancianita . . . *"She is the oldest . . .*

tiene muy buena memoria y ánimo *she has a very good memory and good spirits*

Está cuarteada y la desalojaron. *It is cracked and she was evicted.*

Pequeñísima, con el cabello abundante y canoso atado sobre la nuca, doña María de Jesús parece una muñeca de seda. En la piel requemada de su rostro brillan los ojos verdes, vivísimos. El mentón saliente apoya una actitud decidida, una sonrisa franca y graciosa que de pronto se cambia en gesto de dolor: de pie ante el altarcito vacío y con las manos unidas sobre el pecho, la anciana implora: "Guadalupita, ¿cómo es posible que todo esto se haya caído y yo esté aquí, viva, como si nada? Ya que me hiciste la caridad de conservarme en este mundo, ahora te pido otro milagro: permite que vuelva a ocupar mi casa. Rota, cuarteada, oscura, húmeda, sin luz, como esté, así la quiero. Yo no sé cómo vivir en otra parte. Aquí nacieron mis hijos, aquí murió mi marido, aquí todos me conocen . . . Mi hija Margarita ha sido buena. Me tiene con ella en su casa . . . pero fíjate, es un cuarto piso y eso a mí no me gusta. Está muy alto. Yo ne-

una muñeca de seda *a silk doll*

En la piel requemada *On the parched skin*

El mentón saliente *Her protuberant chin*

de pie ante el altarcito vacío *standing up in front of the empty altar*

Guadalupita *Reference to the Virgin of Guadalupe* (dim.)

como si nada *as if nothing had happened*

Rota, cuarteada, oscura, húmeda, sin luz *Broken, cracked, dark, humid, without light*

cesito andar a ras de tierra, donde pueda moverme sin subir escaleras ni caerme . . .

andar a ras de tierra *to be at floor level*

Quienes siguieron a doña María de Jesús la rodean en silencio, respetuosos, emocionados por su oración y sus lágrimas, que son también las suyas. Alguien acaricia a doña María de Jesús. Su gesto de dolor desaparece definitivamente cuando la invito a que conversemos acerca de su experiencia en El Palacio Negro: “Soy de las más antiguas por aquí pero con todo y que estoy vieja, más vieja es la vecindad. No sé decirle ni quién le puso este nombre, ni quiénes fueron sus primeros moradores, ni nada de eso. De lo mío para adelante, sí lo sé . . .”

De lo mío para adelante *From my time on* (in context)

LOS TRABAJOS Y LOS DIAS

Doña María de Jesús me invita a que conversemos en el quicio de la vivienda número 74, que habitó desde 1950 y ahora permanece cerrada. Se vuelve y acaricia la hoja de madera, ennegrecida y desgastada por el tiempo: “Allí adentro fue feliz, allí murió mi esposo que era maestro zapatero y aquí afuerita vendí siempre mis tacos y mis semillas tostadas . . .” Para confirmar las palabras de la anciana aparece un joven con traje deportivo: “Sí, es cierto. Unos de mis primeros recuerdos es de cuando era yo bien chirris y venía aquí, a comprarle un taco a doña Chucha. Entonces costaban viente centavos, ahora setenta pesos . . .”

maestro zapatero *master shoemaker*

mis semillas tostadas *my toasted seeds*

de cuando era yo bien chirris *from the time I was very little*

. . .—A usted, doña María de Jesús, ¿qué es lo que más le gusta en la vida?

—Trabajar y quedarme aquí, en estas calles, en la ciudad de México.

—¿Qué partes de la República conoce?

—Mi tierra, Irapuato y Acapulco. Hace mucho me llevaron a Acapulco para que conociera el mar. No me gustó. Se mueve, me dio susto. Me gusta más aquí, en esta calle donde he vivido y trabajado desde hace muchos años.

me dio susto *I got scared*

—¿Por qué trabaja?

—Por necesidad, porque me gusta y porque tengo vergüenza. Sólo los flojos se mueren de hambre o piden limosna o se arriman de gratis. Yo no. Trabajo para ayudar a mis hijitos. Voy y los veo y les pregunto "¿qué te hace falta?" Me dicen y los ayudo como puedo. A mi hija Margarita le doy lo que gano para que compre la comida. Ya dándole eso puedo pedirle con garbo que me de mi sopita, mi taco, mi café negro.

porque tengo vergüenza *because I have my dignity*

se arriman de gratis *they look for free shelter*

puedo pedirle con garbo *I can ask her for things with pride*

—¿Nunca descansa?

—No sé cómo ni quiero saber. El descanso no me gusta. Si estoy sin hacer nada me entran las ansias, me dan ganas de volar. Mientras que si estoy haciendo mis tortillitas, mi comida, mis taquitos, me entretengo y vivo.

me entran las ansias *I get anxious* (in context)

TRES TAQUITOS PARA LA PROVIDENCIA

—¿A qué horas comienza sus actividades?

—Pues antes de que pasara el temblor a las cuatro de la mañana. A esa hora hacia la comida, preparaba la masa. Pero ahora estoy medio floja, no por gusto, sino porque no se puede vender: me levanto a las seis de la mañana.

ahora estoy medio floja *now I feel a little lazy*

—¿A esa hora comienza a vender taquitos?

—No, a las siete y media más o menos. Aquí me quedo hasta la una de la tarde y entonces, si las tengo tostadas, vendo pepitas. Trabajo todo el día, hasta las siete, que me voy a dormir.

—¿Cuánto gana al día?

—Pues como doscientos cincuenta o trescientos pesos. No es mucho, pero con eso me basta porque como le dije yo ya no gasto en nada.

con eso me basta *with that I have enough*

—¿Quiénes son sus primeros clientes?

—Puede decirse que los tres primeros llegan a nombre de la Divina Providencia. Es decir, los primeros tres tacos los regalo para honrarla. Ya después, lo vendo todo a setenta pesos.

—¿Cómo distribuye sus ganancias, doña María de Jesús?

—En ayudar a mis hijos, como le platiqué;

luego, pues en comprar la masa, el chilito, el chicharrón o de lo que sea que vayan a estar rellenos mis tacos. Están sabrosos pero lo que mejor me sale son los frijoles. ¿Sabe cuál es el secreto? Que los guiso con manteca. En eso también gasto. Lo que me queda lo doy de limosna. . . .

el chilito, el chicharrón *chile and pork skins*

lo que mejor me sale son los frijoles *what I cook the best are the beans*

los guiso con manteca *I cook them in lard*

LA IRA DE DIOS

. . .—Usted, que es tan valiente para vivir, ¿a qué le tiene miedo?

—Ultimamente, al temblor. Me agarró vendiendo aquí, en la calle. Sentí el sacudón, que todo se movía, que la casa me arrebataba. De repente vi a la gente salir corriendo a la calle. Muchos gritaban, otros lloraban. No me moví. Sólo me hinqué y recé a grito abierto: "Jesucristo, aplaca tu ira; tu justicia y tu rigor. Perdónanos, señor . . ."

Me agarró *[The earthquake] caught me*

Sentí el sacudón *I felt the jolt*

que la casa me arrebataba *that the house was pulling me away*

Sólo me hinqué y recé a grito abierto *I just knelt down and prayed loudly*

aplaca tu ira *calm your rage*

—¿Piensa que Dios provocó el temblor para castigarnos?

—Sí, porque somos malos, porque lo olvidamos y lo ofendemos haciendo cosas indebidas: unos se pelean, otros matan, otros roban. Muchos lo hacen por desesperación: se ven muy porbres y muy necesitados, con la urgencia de mantener a sus hijitos, y dicen "lo que sea, con tal de darles de comer". Pero eso no está bien. Hay muchas cosas así en el mundo y por eso Dios nos castigó. No está bien que la gente haga cosas contra la gente porque es un desagradecimiento a la vida que El nos dio. Yo no tengo esos pensamientos. Yo estoy muy satisfecha y muy contenta con mi vida.

—Ha sido privilegiada porque, para empezar, su vida es muy larga. ¿Por qué le gusta tanto su vida?

—Porque siempre he podido trabajar y lo he hecho con gusto: desde los siete años, que empecé, hasta la actualidad en que cumplí 101 años.

—¿Qué día nació?

El 2 de enero de 1884. Me bautizaron el día del Sagrado Corazón. Por eso me llamo María de Jesús Herrera por mi padre—cantero de oficio—y Vázquez

cantero de oficio *stonecutter by trade*

por mi madre—que sólo se ocupó de su quehacer. Fuimos como seis hermanos y se llamaban, ora lo verá: Magdalena, Francisco, Benito, Eugenia, yo . . . sí, éramos como seis o siete.

ora lo verá *you'll see*

EL SABOR DE LAS NARANJAS

—¿De qué momento son sus primeros recuerdos?

—De cuando empecé a ir a la escuela. Era de monjitas y estaba en el barrio de la Presa de la Olla. Era un convento y junto todavía está la iglesia de la Purísima Concepción. Parece que la estoy viendo. Para más señas tiene un reloj que suena las horas recio. Entrábamos a estudiar a las ocho de la mañana y salíamos a las cinco. Las monjitas nos daban de comer a la una de la tarde. La hora del recreo era bonita porque jugábamos a cosas que ya nadie conoce: naranja dulce, el caracol y otras. Me gustaba mucha la escuela, sobre todo los días de fiesta porque entonces nos poníamos unos uniformes de color guinda con bolitas blancas. . . .

monjitas *nuns* (dim.)

Para más señas *More exactly*

La hora del recreo *Break time*

—¿Algún sabor le recuerda su niñez?

—El de las naranjas. A veces, cuando me iba a la escuela, le pedía a mi madre que me diera un centavito. Con eso compraba sal. Luego me iba al jardín para robarme las naranjas de un árbol que había ahí. Mi gusto era chupar las naranjas bañaditas de sal . . . Eso me encantaba tanto que ahora que se lo cuento se me hace agua la boca . . .

centavito *cent* (dim.)

Mi gusto era chupar las naranjas bañaditas de sal *My real pleasure was to suck the oranges sprinkled with salt*

se me hace agua la boca *my mouth waters*

EL DON DE LA MEMORIA

—¿A qué se deberá que tenga usted tan buena memoria?

—A que cuando éramos chicos mi padre nos llevaba a un rancho que tenía mi abuelo y allí tomábamos leche y leche y leche. De eso se hace la memoria. La cosa es que con eso uno recuerda igual lo bonito que lo feo, lo triste y lo alegre.

—Usted ha presenciado muchos de los momentos más emocionantes de la vida mexicana. También ha visto las grandes tragedias.

—Si, todas. La peor, antes del temblor de septiembre, fue la que vi cuando nos pegó una enfermedad que se llamó influenza española. Esto era un moridero por todas partes. Si uno iba a una casa en la mañanita, tocaba y nadie le abría la puerta, ya podía figurarse que por la noche todos habían muerto. De eso falleció mi padre y mis dos hermanitas.

cuando nos pegó una enfermedad *when an epidemic hit us*

Esto era un moridero por todas partes *This was a cemetery*

—¿Usted y sus hermanos, dependían sólo de su padre?

—Sí, porque él era muy cumplido y nunca permitió que mi madre trabajara. Cuando él murió ella quiso ocuparse en algo para llevarnos algo de dinero pero no pudo salir porque no tenía ni ropita que ponerse. Luego, la enfermedad les dio a dos de mis hermanitas. Me acuerdo que conforme se fueron yendo al otro mundo mi mamá las puso en una lámina, se la subió en la cabeza y así las acarreó hasta el panteón. Ese recuerdo es muy triste.

no tenía ni ropita que ponerse *she didn't have any clothes to put on*

conforme se fueron yendo al otro mundo *as soon as they passed away*

—¿Fue la primera ocasión en que vio cómo era la muerte?

—Sí. Como yo estaba chiquilla, era curiosa y andaba metiéndome en todas partes para ver qué sucedía con los agonizantes, con los muertos. Entraba y salía por todas partes y nunca me pasó nada. Haga de cuenta como ahora que tembló, muchas personas murieron, muchas casas se cayeron y a mí no me pasó nada.

era curiosa y andaba metiéndome en todas partes *I was very curious and meddled in everything*

CUATRO REALES Y UN CENTAVO

—A la muerte de su padre, ¿qué hicieron?

—Mi mamá nos llevó a Irapuato, donde no conocíamos a nadie. Un tiempito vivimos arrimadas a un árbol, después tuvimos acomodo en una troje. Allí nos moríamos de hambre y pensé: "Voy a hacer algo". Agarré a mis dos hermanitas y me fui a la calle, para granjearme un taquito. A cuenta mujer veía me le acercaba para decirle: "Le lavo, le plancho, ocúpeme en lo que sea . . ." Ellas me contestaban que no podían contratarme porque no contaban con centavos

vivimos arrimadas a un árbol *we lived under a tree*

tuvimos acomodo en una troje *we looked for shelter in a barn*

granjearme *to get myself*

Le lavo, le plancho, ocúpeme en lo que sea *I will wash and iron; give me any kind of work* para pagarme. "Lléveme y ahí me da un taco para mí y mis hermanas . . ."

"Así comencé a trabajar de sirvienta. Mi madre y mis hermanas también. Nos pagaban cuatro reales y aparte nos daban tres centavos diarios para tortillas. Ahorrábamos uno y los domingos, cuando nos juntábamos, arrimábamos nuestros ahorritos".

y aparte *besides*
ahorritos *savings* (dim.)

—A cambio de esos cuatro reales, ¿cuáles fueron sus obligaciones?

—Hacerlo todo: limpiar la casa, lavar y planchar la ropa, remendarla, cocinar. En las casas ajenas aprendí muchos guisados. Los mejores fueron en la casa del gobernador de Guanajuato. Cuando entré a trabajar allí usé mis primeros zapatos, mi primera ropita interior. Me gustó, me gustó mucho. Estaba contenta en la casa porque me trataban bien y comíamos igual que los patrones; pero tuve que salirme, por el peligro; al niño grande le dio por ir a los lavaderos y así, de pasadita, agarrarme las asentaderas. No me pareció bien. Lo acusé con la patrona. Ella lo reprendió y me dio mi derecho, pero ya no estuve a gusto y me salí del trabajo . . . Desde entonces no podría decirle cuántas patronas he tenido aquí y en Guanajuato.

remendarla *to mend it*
guisados *stews*
ropita interior *underwear* (dim.)
de pasadita, agarrarme las asentaderas *in passing by he would grab my behind*
Ella lo reprendió y me dio mi derecho *She scolded him and defended me*

LOS EMIGRANTES

—¿Por qué decidieron venir a la ciudad de México?

—En donde trabajaba mi mamá conoció a un señor y él le propuso que se juntaran. Ella aceptó, a condición de que nos permitiera vivir con el. Mi padrastro era bueno, pero ganaba muy poquito en la mina. Un día llegó por allá un contratista, que para llevarse a los hombres a los campos de chicle. Mi padrastro se inscribió. Al poco tiempo nos mandó a llamar pero no al sureste sino aquí, a la ciudad de México donde, no se cómo, el era militar. Estaba acuartelado en un sitio en la calle de Mixcalco, por donde viven los probrecitos sordomudos.

el le propuso que se juntaran *he proposed that they live together*
los campos de chicle *the sapote-tree fields*
Estaba acuartelado *He was stationed*

—¿Dónde llegaron ustedes a vivir?

—Nos arrimamos con una tía lejana que tenía

su casa en República de Colombia, antes calle de Cocheras. Al principio todo bien pero, ya se sabe que el muerto y el arrimado . . . Comenzó a hacernos malas caras, se lo contamos a mi padrastro y él ordenó que buscáramos un cuarto. Lo alquilamos aquí cerca, en la calle de Mecánicos. Era yo muy jovencita cuando llegué a Morelos.

ya se sabe que el muerto y el arrimado . . . *it is known that the corpse and the unwelcomed guest . . .*

hacernos malas caras *to show her dislike*

—¿Recuerda cómo era el cuarto?

—Pues tan chiquito que dormíamos con las piernas dobladas. Mi padrastro casi no estaba en la casa, antes íbamos a verlo al cuartel, donde nos daban taquito. Cuando llegábamos sonaban la trompeta y decían "Adentro las tarántulas", era la seña de que podíamos entrar. Al rato, cuando era necesario que nos fuéramos, el mismo hombre gritaba "Salen las tarántulas" y volvíamos a nuestra pobre vivienda.

Al rato *After a while*

—Aquí en la ciudad de México, ¿trabajó?

—Como siempre, de sirvienta. La primera casa en que estuve se hallaba frente al mercado Abelardo Rodriguez. Me gustó mucho porque me pagaban bien: creo que cuarenta pesos. Yo me sentía rica, aunque nunca lo fui ni para darme un gustito.

ni para darme un gustito *not even to afford myself a little pleasure*

—¿Dónde conoció a su esposo?

—Aquí, en la colonia. El tenía un taller de zapatero y se ofreció a que viviéramos juntos. Me trajo a El Palacio Negro. Estábamos nomás juntos y así nacieron mis hijos. De algunos me alivié con matrona rinconera. Los últimos cinco los tuve yo solita. Cuando sentía que iba a nacer le gritaba a mi marido: "Andale, apara al muchacho que ya viene lo que tiene que venir." A la última él la aparó en la falda de su camisa.

nomás juntos *just living together*

De algunos me alivié con matrona rinconera. *Some [children] I had with the help of a midwife.*

Andale, apara al muchacho *Hurry up, grab the baby*

la falda de su camisa *his shirttail*

—¿Guardaba cama después de sus partos?

—Ni siquiera una hora. Enseguida me paraba a hacer la comida, el cafecito para mis muchachos grandes y mi señor. El cumplía con sus obligaciones, así que yo también. Fue muy bueno y me dio cuanto pudo mientras estuvo sano. Después vinieron los años de su enfermedad. Diez años padeció mucho y lo peor es que nos moríamos de hambre.

Enseguida *Right away*

—¿Volvió a trabajar entonces?

—Sí, pero él al principio no quería: "Si sales a trabajar me harás tonto, encontrarás a otro hombre en un mercado, en un puesto." Yo lo comprendí y le dije: "Mira, para que estés tranquilo vamos a la iglesia para que te jure ante la virgen santísima que no voy a hacerte tonto." Juntos, fuimos a jurar. El se quedó tranquilo, yo trabajé a gusto, mis hijos tuvieron comida y la verdad es que nunca lo engañé. No rompí mi juramento.

me harás tonto *you will cheat on me*

CON TODAS LAS DE LA LEY

—¿Llegaron a casarse?

—Sí. Una vez vino al barrio una señora muy decente. Preguntó quiénes estaban casados y qué parejas vivían en amasiato. Yo era de éstas. "No nos casamos porque mi señor tiene miedo de que el padrecito lo regañe porque me tomó nada más así." Entonces la señora prometió que el sacerdote no nos regañaría y así fue que nos casamos. El tiempo que duramos juntos fue feliz. El no me dio riquezas porque no las tenía, pero me trató bien, fue bueno y muy decente. Ahora sufro mucho sin él, lo extraño . . . Desde que se murió casi no tengo a nadie con quien hablar de mis cosas. Fuera de la Divina Providencia ya no tengo quien me oiga.

en amasiato *concubinage*

me trató bien *he treated me well*

—¿Habla usted con Dios?

—Todo el tiempo. Le platico, le pido perdón, le suplico mucho, mucho, para que no permita que me suceda una cosa fea.

le suplico mucho *I beg him a lot*

—¿Como qué?

—Cuando salgo a la calle le pido siempre una cosa: "Ay, Divina Providencia, no permitas que me atropelle un camión. Mira, yo sólo quiero morirme en mi casa, en mi cama, con todos los auxilios espirituales. Esa es mi ilusión: morir en mi casa, por eso le pido el cielo que pronto nos dejen entrar otra vez a nuestros cuartitos.

no permitas que me atropelle un camión *don't let a truck hit me*

—¿Le da miedo salir a la calle?

—No, precisamente porque la Divina Providencia está conmigo. Imagínese si no: me acompañó la mañana del temblor, impidió que me cayeran las paredes encima. Ese fue un milagro muy grande y por eso no dudo que me hará muy pronto otro: que yo pueda entrar de nuevo en mi pieza, en mi cuarto. Pobre, feo, oscuro, como esté, allí soy feliz. La gente me conoce, me ayuda en el día. De noche duermo tranquila. Y si me llega la muerte, ¿que mejor que sea en mi cuarto?

impidió que me cayeran las paredes encima *he kept the walls from coming down on me*

—¿Y si le propusieran que se fuera a otra colonia, a una casa nueva, bonita, usted aceptaría?

—No, ni lo mande Dios. En otra parte me perdería, nadie iba a saber que soy María de Jesús Herrera Vázquez, nadie me daría la mano ni me compraría mis tacos. Y entonces sí, ¿para qué seguir viviendo? Y por cierto, ya se me hizo tardecito. Voy a ver si vendo algo, si preparo alguna cosa, así que si me dispensa me voy . . .

En otra parte me perdería *Somewhere else I would feel lost*

nadie me daría la mano *nobody would help me*

ya se me hizo tardecito *it is getting late*

así que si me dispensa *if you will please excuse me*

IV. Actividades de Comprensión de Lectura

A. Escoja la opción que complete la oración correctamente, según el contexto de la lectura.

1. El 19 de septiembre los habitantes de la colonia de Morelos fueron víctimas de
   a. lluvias torrenciales que ocasionaron el cierre de muchas calles y avenidas.
   b. una plaga ocasionada por las fuertes lluvias que le causó la muerte a centenares de personas.
   c. un fuerte temblor que derrumbó muchas casas y edificios dejando sólo escombros.
   d. una epidemia que acabó con hombres, mujeres y niños por igual.

2. El Palacio Negro le traía recuerdos a doña María de Jesús de
   a. su niñez y la de sus hijos pues éstos se criaron allí.
   b. los momentos tristes y alegres que juntos pasaron todos los que habitaban el lugar.
   c. su marido pues allí se conocieron y vivieron juntos por muchos años.
   d. todas las anteriores.
3. Doña María de Jesús no se sentía feliz viviendo con su hija porque
   a. ésta la maltrataba y le quitaba todo el dinero que ganaba vendiendo sus taquitos.
   b. no había suficiente espacio para ella en la casa y le parecía que molestaba.
   c. extrañaba su casa y a los amigos de su vecindad.
   d. aquí no podía ayudar a los enfermos como lo hacía antes.
4. Según doña María de Jesús la peor tragedia que ella había vivido durante su larga vida fue
   a. una epidemia de influenza española que le causó la muerte a muchos mexicanos.
   b. la inesperada y fatal muerte de su marido.
   c. el temblor que dejó en ruinas su antigua vecindad.
   d. la pérdida de sus hijas a causa de un accidente automovilístico.
5. La anciana había vivido muchos años junto a su marido sin casarse porque
   a. éste temía que el padre de la iglesia le llamara la atención por haber vivido fuera de la ley eclesiástica.
   b. ella no creía que casarse era necesario para alcanzar la felicidad.
   c. en los tiempos de antes la gente no creía en el matrimonio.
   d. ella quería poder dejarlo fácilmente si éste la maltrataba a ella o a sus hijas.

B. Conteste verdad (V) o falso (F) a los siguientes asertos.

   1. ______ Los habitantes del Palacio Negro se fueron a vivir a otra vecindad al quedar ésta en escombros después del temblor.

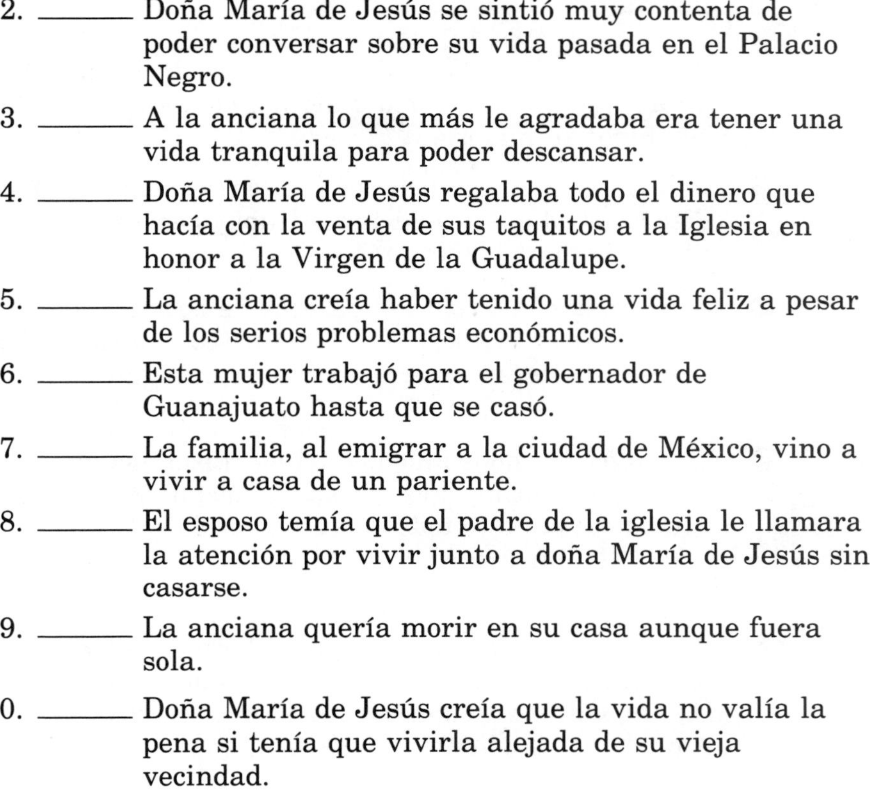

2. ______ Doña María de Jesús se sintió muy contenta de poder conversar sobre su vida pasada en el Palacio Negro.
3. ______ A la anciana lo que más le agradaba era tener una vida tranquila para poder descansar.
4. ______ Doña María de Jesús regalaba todo el dinero que hacía con la venta de sus taquitos a la Iglesia en honor a la Virgen de la Guadalupe.
5. ______ La anciana creía haber tenido una vida feliz a pesar de los serios problemas económicos.
6. ______ Esta mujer trabajó para el gobernador de Guanajuato hasta que se casó.
7. ______ La familia, al emigrar a la ciudad de México, vino a vivir a casa de un pariente.
8. ______ El esposo temía que el padre de la iglesia le llamara la atención por vivir junto a doña María de Jesús sin casarse.
9. ______ La anciana quería morir en su casa aunque fuera sola.
10. ______ Doña María de Jesús creía que la vida no valía la pena si tenía que vivirla alejada de su vieja vecindad.

C. Preguntas temáticas.

1. ¿Qué sucedió el 19 de septiembre en la colonia de Morelos?
2. ¿Qué sabe usted de la vida de doña María de Jesús?
3. ¿Cómo describiría usted físicamente a esta anciana?
4. ¿Por qué no quería la anciana vivir con su hija en un lugar más confortable?
5. ¿Por qué le gustaba trabajar tanto a la anciana?
6. ¿Por qué emigró su familia a la ciudad de México?
7. ¿Cómo era su esposo con ella?
8. ¿Por qué se casaron después de tantos años de vivir juntos?
9. ¿Temía la anciana caminar sola por las calles de noche a su edad? ¿Por qué?
10. ¿Por qué no quería doña María de Jesús mudarse a otra colonia, a una casa con más comodidades?

V. Dé Su Opinión

A. ¿Por qué cree usted que doña María de Jesús era una mujer admirable? ¿Conoce usted a alguna otra mujer similar? Cuéntenos su historia.

B. ¿Cree usted que los ancianos pueden ser útiles a la sociedad? ¿Piensa usted que los ancianos trabajaban más en los tiempos de antes que ahora? ¿Por qué?

C. ¿Debe un anciano tener el derecho de decidir a dónde quiere vivir sus últimos años? Aceptaría usted que sus padres vivieran solos si estuvieran enfermos o tuvieran algún impedimento físico si éstos lo desearan?

D. En tiempos pasados muchas parejas hispanas vivían juntas sin casarse por muchos años y tenían hijos fuera del matrimonio. Cree usted que esto todavía sucede en la sociedad hispánica actual? ¿Le importaría a usted el que sus padres o abuelos vivieran juntos sin estar casados? ¿Por qué?

E. ¿Piensa usted que existe alguna diferencia entre el estilo de vida del anciano en la cultura angloamericana y la hispánica? ¿En qué cultura cree usted que el anciano vive una mejor vida? ¿A qué cree usted que se debe ésto?

VI. Actividad Especial

Pídale a algún amigo (a) hispano suyo que le concerte una cita con su abuelo (b) o con otro anciano en su familia. En la entrevista hágale algunas preguntas como ¿Cuándo y por qué se vino a vivir a los Estados Unidos? ¿Qué problemas encontró al llegar aquí? ¿Cómo ha sido su vida en los Estados Unidos, igual o diferente a la de su país? ¿Qué les gustaría que sus hijos aprendieran de la cultura hispánica? ¿En dónde y cómo le gustaría pasar sus últimos años de vida? ¿Cuál es el mejor consejo que le puede dar un anciano a un joven? ¿Cuál es el secreto para una larga vida?

Resuma los datos más importantes y/o interesantes de la entrevista y preséntelos a la clase.

VII. Actividad Final

En este capítulo ustedes han leído cuatro selecciones que se refieren al estado de la vejez dentro del ciclo de la vida del ser humano. Al relacionar estas lecturas temática y estilísticamente:

A. ¿Cómo contrasta el lenguaje y el estilo de los cuentos "Las canas" y "Un pobre viejo" con el ensayo "Sobre el pasado y la vejez"?

B. ¿Piensa usted que el cuento "Un pobre viejo" tiene temáticamente varios puntos en común con el artículo periodístico "La historia de María de Jesús"?

C. ¿Cuál es la diferencia fundamental que existe entre el ensayo "Sobre el pasado y la vejez" y las selecciones periodísticas y literarias? Analice estilo y temática.

D. Si tuviéramos que graduar en una escala de 1 a 4 las selecciones leídas en este capítulo, cuál sería

1. La más fácil de entender
   a.
   b.
   c.
   d.

2. La más positiva u optimista
   a.
   b.
   c.
   d.

Explique sus selecciones.

E. En "La historia de María de Jesús" abunda el uso de los diminutivos. Por ejemplo: hijitos, tortillitas, chilito, monjitas, etc. ¿Qué efecto produce este uso gramatical en el lector? ¿Alejamiento? ¿Intimidad? ¿Simpatía? ¿Indiferencia? Explique.

F. El ensayo de Pérez de Ayala usa un lenguaje que no es común en el habla coloquial. Contrasta, por ejemplo, con el lenguaje de los cuentos o del artículo periodístico. En su opinión, a qué se debe el uso de este lenguaje sofisticado? ¿Será porque el ensayo fue escrito hace medio siglo mientras que las otras lecturas son recientes? ¿Cuáles diría usted que son las reglas linguísticas del ensayo?

Capítulo 6

Problemas sociales contemporáneos

INTRODUCCION

Los problemas sociales contemporáneos constituyen un tema que desafortunadamente no tiene fin: ¿sobrepoblación? ¿carestía de alimentos? ¿desempleo? ¿polución? ¿extinción de las especies? ¿peligro de una guerra nuclear? ¿segregación racial, religiosa o de las minorías? ¿terrorismo? etc., etc., etc. . . .

Al escoger este tema para nuestro capítulo final, no queremos en ninguna instancia crear una actitud pesimista ante el presente. Muy por el contrario, deseamos leer y comentar sobre algunos de estos problemas, para conjuntamente hacer una crítica constructiva y plantear la posibilidad de soluciones positivas. Si todos los ciudadanos del mundo contribuímos con nuestro granito de arena, lograremos hacer de este mundo un lugar mejor para el presente y para las generaciones venideras.

En la primera parte presentamos el cuento "Las tarjeticas mágicas" escrito por el exiliado cubano Angel Castro. De su obra ya hablamos en el capítulo dedicado a la vejez. En este cuento, Castro narra la historia de la familia Díaz, quien al salir de Cuba y refugiarse en los Estados Unidos por razones de índole política, pronto cae en la trampa del "dinero plástico." El crédito indiscriminado que les ofrecen diferentes entidades comerciales los conducen a la ruina total. El tema, dentro de su gravedad y vigencia social, es tratado con cierto humorismo por Castro. Al final, nos hace reflexionar sobre el abuso de las tarjetas de crédito que tan fácilmente usamos cuando carecemos del dinero en efectivo para darnos el placer de conseguir ciertos artículos de lujo.

En la parte ensayística hemos seleccionado algunos fragmentos de "La disyuntiva mexicana" que forma parte de la obra *Tiempo mexicano,* escrita por el distinguido autor mexicano Carlos Fuentes. Fuentes es uno de los escritores más reconocidos en las letras hispanoamericanas de la actualidad. Al mismo tiempo es un gran ensayista y prominente político, quien ha analizado certeramente los problemas socio-económicos de México y de la América Latina. Entre sus novelas más famosas se cuentan *La región más transparente, La muerte de Artemio Cruz, Aura* y *Terra nostra.* Su obra más reciente es la novela *El viejo gringo.* Sus artículos periodísticos y ensayísticos han sido publicados en periódicos y revistas mexicanos e internacionales de gran renombre. Su obra *El tiempo mexicano* recoge algunos de estos ensayos. Los fragmentos escogidos, aunque difíciles son muy interesantes, pues explican cómo la infiltración de la cultura norteamericana afectó a las ciudades mexicanas de la década de los 70. Su contraste de Quetzalcoatl y Pepsicoatl es irónico y sugerente. Si el primero se refiere al gran dios de los aztecas, símbolo de la tradición y de valores positivos, el segundo se refiere al reinado de la Pepsi-Cola, sinónimo del creciente materialismo introducido en México por sus vecinos del norte.

El capítulo termina con un artículo periodístico cuyo tema es de gran actualidad: el problema de las drogas. El autor, José Manuel Costa, hace un recuento histórico del uso de las drogas, habla de los "mitos" existentes sobre las mismas, y discute sus peligros. La lectura, por el uso técnico del lenguaje, es un poco difícil. Sin embargo, es interesante notar el contraste del lenguaje científico con el lenguaje coloquial y muy de uso entre los drogadictos.

En su conjunto, estas tres lecturas ofrecen una variedad de estilos linguísticos y nos hacen reflexionar sobre algunos problemas sociales controversiales y serios, que son comunes en nuestro tiempo pero que se pueden controlar y remediar.

PARTE A: LA LITERATURA

LAS TARJETICAS MAGICAS

de Angel Castro

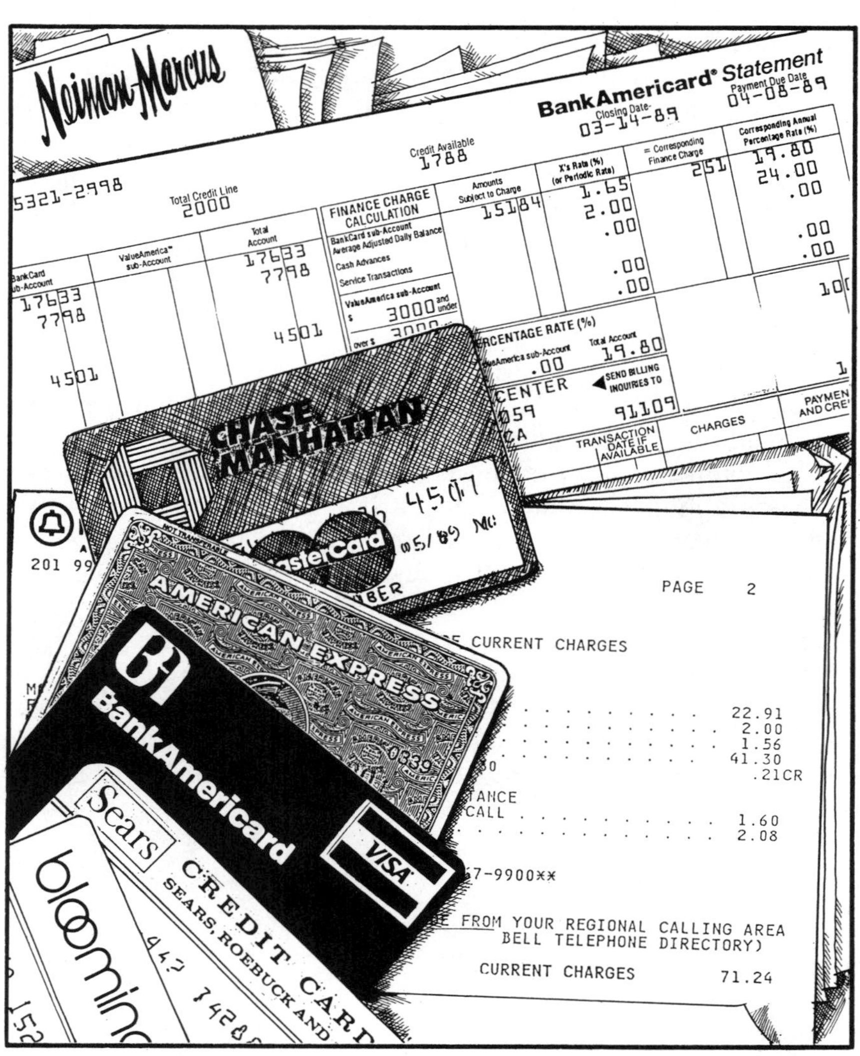

I. Vocabulario Esencial

SUSTANTIVOS

el acreedor	creditor
el barrio	neighborhood
el camarero	waiter
el cartel	poster board
el comerciante	merchant
la cuadra	city block (in context)
la garantía	security (in context)
el juego	set (of furniture)
la planilla	application form
el refrán	saying
la ruina	bankruptcy
la subasta	auction
la tarjetica	card (dim.) (referring to credit card)
el testaferro	stooge

ADJETIVOS

encanecido	gray-haired
imperante	prevailing
satisfecho	satisfied

VERBOS

apremiar	to urge
colgar	to hang
engañar	to trick, fool
fallar	to fail
fiar	to give credit
inscribir(se)	to register
mostrar(se)	to show
mudar(se)	to move
sentenciar	to say (in context)

II. Actividades de Pre-Lectura

A. Escoja la definición correcta.

1. ______ planilla
   a. Una forma para solicitar algo.
   b. Lo mismo que una tarjeta postal.
   c. El diminutivo para plano de una casa.

2. ______ encanecido
   a. Persona que ha perdido el pelo.
   b. Alguien que tiene el pelo parcial o totalmente blanco.
   c. Aquel que no oye consejos.

3. ______ fiar
   a. Sinónimo de confiar.
   b. Lo mismo que regalar.
   c. Dar crédito.

4. ______ ruina
   a. Lo que resta de un edificio viejo.
   b. Lo mismo que la bancarrota.
   c. Significa que algo no funciona bien.

5. ______ mudarse
   a. Irse de un lugar para otro.
   b. Lo mismo que aislarse.
   c. Cambiarse de ropa.

B. Escriba los sustantivos que corresponden a los siguientes verbos.

1. inscribir ______________________
2. emigrar ______________________
3. engañar ______________________
4. fallar ______________________
5. mostrar ______________________

C. Llene el espacio en blanco con la palabra adecuada.

1. Hay un ____________________ que dice: "Al mal tiempo, buena cara."
   a. frase b. refrán c. insulto
2. La madre de mi amiga le compró un ____________________ de comedor precioso a la hija como regalo de boda.
   a. juego b. sofá c. silla
3. La señora quiere ____________________ todas las fotografías de la familia en la pared de la sala.
   a. apremiar b. colgar c. mostrarse
4. Mi familia quiere regresar al ____________________ donde vivían hace diez años.
   a. parque b. cuadra c. barrio
5. El hombre tuvo que abandonar su país natal al perder todas sus ____________________ individuales.
   a. garantías b. bienes c. valores

D. Escriba una oración con las palabras dadas.

1. venir/muchos/acreedores/verlo/su/casa
2. camarero/restaurante/almuerzo/ser/muy/atento/clientes
3. usted/deber/poner/cartel/establecimiento/prohibir/fumar
4. señor Díaz/estar/muy/satisfecho/muebles/esposa/comprar
5. señora/apremiar/marido/comprar/televisor/nuevo

E. Escoja la palabra que corresponde a cada definición.

1. ______ Sinónimo de camarero.
   a. mesero b. comerciante c. conductor
2. ______ Alguien que vende al mayoreo o al detal.
   a. acreedor b. comerciante c. testaferro
3. ______ Sinónimo de ruina.
   a. bancarrota b. antigüedad c. vileza
4. ______ Se usa como equivalente de dinero líquido al comprar.
   a. planilla b. cartel c. tarjeta de crédito
5. ______ Venta de objetos a los que hacen la mejor oferta.
   a. subasta b. mayoreo c. especiales

III. "Las tarjeticas mágicas," de Angel Castro

"Hoy no fio, mañana sí", era un cartelito que colgaba en casi todos los comercios de la República de Cuba. Se mostraba en el cartel la figura de un hombre gordo y satisfecho: el comerciante que no fiaba. El otro era un hombre flaco y encanecido: el comerciante que fió, y que por ello fue a la ruina.

Hoy no fío *No credit today*

Esa era la filosofía del comerciante y la de los compradores en la isla de Martí y de La Avellaneda.

Domitila y Federico Díaz se habían condicionado mentalmente a ese sistema, pues habían vivido trienta y cinco años en Cuba.

En diciembre de 1960, en vista de las faltas de garantías individuales, y del régimen de terror y crimen imperante bajo el tirano Fidel Castro, decidieron emigrar a los Estados Unidos de la América del Norte.

en vista de *in view of*

En Miami, empleados del Refugio Cubano los relocalizaron en la bella ciudad de San Francisco, Estado de California. Y allí reiniciaron su vida como inmigrantes, los esposos Díaz.

Federico encontró empleo de camarero en un hotel de primera clase y Domitila se encargaba de las labores de la casa.

Al cabo de un año, Domitila apremiaba a Federico para que comprara muebles:

Al cabo de un año *A year later*

—Federico, tenemos que comprar: juego de sala, de comedor, de cuarto, un televisor a colores . . .

—¡Pero mujer, si no tenemos dinero . . . !

—No importa, aquí, en los Estados Unidos de la América del Norte, no hace falta el dinero, búscate las "tarjeticas mágicas".

—¿¿¿Qué es eso de "tarjeticas mágicas" . . . ???

—Compras con crédito; aquí fían fácilmente. Todo el mundo compra con crédito.

Pasaron cuatro meses y Domitila seguía con la misma cantaleta:

con la misma cantaleta *with the same old song and dance*

—Federico, hay que usar las "tarjeticas mágicas"!

Al fin, un sábado, Federico y su mujer se fueron de compras. Entraban en las tiendas de la ciudad de los dos puentes, San Francisco. Federico llenó planillas, dio referencias y, al fin, se vió en posesión de cinco tarjetas de crédito: Sears, Roos-Atkins, Master Charge, Bankamericard y American Express.

se fueron de compras *went shopping*

Los sábados salían a comprar. Y compraron como locos: juego de sala, de comedor, de cuarto, un televisor a colores, lavadora eléctrica, una secadora eléctrica: además compraron ropas y vestidos. Estaban contentísimos.

Y compraron como locos *And they bought like crazy*

Ahora Domitila era feliz.

—Vivimos como los norteamericanos. Con todos los hierros . . .

Con todo los hierros . . . *With all the household gadgets . . .*

—Si, Domitila, pero cuando llegan las cuentas al fin de cada mes me vuelvo loco. No fallan, llegan antes de recibir el cheque del día 30. Es una pesadilla . . . , no falla una cuenta. Llegan siempre a tiempo. ¡Qué organización . . . !

me vuelvo loco *I'm going crazy*

Es una pesadilla . . . *It's a nightmare . . .*

Así pasaron los meses siguientes para Federico y Domitila.

En agosto, Federico fue "laid off" (despedido) de su empleo, y comenzó su viacrucis.

comenzó su viacrucis *his real troubles began*

—Domitila, no tenemos dinero para pagar las cuentas . . .

—Bueno, viejo, busca otro trabajo . . .

Federico buscaba empleo desesperadamente; se inscribió en varias agencias de empleo, leía diariamente la sección de ofertas de trabajo en el periódico local. Pero no encontraba trabajo a pesar de todos sus esfuerzos.

a pesar de *in spite of*

Con la pequeña cantidad que le pagaba la Oficina de Desempleo del Estado de California, tenía suficiente para comer, pero no podía pagar todas las cuentas.

En el mes de octubre, la situación era crítica y Domitila le dijo:

—¿Por qué no visitas al abogado cubano que vive en la otra cuadra?

Así lo hizo Federico y le explicó al doctor Mario Ciriaco el grave problema en que se encontraba.

El doctor Ciriaco, un abogado con muchísima experiencia como tal, se le ofreció de "adviser" (consejero).

—Federico, he pensado mucho cómo ayudarte a resolver tu problema y creo tengo una solución . . .

—Llamas por teléfono a todos tus acreedores y les dices lo que te pasa, les permites que ocupen los muebles. Aquí se llama reposesión de bienes muebles. No robes y no dañes los muebles . . .

les permites que ocupen los muebles *you allow them to repossess the furniture*

—Los muebles están como nuevos—respondió Federico.

—¿Me entiendes . . . ?

—Sí, cómo no, doctor Ciriaco . . .

—Ahora bien, he estudiado el contrato y es un contrato oneroso de adhesión . . . Los acreedores venderán tus muebles en pública subasta . . . , casi seguro tendrán un testaferro que comprará tus muebles . . . , pero lo más malo es que tendrás que pagar la diferencia entre el precio subastado y lo que adeudes del importe total del valor de los muebles, más los intereses . . . , que según el contrato son de un veinte por ciento mensual.

un contrato oneroso de adhesión . . . *a burdensome contract*

lo que adeudes *what you owe*

—Es una injusticia, es un "racket" más de los muchos que existen en Norteamérica.

más de los muchos *one of the many*

—No hay defensa para el obrero, para los pobres; el consumidor no tiene derechos aquí . . . , los congresistas sólo legislan para los ricos, para los capitalistas . . .

—¿Bueno, y después, qué . . . ?

—Después viene la parte dura, tendrás que engañar a tus acreedores . . .

—Recuerdas aquel refrán que dice: "Ladrón que roba a otro ladrón, tiene cien años de perdón"—sentenció el abogado.

—¿¿¿Cómo???

—Pues, sencillamente, te vas a la estación de correos de tu domicilio, pides una tarjeta de cambio de dirección, la llenas con un domicilio falso. Por ejemplo . . . Nueva York . . . número 120 de la calle 48 del Oeste, en Manhattan. Así, cuando te envíen las cuentas, el correo las reenvía a tu nueva dirección, y como allí tu no vives, es decir, no existe en Nueva York el tal Federico Díaz, el cartero les devolverá la correspondencia a los comerciantes . . . ¿Entiendes?

Y así lo hizo Federico, y luego, a la semana siguiente de devolver todos los muebles, se mudaba para Miami.

En el autobús, en su viaje de regreso a la Florida, le decía a su mujer:

—Domitila, de regreso al Barrio Cubano . . .

—Sí, y todo por culpa de las "tarjeticas mágicas".

—En Cuba no nos habría pasado esto, allí practicaban aquello de HOY NO FIO, MAÑANA SI . . .

IV. Actividades de Comprensión de Lectura

A. Escoja la opción que complete la oración correctamente según el contexto de la lectura.

1. Domitila y Federico Díaz se fueron de Cuba por
   a. razones económicas ya que los bienes de una persona no estaban garantizados.
   b. el deseo de visitar otras ciudades hermosas como Miami y Los Angeles.
   c. el régimen militar del dictador Fidel Castro.
   d. una posible combinación de las anteriores: a y b, a y c, b y c.
2. Después de haber vivido casi un año en su nuevo domicilio, Domitila le pidió a su esposo que
   a. la acompañara a comprar muebles nuevos porque los de ellos estaban muy deteriorados.
   b. fuera con ella a comprar a crédito todo el mobiliario para la casa.
   c. se hicieran ciudadanos norteamericanos para así poder vivir una mejor vida.
   d. se mudaran para San Francisco porque allí vivirían más holgados económicamente.

3. Federico, ante su desesperación por no encontrar empleo en ninguna parte y no poder pagar sus deudas, decide
   a. contratar a un abogado compatriota suyo para que lo ayude a salir de su problema.
   b. subastar sus muebles para que los acreedores no se los lleven.
   c. decirle la verdad a sus acreedores y atenerse a las consecuencias.
   d. regresar a su antiguo domicilio pues allí podrán vivir tranquilamente.
4. Cuando el doctor Ciriaco le sugirió a Federico que cambiara su dirección, este
   a. se enfadó con el licenciado por sugerirle que hiciera una acción fraudulenta.
   b. aceptó las sugerencias del licenciado y se conformó con su suerte.
   c. le pidió que no se metiera más en sus asuntos pues el los quería resolver solo.
   d. decidió dar la dirección de Nueva York pues allí pensaba establecer su nuevo domicilio.
5. Domitila pensaba que el causante de todo lo que les aconteció fue
   a. el licenciado porque éste los engañó haciéndoles creer que había una solución facil a sus problemas.
   b. el marido porque no había querido buscar trabajo enseguida para así poder vivir de los beneficios de Asistencia Pública.
   c. el abuso de las tarjetas de crédito porque les facilitó comprar cosas para la casa que ellos no podían pagar con el sueldo que ganaba el marido.
   d. ella pues obligó al marido a comprarle muebles que él no podía pagar.

B. Conteste verdad (V) o falso (F) a los siguientes asertos.

   1. ______ Los esposos Díaz se fueron de Cuba únicamente por razones económicas.

2. ______ Las oficinas de Refugio Cubano trasladaron al matrimonio Díaz a la bella ciudad de Miami.
3. ______ Federico encontró empleo de mesero en un restaurante conocido de la ciudad.
4. ______ Federico decidió comprar muebles para la casa con tarjetas de crédito porque ya él tenía un empleo fijo y podía pagar por ellos.
5. ______ Domitila estaba muy contenta porque pensaba que ahora sí podían vivir como los americanos.
6. ______ Los problemas comenzaron cuando Federico perdió su empleo y no encontró otro a pesar de buscarlo incesantemente.
7. ______ Un abogado cubano le aconsejó a Federico que entregara todos los muebles porque así quedaban saldadas las cuentas.
8. ______ El abogado le sugiere a Federico que engañe a sus acreedores cambiando su dirección postal.
9. ______ Federico siguió con sentimiento de culpa las instrucciones que le había dado su abogado consejero.
10. ______ Los Díaz regresaron a la Florida muy contentos porque volvían a su viejo vecindario.

C. Preguntas temáticas.

1. ¿Por qué tuvieron que abandonar su país natal los esposos Díaz?
2. ¿Cómo se ubicaron en el estado de California?
3. ¿Por qué no quería Federico complacer a su esposa comprándole los muebles que necesitaban?
4. ¿Por qué se refería Domitila a las tarjetas de crédito como "tarjeticas mágicas"?
5. ¿Qué opinión tenía Domitila de los norteamericanos en cuanto a su estilo de vida?
6. ¿A quién acudió Federico para que le ayudara a resolver su problema?

7. ¿A quién se refería el licenciado cuando le dijo a Federico el refrán "Ladrón que roba a otro ladrón, tiene cien años de perdón"?
8. ¿Cuál fue el destino final de los Díaz?
9. ¿Por qué creen éstos que en Cuba no les hubiera pasado lo que les sucedió en Los Estados Unidos?

V. Dé Su Opinión

A. ¿Opina usted que la solución que le ofreció el doctor Ciriaco a los Díaz fue la más satisfactoria?
B. ¿Cree usted que el uso de tarjetas de crédito es recomendable? ¿Qué efecto considera usted que han tenido en las sociedades modernas actuales?
C. En su opinión, ¿cuáles son las ventajas y desventajas de las tarjetas de crédito? ¿Cuál es el sector más perjudicado: los pobres, la clase media o los ricos? Explique.
D. ¿Diría usted que los usuarios de tarjetas de crédito son víctimas de una sociedad donde el consumidor es explotado? Dé ejemplos.
E. ¿Cree usted que a los estudiantes universitarios se les debe ofrecer el uso de tarjetas de crédito con o sin el consentimiento de los padres? Explique.

VI. Actividad Especial

Después de leer el cuento "Las tarjeticas mágicas" indique con cual de las siguientes premisas se identifica usted y explique por qué.

A. Las tarjetas de crédito son la salvación de la nueva sociedad consumidora.
B. Los hispanos necesitan más las tarjetas de crédito que los anglo-americanos.
C. El uso de tarjetas de crédito beneficia más al consumidor que al acreedor.
D. Las tarjetas deben ser usadas sólo en casos de extrema urgencia y por personas con suficientes medios económicos.
E. El déficit económico de la clase media se ha debido al uso excesivo de las tarjetas de crédito.

PARTE B: EL ENSAYO

LA DISYUNTIVA MEXICANA

de Carlos Fuentes

I. Vocabulario Esencial

SUSTANTIVOS

las afueras	outskirts
la banqueta	stool
el camino	road, path
la celda	cell
la choza	hut
el congénere	of like kind
el desenmascaramiento	unveiling
el desperdicio	waste
el escuincle	kid
el jacal	Indian hut, wigwam
la máscara	mask
la paleta	ice-cream bar
la presa	prey
el prestidigitador	magician
la revuelta	uprising
el tejado	roof
el trueque	exchange
el vientre	abdomen, womb

ADJETIVOS

agachado	stooped
ajeno	another's (in context)
disfrazado	disguised
estancado	stagnant
infestado	infected

VERBOS

acceder	to agree, consent
afilar	to sharpen
agudizar	to intensify
aprovechar	to profit by
carecer	to lack
cobijar(se)	to cover
desnudar	to undress
desplazar	to displace
empapar	to soak
enajenar	to alienate
enmascarar	to mask

murmurar	to mutter
perseguir	to chase after
resignar(se)	to give up
sepultar	to bury
sufragar	to pay for, aid

II. Actividades de Pre-Lectura

A. Escoja el sinónimo de la palabra subrayada.

_______ 1. El hombre fue llevado a su *celda* después de hablar con su abogado.
a. habitación
b. cárcel
c. calabozo

_______ 2. El viejo vive en una casa pequeña en las *afueras* de la ciudad.
a. suburbios
b. distantes
c. lejanías

_______ 3. El usó una *máscara* muy fea para el baile de disfraces.
a. careta
b. velo
c. maquillaje

_______ 4. La familia no podía *resignarse* a la muerte de su hijo.
a. olvidarse
b. renunciar
c. conformarse

_______ 5. Hicimos un *trueque* de bicicletas y yo salí ganando.
a. venta
b. intercambio
c. sorteo

B. Escriba los sustantivos que corresponden a los siguientes verbos.

1. sepultar ______________________
2. perseguir ______________________
3. sufragar ______________________
4. cobijar ______________________
5. murmurar ______________________

C. Escriba el antónimo de las siguientes palabras.

1. ______ carecer
2. ______ agachado
3. ______ empapar
4. ______ desnudar
5. ______ revuelta

a. secar
b. sano
c. paz
d. sobrar
e. vestir
f. derecho
g. limpiar

D. Forme una palabra derivada de las dadas en las lista a seguir.
Modelo: señalar—señal

1. aprovechar ____________________
2. agudizar ____________________
3. enajenar ____________________
4. afilar ____________________
5. enmascarar ____________________

E. Escriba una oración con las siguientes palabras.

1. el desperdicio
2. la banqueta
3. el vientre
4. el escuincle
5. infestado
6. ajeno
7. el tejado

III. Fragmentos de "La disyuntiva mexicana" en *Tiempo mexicano,* de Carlos Fuentes

NUESTRA SEÑORA LA PEPSICOATL

Muchos sectores urbanos de México, en 1971, han logrado realizar el sueño del progreso moderno y, casi, vivir en Monterrey como en Milán, en Guadalajara como en Lyon o en la ciudad de México como en Los Ángeles. Esta meta, sin embargo, se ha alcanzado, nuevamente, a destiempo: ha coincidido con las revueltas, dentro de las civilizaciones industriales, contra la tecnocracia, la destrucción del medio ambiente, la polución, los ghettos urbanos y la falsificación de los medios modernos de comunicación: contra el pacto fáustico, en suma, del trueque del alma por bienes de consumo frágiles e innecesarios. Ha coincidido, además, con el desenmascaramiento de las justificaciones ideológicas que, a partir de Locke, Rousseau y Adam Smith, constituían la base de la eficacia pragmática y de la buena conciencia moral de Occidente. El genocidio y el fracaso militar en Vietnam y las revelaciones de los documentos del Pentágono sobre el *modus operandi* del poder han desnudado para siempre a la filosofía ético-positivista del industrialismo capitalista. El asesinato de la democracia socialista en Checoslovaquia, por otra parte, ha dejado sin máscara a la tecnoburocracia soviética que, como sus congéneres del Occidente lo hacían con los filósofos de la Ilustración, se enmascaraba con la herencia libertaria de Marx, Engels y Lenin.

contra el pacto faústico, en suma, del trueque del alma por bienes de consumo frágiles e innecesarios *against the Faustian pact, in short, sacrificing spiritual values for material gains*

Nuestro drama es que hemos accedido a la sociedad urbana e industrial sólo para preguntarnos si el esfuerzo valió la pena; si el modelo que venimos persiguiendo desde el siglo xix es el que más nos conviene; si a lo largo del pasado siglo y medio no hemos seguido actuando como entes colonizados, copiando acríticamente los prestigios materiales de la sociedad capitalista; si no hemos sido capaces, en fin, de inventar nuestro propio modelo de desarrollo.

valió la pena *was worthwhile*

No podemos regresar a Quetzalcóatl; Quetzalcóatl tampoco regresará a nosotros. Quetzalcóatl se fue para siempre y sólo regresó disfrazado de conquistador español o de príncipe austriaco. ¿Debemos, por ello, enajenarnos a Pepsicóatl? Sería el camino más fácil, pero no el más feliz. México se encuentra actualmente en un grado de desarrollo capitalista

Quetzalcoátl *the sun god*

intermedio: el que el teórico de la subordinación imperialista, W. W. Rostow, llama "la etapa del despegue". Pero ese desarrollo, una vez que la burguesía mexicana aprovechó para sí las reformas revolucionarias, sepultando de paso la ideología revolucionaria, carece hoy de metas verdaderas en el orden de la justicia y, también, en el de la imaginación: se trata de un desarrollo por el desarrollo mismo que, al cabo, nos hace persistir en el atraso y nos convierte en depositarios del excedente plástico, descafeínado y kotequizado de la gran industria norteamericana: somos el Bajo Chaparral de la producción y el consumo de la metrópoli yanqui. Quetzalcóatl nos prometía el Sol; Pepsicóatl nos promete una lavadora Bendix pagable a plazos. Los atractivos del estilo de vida norteamericana transplantados a México generan, a través de los medios de difusión, un segundo problema; el de la aglomeración irracional en las urbes mayores. Cinco mil personas llegan diariamente del campo a la ciudad de México, atraídas en gran medida por el espejismo nylon que les ofrecen el radio, el cine, los anuncios y la televisión (y expulsadas del campo, en medida aún mayor, por las condiciones de injusticia que en él privan). Son los hijos de Zapata que se convertirán en hijos de Sánchez. . . .

"la etapa del despegue" *the initial stage of economic development* (in context, figurative)

al cabo *at last*

somos el Bajo Chaparral de la producción y el consumo de la metrópoli yanqui *we are an easy prey of American production and consumption*

Quetzalcóatl nos prometía el Sol; Pepsicóatl nos promete . . . a plazos. *Quetzalcóatl promised us the sun; Pepsicóatl promises us a Bendix washing machine payable in installments.*

DOS TESTIMONIOS

Vinimos a vivir a la ciudad de México hace treinta años, me dice doña Engracia Martínez. A los setenta años, la dignidad de su rostro indígena contrasta con la miseria del ghetto urbano—mejor sería llamarlo el hoyo infernal—donde vive: el Cuadrante de San Francisco, situado en el corazón mismo de un barrio residencial. Este infierno consiste en una serie de chozas de cartón y tejados de lámina construidos alrededor de una laguna, roja y amarilla, de aguas estancadas, corrompidas por excrementos y perros muertos. Cinco mil personas viven allí; la mayoría viene del campo. El novel de las aguas infestadas

el hoyo infernal *the infernal pit*

chozas de cartón y tejados de lámina *cardboard huts and roofs made of thin sheets of metal*

sube constantemente y empapa los muros y los pisos de las chozas.

Doña Engracia cruza las manos sobre el vientre y murmura: —Sí, nos dieron la tierra. Pero el cura vino a vernos y nos dijo: Si aceptan la tierra del gobierno comunista, se irán al infierno. De modo que, con su venia, decidimos que entre irnos al infierno y venirnos a la capital, mejor nos veníamos a la capital. Mi esposo no pudo trabajar aquí. Era un campesino y me preguntó: Engracia, ¿cómo voy a labrar las banquetas? Pero aí vamos tirando, el viejo afila cuchillos, yo lavo ropa, los muchachos venden paletas y los escuincles venden chicles. En el campo, todos nos conocían. Aquí, nadie nos conoce.

con su venia *with your permission*

cómo voy a labrar las banquetas *how am I going to carve the stools*

Pero aí vamos tirando *But somehow we manage*

Saturnino Preciado también vive, con su esposa y cinco hijos, en un jacal en las afueras de la ciudad, más allá del Mexico City Country Club, en el anillo de la miseria. Pero él no se queja: —¡Quédense con el campo!, exclama, en el campo se trabaja de sol a sol con las espaldas agachadas, la lluvia lo empapa a uno y los llamados pequeños propietarios ahora son grandes propietarios y le pagan a uno siete pesos diarios. Aquí en la capital, tengo mi bicicleta y vendo ropa vieja, botellas y periódicos. ¿Y saben cuánto gano? Doce pesos diarios. Casi el doble con la mitad del trabajo. Y si llueve, siempre hay donde cobijarse.

en el anillo de la miseria *in the ghettos*

Resignarse ante todo o conformarse con poco: ¿serán estos los signos del tiempo de Nuestra Señora la Pepsicóatl para los millones de seres trashumantes que viven en el margen de nuestras ciudades? El desarrollo moderno de México se ha entendido como un hecho suficiente, bueno en sí, ajeno a todo calificativo cultural. Por eso, finalmente, ha sido un fracaso. La cultura no es, como vulgarmente se la concibe en México al nivel televisivo, periodístico o familiar, un ejercicio minoritario al que se dedican unos cuantos intelectuales, inocuos o peligrosos, destinados a adornar las salas de conferencias del INBA o las celdas correccionales de Lecumberri; es un concepto global que subsume, que incluye y define el tipo de relaciones económicas, políticas, personales

los millones de seres trashumantes *the millions of migrants*

las celdas correccionales *the correctional institutions*

subsume *classifies in a more comprehensive category*

y espirituales de una sociedad. La cultura es, en las palabras de Lewis Mumford, tanto el cuidado de la tierra y la apropiación disciplinada de la energía capaz de dar satisfacción económica a las necesidades del hombre como "el cultivo de las más plenas capacidades de cada ser humano en cuanto personalidad sensible, sintiente, pensante y actuante; cultura es la transmisión del poder en política, de la experiencia en ciencia y filosofía, de la vida en la unidad y significado del arte . . ." (*The culture of cities*).

. . . Cultura, por ello, es "el proceso de la progresiva autoliberación del hombre. Lenguaje, arte, religión, ciencia son fases diversas de este proceso. En cada una de ellas, el hombre descubre y comprueba un nuevo poder: el poder de construir un mundo propio . . ." (Ernst Cassirer, *Essay on Man*). Esto significa que debemos globalizar el concepto de cultura en una sociedad como la nuestra, si al fin hemos de saber hacia dónde queremos ir. . . .

. . . Los problemas de nuestro país se agudizarán críticamente durante los próximos diez años. En 1980, México tendrá setenta millones de habitantes; de aquí en adelante, la población se duplicará cada veinte años. ¿Quién pagará las escuelas, los caminos, las presas, los hospitales, la seguridad social de ese inmenso número de nuevos mexicanos; quién les proporcionará empleo; quién sufragará los gastos de la investigación científica y de la inversión tecnológica? Dudo mucho que sean los fabricantes de siete tipos de detergentes y doce variedades de pasta dental, los constructores de hoteles en Acapulco o los prestidigitadores de financieras fantasmas. Sólo el estado puede reasumir la dirección enérgica del crecimiento mexicano, pero esta vez no a favor del sector privado, sino a favor de la colectividad. Hemos conocido ya los resultados del desarrollo económico sin justicia social. El crecimiento con justicia debe ser la fórmula de la nueva etapa. Evidentemente, la reforma fiscal es el primer paso; sin ella, México no podrá aumentar la muy baja relación actual entre

se agudizarán *will become more intense*

etapa *stage*

la inversión y el producto, que es del 18%, al 30% que Victor L. Urquidi calcula como necesaria para que el sector público cuente con recursos suficientes y deje de recurrir tan intensamente al crédito exterior.

Pero en una etapa de crecimiento con justicia, el simple criterio cuantitativo del desarrollo debe ceder el lugar a un nuevo criterio cualitativo. En primer lugar, al del fortalecimiento y extensión de las actividades del sector público; internamente, para orientar la capacidad económica del país hacia actividades básicas y productivas, concebir un desarrollo equilibrado y planificado que elimine al máximo el desperdicio actual de recursos y energías y desplazar a la iniciativa privada hacia actividades dispensables o por lo menos secundarias; e internacionalmente, para proteger y reforzar al máximo la existencia de un sistema económico nacional que hoy resulta fácil presa de los proyectos de expansión e integración de los conglomerados norteamericanos. Esta defensa del sistema económico nacional no debe entenderse como un simple *slogan* patriotero o chovinista, sino como la única posibilidad real de coincidencia entre el crecimiento económico y las aspiraciones de la colectividad. El conglomerado internacional, como indica Furtado, sólo es fiel a sí mismo, no a la colectividad dentro de la que opera. Abandonarse a él significa resignarse a ser una sociedad dependiente, colonial, para siempre. Reforzar un centro autónomo de decisiones es reforzar la actividad económica del estado, sí, pero también es dar cauce libre a las aspiraciones colectivas que justifican aquella actividad. Es decir: el crecimiento independiente con justicia social, es inseparable de la libertad política: de la democracia.

el desperdicio actual de recursos y energías *the present waste of resources and energy*

resulta fácil presa *becomes easy prey*

también es dar cauce libre *it is also opening the door to*

¿Es compatible un programa de creciente intervención del estado en la economía con un programa ciudadano de crecientes libertades públicas? Pienso que no sólo es compatible, sino indispensable. De Guatemala a Argentina, los países latinoamericanos con regímenes autoritarios son los países más vulnerables a la penetración económica de las corporaciones norteamericanas. Propongo con convicción que en México, si lo queremos, podemos responder al desafío del crecimiento económico con justicia social, de un estado nacional fuerte con plena libertad política. Es más: creo que la condición básica para que el estado pueda cumplir intensa y acertadamente sus funciones económicas depende de la espontaneidad y convicción del esfuerzo de los ciudadanos, y que esas virtudes no pueden darse sino en un clima de libertad. . . .

al desafío *to the challenge*

IV. Actividades de Comprensión de Lectura

A. Escoja la opción que complete la oración correctamente según el contexto de la lectura.

1. Según Carlos Fuentes, la modernización urbana de México hacia 1970
   a. es algo positivo porque iguala a estos sectores con ciudades tan cosmopolitas como las grandes urbes europeas o norteamericanas.
   b. es un factor negativo porque ha traído consigo todos los males del materialismo exagerado.
   c. se mantiene aparte del industrialismo capitalista occidental y de la exagerada tecnoburocracia rusa.
   d. es producto del éxito de la democracia socialista en Checoslovaquia.
2. Según Fuentes, México
   a. ha logrado armonizar los valores de Quetzalcóatl (tradición) con los valores de Pepsicóatl (industrialismo capitalista).
   b. ha conseguido un avance industrial que garantiza la igualdad social de todos los ciudadanos.
   c. al conseguir un estadio de capitalismo intermedio ha favorecido a las minorías olvidándose de la clase media y de la baja.

d. al copiar los valores de la vida norteamericana ha creado dos problemas graves: 1) una distribución injusta del capital y 2) una gran migración del campo a la ciudad.

3. En el fragmento titulado "Dos testimonios," Doña Engracia se fue con su familia a la ciudad de México
   a. atraída por los comerciales de la radio y de la televisión.
   b. porque el gobierno les quitó su tierra.
   c. porque el cura del pueblo les dijo que esa tierra, donada por los comunistas, era tierra del diablo.
   d. alguna posible combinación de las anteriores.
4. Para Fuentes la cultura
   a. es un lujo de las minorías.
   b. es un proceso global y colectivo que libera al individuo y lo conduce a su realización personal y social.
   c. es un hecho que sólo favorece a la clase media que es la mayoritaria en México.
   d. ninguna de las anteriores.
5. Para el autor, los efectos de la modernización en México
   a. aumentan los problemas socio-económicos del país.
   b. han resuelto los problemas del país en todas sus esferas.
   c. eliminarán la pobreza en que vive la mayoría de los mexicanos.
   d. conducirán a una nueva revolución social de carácter marxista.

B. Conteste verdad (V) o falso (F) a los siguientes asertos.

1. ______ Hacia 1971 México había logrado convertirse en una nación moderna y desarrollada.
2. ______ El progreso tecnológico en México ha traído consigo los problemas de la polución, de la destrucción ecológica y de la sobrepoblación urbana.
3. ______ Con el advenimiento de la sociedad industrial, México ha creado su propio modelo, sin tener que copiar a las sociedades capitalistas o comunistas.
4. ______ Muchos campesinos que han dejado sus tierras para buscar una vida mejor en la ciudad, han logrado realizar sus sueños.

5. ______ El desarrollo industrial y tecnológico de México ha sido un fracaso.
6. ______ De 1980 en adelante la sobrepoblación en México alcanzará cifras alarmantes.
7. ______ Según Fuentes, la industria tiene la responsabilidad de crear un Estado cuyo desarrollo económico es equilibrado y justo.
8. ______ Para el autor, los países latinos con regímenes dictatoriales, son los más susceptibles a la influencia de un desarrollo económico dominado por el capitalismo norteamericano.

C. Preguntas temáticas

1. ¿Por qué se pregunta Fuentes si el progreso de los sectores urbanos en México ha valido la pena?
2. ¿Qué quiere decir el autor con su afirmación: "No podemos regresar a Quetzalcóatl"?
3. ¿Qué significa para Fuentes "la cultura"?
4. ¿Por qué dice Fuentes que los problemas de México aumentarán a partir de 1980?
5. ¿Qué entidad en México puede traer alivio a los problemas del desempleo, la sobrepoblación y la injusticia social?
6. ¿Qué sistema de gobierno favorece Fuentes? ¿el democrático? ¿el comunista? ¿el dictatorial?
7. ¿Cómo justifica Fuentes la intervención directa del Estado en la economía del país armonizándolo con un programa de libertad individual?

V. Dé Su Opinión

A. ¿Piensa usted que el progreso industrial y tecnológico trae consigo el peligro de un materialismo exagerado en donde el individuo se olvida de sus valores religiosos, familiares y personales?

B. ¿Cuál es en su opinión la amenaza más grave de la ideología comunista?

C. ¿Cuáles son los peligros que ofrece un sistema político basado exclusivamente en el progreso industrial, que se fundamenta en la filosofía de "la sociedad de consumo"?

D. ¿Podría usted delinear un modelo social para los países latinoamericanos en el cual, justicia social, libertad individual y seguridad económica se pudieran armonizar?

E. ¿Por qué piensa usted que los países latinoamericanos no pudieron alcanzar el nivel de desarrollo de los Estados Unidos dentro de sistemas políticos democráticos?

VI. Actividad Especial

En esta actividad pedimos un pequeño trabajo de investigación. Vaya a la biblioteca y averigue qué sistemas de gobierno tenían *cinco* de los siguientes países latinoamericanos en 1970 y en 1985:

A. Venezuela
B. Uruguay
C. Colombia
D. Brasil
E. El Salvador
F. Argentina
G. Chile
H. Perú
I. México
J. Nicaragua

De estos *cinco* países escoja *uno* que haya cambiado su programa de gobierno. Describa los cambios producidos en la socieded por causa del nuevo sistema.

PARTE C: EL PERIODISMO

DULCE, CRUEL DROGA

de José Manuel Costa

I. Vocabulario Esencial

SUSTANTIVOS

el aceite	oil
la bruja	witch
el devenir	passing of time
las drogas blandas	soft drugs
las drogas duras	hard drugs
la encuesta	poll
los envases	containers
el frenazo	restraint (in context)
la juerga	spree, wild party
las patatas	potatoes
la peligrosidad	danger
la placidez	pleasure
el rendimiento	earnings (in context)
el sello	seal
el terreno	ground
los vaticinios	predictions
el veneno	poison

ADJETIVOS

atontado	stupefied
banal	superficial
dañino	harmful
digerido	digested
incierto	uncertain
pudiente	well-to-do
salvaje	wild
vaciado	empty

VERBOS

aconsejar	to advise
arrancar	to pull up by the roots
desorientar	to lose one's bearings
desvelar	to uncover (in context)
empeñarse	to persist
engañar	to mislead
enloquecer	to go crazy
estallar	to burst

II. Actividades de Pre-Lectura

A. Escoja entre el verbo, el sustantivo y el adjetivo o el participio pasado, la forma correcta para completar la oración.

1. engañar, engaño, engañado.
   a. Ese hombre me ______________________. Me vendió un producto falsificado.
   b. Mi tío fue ______________________ por su socio.
   c. El ______________________ es un delito grave.
2. dañar, daño, dañino.
   a. Las drogas son ______________________ para la salud.
   b. El verano ______________________ muchas cosechas.
   c. La inflación causó gran ______________________ en la economía.
3. aconsejar, consejo, aconsejado.
   a. Para los adolescentes los ______________________ de los mayores no tienen sentido.
   b. Mi madre me ha ______________________ que no vea a esa muchacha.
   c. Te ______________________ que estudies más.
4. digerir, digestión, digerido.
   a. Necesito más tiempo para ______________________ esta idea.
   b. Una buena dieta es necesaria para mantener una buena ______________________.
   c. Las personas que han ______________________ muchas drogas tendrán serios problemas en el futuro.
5. empeñarse, empeño, empeñado.
   a. Me ______________________ en ir a Europa en las vacaciones.
   b. Con gran ______________________ José logró ser el mejor estudiante.

c. Mi madre se ha ____________ en que yo invite a salir a la hija de su mejor amiga.

B. Escoja la definición en inglés que corresponde a la palabra subrayada en español.

1. Los consumidores de drogas no quieren saber de su *peligrosidad.*
   a. abuse b. danger c. expense
2. Los *vaticinios* de los expertos indican que el consumo de drogas no disminuirá en los próximos años.
   a. predictions b. studies c. statistics
3. Todo lo que hacen es ocuparse de asuntos *banales.*
   a. superficial b. important c. immoral
4. Los hijos de las familias *pudientes* tienen mayor acceso a las drogas.
   a. lower-middle-class b. well-to-do c. educated
5. El futuro de su carrera es *incierto.*
   a. uncertain b. false c. unexpected

C. Dé los cognados en español de las siguientes palabras en inglés.

1. paradise
2. possible
3. narcotics
4. drugs
5. nervous system
6. relation
7. illegal
8. vicious
9. native
10. humanity
11. analgesic
12. laboratory
13. millions
14. herbs
15. exotic
16. question

D. Complete la oración con la palabra apropiada.

1. El documento lleva el ____________ real.
   a. firma b. sello c. prestigio
2. Los adolescentes son ____________ fértil para los vendedores de drogas.
   a. clima b. terreno c. blanco
3. En el mundo de las drogas ____________ quiere decir "juice."
   a. marihuana b. cocaína c. vicio

4. El tráfico de drogas produce un gran ________________ a los narcotraficantes.
   a. rendimiento b. pena c. ganancia
5. El motor de mi carro se quemó por falta de ________________.
   a. gasolina b. energía c. aceite

E. Escoja el sinónimo de las siguientes palabras.

______	1. bruja	a. desocupado
______	2. devenir	b. atraer
______	3. juerga	c. explotar
______	4. placidez	d. descubrir
______	5. encuesta	e. montaraz
______	6. vaciado	f. indagación
______	7. salvaje	g. transcurrir
______	8. enloquecer	h. hechicera
______	9. estallar	i. placer
______	10. desvelar	j. perder el juicio
______	11. inducir	k. fiesta

III. "Dulce, cruel droga," de José Manuel Costa

DROGAS, ALUCINOGENOS, FARMACOS:

La diferencia tradicional entre drogas ***blandas*** *y drogas* ***duras*** *se ve parcialmente modificada por la que existe entre drogas legales y drogas ilegales, diferencia que entraña un nuevo concepto de los paraísos. El uso de las drogas es prácticamente* ***consustancial*** *al ser humano. Lo que se ha ido modificando con el transcurso del tiempo y de los movimientos sociales es la moral sobre ellas. Probablemente la única forma razonable de conocer el problema de la droga sea la de recabar la mayor información posible. Este es el objetivo de este reportaje.*

consustancial *natural*

recabar *to gather*

GUIA POR LOS PARAISOS ARTIFICIALES

No resulta curioso que el papa León XIII fuera un ardiente defensor y degustador del vino. Mariani *a la coca du perou*? ¿No es algo patético que fueran miembros del mismo Ejército americano quienes enviaran heroína a casa dentro de los vaciados cuerpos de sus hombres muertos en el Vietnam? ¿No es significativo que la baronesa de Von Opel tome tranquilamente el sol en la Costa Azul, a pesar de haberse descubierto en su chalé 1.600 kilos de hachís, mientras otros, menos pudientes, arrastran cadenas en las cárceles de Turquía, Tailandia o Marruecos? ¿Se ha hecho alguna encuesta sobre el destino final y el impacto social de los 280 millones de envases de analgésicos narcóticos, los cien millones de analgésicos no narcóticos y los ocho millones de productos contra la obesidad, vendidos en 1978; eso sí, con recetas médicas y bajo el sello de respetables empresas farmacéuticas?

El tema es la droga. ¿O las drogas? Porque vamos a empezar explicando que igual que no se habla del motor, sino de barcos, coches, trenes o aviones, no se puede, bajo riesgo de confusionismo grave, hablar de la droga, y todavía menos del problema. Porque problemas, lo que se dice problemas, hay muchos más que drogas.

Hablando de una manera general, las drogas de los que aquí hablamos suelen ser ilegales y se caracterizan por actuar a nivel del sistema nervioso central, aunque no únicamente ni de la misma forma. Cualquier clasificación en este terreno es difícil, por cuanto una exclusivamente química no aporta gran cosa y las relacionadas con los efectos psíquicos se encuentran con el problema de que éstos raramente se dan en estado puro. Otra clasificación posible es la que divide las sustancias entre blandas y duras, que suele identificarse con creadoras de dependencia física o no. Sin embargo, dicha visión es asimismo confusa, ya que la cocaína no produce dependencia, mientras suele incluírsela entre las dro-

degustador del vino *wine taster*

arrastran cadenas *are chained*

riesgo de confusionismo grave *risk of serious misinformation*

divide las sustancias entre blandas y duras *divides the substances between soft and hard drugs*

asimismo *also*

gas duras. Estas disquisiciones no son banales, por cuanto representan diferentes actitudes sociales y policiacas. Eso sí, hay una clasificación enormemente efectiva y real: la que divide a las drogas en legales e ilegales. Eso es muy concreto y produce unas consecuencias ciertas no sólo en relación a su peligrosidad, sino respecto de su *bondad* o *maldad*. Así, el alcohol, droga legal, es buena (mientras no se abuse) e incluso se acepta como elemento litúrgico. El hachís, la psilocibina o el peyote, drogas ilegales, son malas, y su posible utilización ritual es sólo una tapadera para los viciosos.

bondad o maldad *good or evil*

tapadera *disguise* (in context)

Los viciosos aparecieron pronto en la historia de la humanidad. De hecho, incluso antes de que la historia fuera tal, ya que de restos arqueológicos puede deducirse que la plantación organizada de plantas psicoactivas comenzó hacia el año 7000 antes de Cristo. A los obreros de las pirámides se les advertía gravemente de que no bebieran demasiada cerveza; Hipócrates utilizaba el jugo de la amapola como analgésico. Por su parte, los chinos utilizaban *cannabis* mezclado con vino como anestésico general.

amapola *poppy*

Mientras en Europa la Edad Media supuso un frenazo a toda investigación farmacológica, los árabes, desde centros como Salerno y Córdoba, continuaban las tradiciones india, china y griega. *Las mil y una noches* están plagadas de aventuras en las que el *bang* (preparado especialmente potente de marihuana) tiene un papel protagonista, porque Mahoma, que prohibió el alcohol, no consideró la marihuana tan dañina como para tomar semejante medida.

están plagadas *are full of*

Durante toda esa Edad Media, las brujas estuvieron usando productos como la datura, la belladona, la mandrágora, el opio y el cáñamo para confeccionar sus pócimas sabáticas. No es raro que creyeran en viajes y coitos satánicos: el *ciego* debía ser importante.

la datura, la belladona, la mandrágora, el opio y el cáñamo *atropine, dwale, mandrake, opium, and cannabis*

pócimas sabáticas *Sabbath potions* (literally)

El descubrimiento del Nuevo Mundo trajo muchas novedades, y ya Colón observó que sus buenos indios de las Antillas le daban a la cohoba (planta que contiene el alucinógeno DMT) o al tabaco.

Todo permanece más o menos de esta forma (con el ejército napoleónico absolutamente *colocado* en la campaña de Egipto, medio mundo atontado por la utilización médica del láudano—un opiáceo—, con los ingleses tratando de mantener su monopolio del opio para China, etcétera) hasta que en 1809 el alemán F. W. A. Sertürner extrajo del opio la morfina. A partir de aquí comienza la era de las drogas dosificables, continuada más adelante con las drogas sintetizadas en laboratorios.

El siglo pasado y el presente han conocido una amplia literatura sobre el tema, tal vez porque muchos prohombres eran lo que hoy se llaman drogadictos. Coleridge pilló una adicción a través del laudano y Teofilo Gautier fundó el Club de Haschins, mientras Baudelaire escribía *Los paraísos artificiales* (1860). A la *coca* se entregaban, aparte del Papa, los presidentes americanos Grant y McKinley, Sarah Bernhardt, H. G. Wells o Edison, entre otros muchos. Hoy puede decirse que más de trescientos millones de personas utilizan normalmente la marihuana y que hay poco más de un millón de heroinómanos (teniendo siempre en cuenta que estos valores sólo pueden ser estimativos). Lo de los fármacos ya es de echarse a temblar, y las estadísticas de utilización de alcohol pueden afectar a casi el 80% de la población occidental.

pilló *caught*

Lo de los fármacos . . . a temblar *The problem of the prescribed medicines is already quite frightening*

Sin lugar a dudas, la droga más frecuente hoy día es el tetra-hidro-cannabinol, es decir, el principio activo de la marihuana. Nativa de la India, se encuentra extendida actualmente por todo el globo y se la prepara de múltiples maneras. Hay varios criaderos fundamentales: Centro y Suramérica, Lejano Oriente (Tailandia, Nepal, Afganistán) y Oriente Próximo (Líbano y el añadido de Marruecos). La presentación puede ser en forma de hierba, de hachís o de aceite. Explicar lo que son estas cosas parece fuera de sentido desde el momento en que más del 40% de

Sin lugar a dudas *without a doubt*

parece fuera de sentido *seems senseless*

los españoles menores de veintiséis años las han probado. Lo cierto es que en España se consigue generalmente hachís del *moro,* o sea, de Marruecos (y también de Guinea). No es malo, sobre todo el *super* de Ketama; pero, sin embargo, todas las revistas *underground* recuerdan míticas partidas de libanés y el aún más exótico y definitivo afgano, en sus largas barras oscuras. A mediados de los sesenta, la calidad era magnifica, y los precios, convenientes. En la actualidad, esa calidad oscila peligrosamente para el inexperto (pareja moderna que compra un *talego* para la fiesta de cumpleaños), y los precios pueden ir desde 200 pesetas gramo el *doble cero* hasta 250 gramo un *super.* Por desgracia, los timos más burdos y variados se dan aunque no son frecuentes. La venta en España es pública y notoria en todas las capitales, mientras que en Andalucía la *grifa,* la *rama,* la *cosa,* ya es tradicional.

de libanés *from Lebanon*
afgano *from Afghanistan*
inexperto *inexperienced*
los timos . . . se dan *the most vulgar and varied cases of cheating occur*

Aunque la polémica siga, más por inercia social y esclerosis personal que por necesidad, casi nadie opina hoy día y de verdad (ni siquiera la policía, que suele entender estos fenómenos mejor que la misma opinión pública) que la marihuana es fatal, ni siquiera peligrosa.

Queda por dilucidar la cuestión de si la marihuana es el paso previo a otro tipo de drogas. Como siempre, los números engañan mucho, y quienes defienden el papel iniciador de la *maria* argumentan con el dato de que el ciento por ciento de los heroinómanos empezó fumando marihuana. Se olvidan, sin embargo, de recoger otro dato: que sólo un 1% de los fumadores de *maria* llega a probar los opiáceos o de que mientras el consumo de marihuana pasó de un 15% a un 26% entre 1972 y 1977 (en EE UU), la heroína sólo experimentó un avance del 1% al 1,3%. O sea, que menos lobos. Claro que toda esta discusión va a dejar de tener sentido, por cuanto los poderes sociales ya saben que esto es un gran negocio (con alijos de hasta ochenta toneladas, barco *Don Emillio,* 1972) y que un uso moderado de *maría* no influye en el rendimiento laboral.

el paso previo *the first step*
engañan *cheat*
con alijos *with smuggling*

La *coca* es originaria de Suramérica. Para los indios, Mama Coca era el nombre de una estrella, y para las películas de los primeros setenta su nombre, como su blanco color, iba asociado inmediatamente a los de la heroína. Nada de eso, la cocaína, incluso para la policía española, es una droga que no crea dependencia física (si una cierta compulsión psíquica cuando uno se pasa) y no representa un riesgo grave para la salud pública. La cocaína, euforizante y estimulante intelectual, puede inyectarse o absorberse por las mucosas, principalmente las nasales (*snifada*). El introductor de la cocaina en Occidente fue el doctor Sigmund Freud, que la utilizaba para tratar los síndromes de abstinencia del alcohol y los opiáceos, las depresiones y también como anestésico local. Durante todo el siglo pasado, la cocaína fue tan legal que se vendía sin receta alguna.

En 1914, y legalmente, la *coca* se convirtió en un delito mayor que la heroína. Pero la gente no se arredró y siguió usándola, hasta que llegó un argumento mayor que la simple prohibición: la gran depresión de 1929. Y es que la cocaína siempre ha sido una droga cara (ahora hacia 8.000 pesetas el gramo, suficiente para diez *snifadas* regulares), lo que, unido a la aparición en 1930 de las anfetaminas, la desplazó del favor popular, relegándola a su actual estado como droga de elites. Elites relativas, porque, a estas alturas, más de veinte millones de norteamericanos la han probado y 1,2 millones la utilizan normalmente, siendo este un negocio de 2,7 billones de pesetas en EE UU. Lo único malo es que su abuso conduce a comportamientos de tinte paranoico y maníaco y que su adulteración es la más común de las historias.

Pero la gente no se arredró *But the people did not get scared*

relegándola *displacing it*

a estas alturas *nowadays*

comportamientos de tinte paranoico *paranoiac behavior*

Si todas las drogas psicoactivas producen determinados cambios en la percepción, los alucinógenos distorsionan profundamente esa percepción. No es, por tanto, raro que a lo largo del devenir humano hayan sido sustancias asociadas con el hecho religioso y trascendente. Los alucinógenos trascienden nuestra realidad cotidiana, desvelan calidades

a lo largo . . . humano *during the lifetime*

desconocidas y, a falta de explicaciones cientificas, sus efectos reclaman, entre *chamanes* o *hippies,* otras, básicamente de carácter místico.

La marihuana ya tuvo su tratamiento aparte, de manera que vamos con otro veneno medicinal y alucinógeno: la belladona. Era uno de los ingredientes típicos de los brebajes brujeriles y se utiliza normalmente para conseguir atropina con fines oftalmológicos. La belladona *coloca* de una manera importante, pero es lo suficientemente peligrosa (cinco a diez miligramos ya pueden producir una intoxicación grave) como para no andar jugueteando con ella.

los brebajes brujeriles *witches' potions*

como para . . . jugueteando *you cannot fool around*

La datura o estramonio es una planta de flores campaniformes, que puede encontrarse por muchos sitios, especialmente en Galicia. Fumada sirve para remediar el asma, aunque también se utiliza como afrodisíaco, y se supone que la pitonisa de Delfos la usaba para sus vaticinios. Esos y no otros eran los vapores que la rodeaban.

La datura o estramonio *Atropine or stramonium*

Como en la belladona, las hojas y raíces de datura son frecuentemente alucinógenas, pero también peligrosas. El *viaje* puede ser algo terrador, y es costumbre verlo todo de color naranja o rojizo. También desorienta y pone extremadamente nervioso. Tampoco es aconsejable, y caso de empeñarse en probarla, lo mejor es fumar sus hojas; los efectos son algo más suaves y la dosificación posible.

También desorienta *It also makes you lose your bearings*

Y para finalizar con las drogas del viejo mundo, y aunque hay más, es menester recordar la mandrágora. Es una solanácea como las patatas (cuyos brotes dicen que *colocan*), el tabaco, la belladona y la datura. Lo curioso en la mandrágora es la forma humana de sus raíces, hecho este que ha dado lugar a múltiples leyendas y supersticiones. La casa de Briggite Bardot, en Saint Tropez, recibía este nombre, y corre por ahí el dicho de que quien escucha el grito de la mandrágora cuando es arrancada del suelo eloquecerá de por vida.

es menester *it is necessary*

y corre por ahí el dicho *and there is a saying*

Como dije antes, América es el paraíso de los alucinógenos. Sólo sus nombres poseen un exotismo maravilloso; así, el peyote, el mescal, los hongos, el yagé, el cloliuqui, el sinicuichi, la virola, la bella angélica, la hierba loca, la jurema, la parica, los colorines, los cactus de San Pedro y de Doñana, las hojas de la pastora, etcétera.

El carácter principal de los alucinógenos del Nuevo Mundo reside en la utilización que de ellos se hace. Los americanos no concebían el uso de drogas como una juerga; les otorgaban un carácter mítico, desvelador de realidades ocultas que en muchos casos (como para los consumidores del yagé) eran la verdadera realidad. De ello se siguió una fuerte ritualización que procuraba una disposición positiva del sujeto y una correcta preparación de drogas que, en otro caso, pueden resultar enormemente peligrosas. No son casuales las manipulaciones del don Juan de Castañeda: pretenden que la experiencia sea positiva. Sin ese precavido rito el peyote o el estramonio pueden enloquecer o incluso matar.

El LSD pasa por ser la droga psicodélica prototípica. En 1943, un profesor suizo sale de los laboratorios Sandoz, de Basilea, y coge su bicicleta, con la que emprende una carrera enloquecida (que a él le pareció muy lenta), seguido, a duras penas, por la bicicleta de su ayudante, preocupado por el extraño estado de su jefe. El químico era Albert Hofmann, que había descubierto la dietilamida del ácido lisérgico entre los alcaloides del cornezuelo de centeno. Fue en 1943 cuando la probó accidentalmente y en la cantidad que hoy se considera una dosis tipo: 250 microgramos o veinticinco millonésimas de gramo. El LSD no llegó nunca a comercializarse más que para experimentos, pero su fabricación es lo suficientemente sencilla como para que aparecieran miles de fábricas paralegales (no estuvo prohibida hasta 1967), que condujeron al mundo descrito por Tom Wolfe en *La gaseosa de ácido eléctrico*: San Francisco, los *hippies,* la mística y la música psicodélicas, el *desmadre*. Los efectos del LSD de antes (lo que se consigue ahora por 500–800 pesetas produce más frustración que alucinaciones) residen en

fábricas paralegales *outlawed factories*

el desmadre *frenzy* (colloq.)

todo tipo de distorsiones de la realidad propia y circundante. El cuerpo se disuelve en el cosmos, los sonidos se ven, las palabras poseen sentidos esotéricos y puede que divertidísimos, el *viaje* puede durar hasta dieciocho horas. Claro que el *trip* puede ser terrorífico, debido a la cantidad de sensaciones recibidas y no digeridas, y a una segura desorientación que muchos no son capaces de aceptar y que conduce a un estado de cierta paranoia.

Llegó a decirse que el LSD rompía los cromosomas, que inducía el suicidio y que destrozaba cualquier idea de decencia o buen comportamiento social. Pero la historia en torno al LSD es bastante artificial. Que alguien se quede tonto después de un *viaje* es rarísimo, que alguien se quede tonto después de tomarse cuatro *tripis* es tan lógico como coger una indigestión grave tras haber engullido siete chuletones de ternera.

tras haber engullido *after gorging oneself on*

Curiosamente, varias de las drogas más salvajes que pueden encontrarse son perfectamente legales y están en las farmacias: las anfetaminas (anfetamina, dexedrina, simpatina, bustaid, minilip) y los barbitúricos (valium, librium, dalmane, diazepán, etcétera). Ambas dos, unidas a cantidades de productos psicoactivos como el tofranil, el bellergal, los qualudes, el placydil o simplemente analgésicos como fiorinal, nolotil u optalidón, forman parte de las modernas y cotidianas drogomanías de nuestra sociedad. Las anfetaminas, cuya utilización entre estudiantes tiene una rancia tradición, poseen unos efectos parecidos a los de la *coca*. Exaltan la actividad tanto física como intelectual, de donde procuran la *marcha* que exige la rutina diaria de los llamados ejecutivos agresores y que se reproduce en otros menos agresivos y que aspiran a ser ejecutivos. El problema de las *anfetas* tragadas en que los *bajonazos* son enormes, y dormidas de tres e incluso cuatro días tras los exámenes no eran infrecuentes. Además, quitan las ganas de comer (se utilizan para regímenes de adelgazamientos), provocan deshidratación y comportamientos psíquicos que se aproxi-

los bajonazos *downs* (slang)

quitan las ganas *they take away the desire*

man a la esquizofrenia paranoica. Aparte de ello, el cuerpo no siente la fatiga, aunque realmente esté fatigado, lo que puede llevar a colapsos cardíacos en pleno esfuerzo, como el registrado patéticamente durante el Tour de Francia, cuando el ciclista británico Simpson se vino abajo en la ascensión del Mont Ventoux, fallecido a continuación. Inyectado, el *speed* crea además una fuerte compulsión y sus efectos son mucho más salvajes que por vía oral. Literalmente, parece que a uno se le separa la cabeza, que le estalla, siendo el de las *anfetas* uno de los *viajes* más fuertes que pueden conseguirse con productos de síntesis. Se plantea con ellas la barrera entre la adicción verdadera y la compulsión, puesto que si bien no se manifiestan típicos sindromes de abstinencia de los opiáceos, un corte brusco en el suministro provoca un estado de depresión psicofísica profundísima, que en estados terminales puede caer sobre un organismo debilitado y, por así decir, vacío de energías. Las pequeñas pastillas o cápsulas no son una broma, como tampoco lo son los barbitúricos. Utilizados al principio como sustitutivos del alcohol en curas de elitismo, los barbitúricos provocan parecidos efectos que el alcohol y poseen tolerancia cruzada y potenciación mutua. Quiere esto decir que el alcohólico necesita más barbitúricos para conseguir el mismo estado que un no alcohólico, mientras la mezcla de alcohol y un par de valiums conduce a un estado que sólo puede ser clasificado como borrachera profunda. Uno de los problemas con los valiums, utilizados como sedantes, es que la sustancia posee no sólo esta acción sedante, sino también una excitante que se manifiesta con el tiempo. Así, quienes están *colgados* de ella se encuentran con que para la misma dosis están más excitados que de costumbre, lo que conduce a un mayor consumo. Por otra parte, avisar que los efectos hipnóticos de los barbitúricos pueden crear un automatismo en el consumo (uno no se acuerda de que ha tomado y vuelve de manera casi inconsciente a ingerir pastilla tras pastilla) que puede acabar en un accidente peligroso.

en curas de elitismo *in clinics for the elite*

colgados *hooked* (slang)

Hay otras muchas drogas químicas, como el éter, el benzol, el oxido nitroso (gas de la risa), el tolueno y otras, como el famoso pegamento para plásticos. En general, todas ellas provocan un *viaje* muy breve de carácter alucinatorio y son utilizadas, sobre todo, entre gente joven, que no ven en ellos mayor peligro, a tiempo que lo corto de sus efectos permiten que uno esté listo para la cena en familia. A la larga son sustancias nada amables, tanto más cuanto sus consumidores habituales carecen del mínimo de información necesario para saber cuándo se están pasando.

que uno esté listo *that one be ready*
A la larga *In the long run*

Si alguien desea conocer el lado sórdido del *caballo,* lo mejor que puede hacer es leer el *Yonqui,* de William Borroughs. Es más fuerte que cualquier reportaje sensacionalista, tal vez porque es real. Los efectos del opio y sus derivados, la morfina y la heroína (ideada esta última como tratamiento para curar la adicción de la segunda) son diferentes, pero mantienen unas características comunes de placidez, tranquilidad y bienestar difíciles de encontrar en esta sociedad. Las vomitonas son un acompañamiento seguro, así como los picores por todo el cuerpo; pero hace falta comprender que el estado de beatitud obtenido es lo suficientemente gratificador como para explicar el hecho de que haya gente que se quede *colgada* psicológicamente de ella. La administración más habitual de la heroína es por vía intravenosa, que procura una subida más fuerte, una especie de orgasmo generalizado. Pero también se puede *snifar,* sin que por ello la tolerancia (tendencia a mayores dosis) y la adicción (necesidad fisiológica del producto) vayan a dejar de manifestarse con toda seguridad.

vomitonas *vomiting spells*
picores *itching*

La heroína que se vende en España puede ser blanca o parda, y su precio oscila sospechosamente desde 10.000 hasta 24.000 pesetas gramo. En esta gama se esconden todo tipo de adulteraciones, siendo una de las más frecuentes la realizada con estricnina. Su procedencia es incierta, aunque la mayoría en nuestras latitudes suele venir de Extremo

En esta gama *In this scale*

Oriente, mientras el mercado americano se abastece fundamentalmente desde Turquía. Desde su lugar de crecimiento hasta las manos del consumidor, los opiáceos conocen un incremento de precio que se aproxima al 100.000%. Esto puede dar una idea del negocio montado alrededor de su ilegalidad, ya que sólo en Estados Unidos se calcula que entran unos 30.000 kilos de heroína al año, que suponen en el mercado, aproximadamente, 500.000 millones de pesetas. En Europa se consumirá algo menos, unos 300.000 millones de pesetas.

se abastece *gets its supply*

Como ya ha quedado demostrado con el tabaco y el alcohol, el prohibicionismo sólo ayuda a establecer y afirmar estructuras ilegales y *mafiosas*. Estructuras que provocan la mayoría de los accidentes mortales: un tipo está consumiendo heroina *cortada* (mezclada) a un 50%, y de repente le llega otra casi pura, se inyecta la cantidad habitual y cae redondo. Esa es la historia. Como ejemplo de para qué vale el prohibicionismo ciego está la actitud de la policía de Hong Kong, que hace ya tiempo decidió tratar simplemente de mantener el mercado al mismo nivel. Conocen las redes de distribución, pero saben que si las cortan aparecerá en la calle mercancía descontrolada que provocará muertes y un aumento cierto de la delincuencia.

y cae redondo *and he drops dead* (colloq.)

Por cada kilo de *costo, coca* o *caballo* que se decomisen aparecerán diez más, y la única fórmula para acabar con esta escalada es intentar cortar la dependencia de la estructura ilegal (en la que, y al menos en América, ha estado implicada parte de la propia policía). Si el *porro* se vende en los estancos es menos probable que a uno le ofrezcan *caballo*. Si, de todas maneras, uno se queda *colgado* de la heroína, su legalización (que no su venta libre) significa no tener por qué mantener unas relaciones sadomasoquistas ni engordar las arcas de los *mafiosos*; uno va con su receta médica a un hospital, de donde se sigue una mayor higiene, así como una reducción al mínimo de la delincuencia económica, porque el *caballo* en sí es barato.

que se decomisen *that are confiscated*

IV. Actividades de Comprensión de Lectura

A. Escoja la opción que complete la oración correctamente según el contexto de la lectura.

1. Según el artículo, el uso ilegal de drogas
   a. no existía en épocas pasadas.
   b. ha existido en todos los tiempos.
   c. se ha ido modificando a través del tiempo.
   d. no existirá en el futuro gracias a los movimientos sociales.
2. El problema del abuso de las drogas
   a. es propio únicamente de la adolescencia.
   b. es común sólo entre las clases bajas.
   c. existe en todos los ámbitos sociales.
   d. es común sólo entre la gente de clase alta.
3. Según el artículo, la mejor forma de clasificar las drogas es determinar
   a. si crean dependencia física o no.
   b. si tienen efectos psíquicos graves.
   c. las sustancias que las componen.
   d. si son ilegales o legales.
4. El abuso de las drogas comenzó
   a. en Europa durante la Edad Media.
   b. muchos años antes del nacimiento de Cristo.
   c. en Salermo y Córdova por las tradiciones india, china y griega.
   d. cuando Colón descrubrió el Nuevo Mundo.
5. Según el artículo, la droga de mayor uso hoy día
   a. es la cocaína porque tiene un efecto más rápido que otras drogas.
   b. es el alcohol porque es fácil de conseguir aún por los menores.
   c. es la marihuana por encontrarse en todas las partes del mundo.
   d. son las drogas domésticas por su fácil acceso en las farmacias.

6. Muchos creen que la cocaína es una droga que
   a. no crea dependencia física.
   b. estimula el intelecto y causa euforia.
   c. no representa ningún peligro para la salud.
   d. todas las anteriores.
7. Según el autor, la única solución al abuso de las drogas es
   a. encarcelar a todos los traficantes de drogas y dar grandes multas a quienes las usen.
   b. estimular el uso del tabaco y del alcohol por ser drogas legales.
   c. no prohibir su uso para que se termine con el misticismo de las drogas.
   d. aumentar el costo de las mismas para que sólo la clase alta pueda adquirirlas.

B. Conteste verdad (V) o falso (F) a los siguientes asertos.

1. ______ El abuso de las drogas sólo existe entre las clases media y baja.
2. ______ Según el artículo, todas las drogas tienen un mismo efecto sobre el sistema humano.
3. ______ El uso abusivo de las drogas existe desde los tiempos antes de Cristo.
4. ______ La droga de más frecuente uso hoy día es la cocaína.
5. ______ Las estadísticas han demostrado que la marihuana crea dependencia y conduce al uso de otras drogas.
6. ______ Se cree que la cocaína no crea dependencia física.
7. ______ Todo lo que se sabe sobre el LSD está estadísticamente comprobado.
8. ______ Se ha encontrado que la mayoría de las drogas vendidas en las farmacias no causan hábito ni son peligrosas.
9. ______ El creciente abuso del alcohol y del tabaco parece indicar que el prohibicionismo, especialmente entre menores, conduce al vicio.
10. ______ La mejor forma de terminar con el abuso de las drogas es legalizando su uso.

C. Preguntas temáticas.

1. ¿Cómo pueden clasificarse las drogas según el artículo?
2. ¿Cuándo y por quién(es) comenzaron a usarse las drogas en la historia de la humanidad?
3. ¿Cuál es la droga de más frecuente uso hoy día? ¿Por qué?
4. ¿Cómo se diferencia la marihuana de la heroína?
5. ¿Qué drogas comenzaron a usarse en el Nuevo Mundo?
6. ¿Cuáles son los efectos del LSD? ¿de las anfetaminas? ¿de los barbitúricos?
7. ¿Están fundamentadas todas las aseveraciones que se hacen sobre estas drogas? Explique.
8. ¿Qué otras drogas químicas existen? ¿Cómo comparan éstas con otras drogas duras como el LSD?
9. ¿Cree el autor que la mejor forma de controlar el abuso de las drogas es mediante el prohibicionismo? Explique.

V. Dé Su Opinión

A. ¿Está usted a favor o en contra de legalizar el uso de la marihuana en la sociedad actual? Explique.

B. ¿Qué medios preventivos cree usted que pueden usarse para controlar el uso de las drogas entre la juventud?

C. ¿Cree usted que el abuso continuo del tabaco y del alcohol puede tener los mismos efectos que las drogas ilegales sobre el sistema humano?

D. Según su opinión, ¿cuál es la mejor forma de erradicar o al menos controlar el uso de las drogas en la sociedad actual?

E. ¿Cree usted que en los Estados Unidos se abusa más de las drogas que en otros países? ¿Por qué?

VI. Actividad Especial

Invite a una persona de Alcohólicos Anónimos a su escuela a hablar sobre los potenciales riesgos del abuso del alcohol.

Invite a algún ex-drogadicto a hablar sobre el tema: "Cómo comencé y por qué dejé el vicio."

Con un grupo de compañeros de clase participe en un debate a favor o en contra de prohibir el uso de la marihuana y del alcohol entre la juventud.

VII. Actividad Final

A. ¿Cuál es el tono que caracteriza el cuento "Las tarjeticas mágicas"? ¿Serio? ¿Irónico? ¿Filosófico? ¿Humorístico? ¿Sarcástico? Explique.

B. ¿Cómo contrasta el estilo del cuento "Las tarjeticas mágicas" con el uso del lenguaje en el artículo "Guía por los paraísos artificiales"?

C. De los tres problemas sociales contemporáneos discutidos en este capítulo, cuál es, según su opinión, el que presenta consecuencias inmediatas más graves para el hombre común? ¿El exceso de crédito? ¿El creciente materialismo, producto del desarrollo industrial? ¿El abuso de las drogas?

D. ¿Podría usted aceptar la afirmación de que el problema del crédito y el problema de las drogas produce en el individuo un sentimiento falso de bienestar? ¿Qué semejanzas y diferencias existen entre estos problemas?

E. ¿Piensa usted que el progreso, la tecnología y los avances científicos están conduciendo en cierta forma a la deshumanización del individuo? ¿Son estas lecturas un ejemplo de este problema?

Vocabulary

The selected vocabulary includes only the "vocabulario esencial" presented at the beginning of each reading. It excludes gender for the nouns, and the singular and plural definite articles *el, la, los, las* have been omitted. Adjectives are given in the masculine form only. Verbs that could be reflexive or nonreflexive are accompanied by the parenthetical (se). The following abbreviations have been used:

(dim.)	—diminutive.
in context	—a word or expression that may have several meanings depending on the context in which it appears.
colloq.	—colloquialism. Expression used in everyday speech.
slang	—jargon of a particular group of people during a certain period of time, e.g., teenagers, jet-setters, hippies, drug addicts, etc.

A

abominar to hate
abrumado overwhelmed
abrumador overwhelming
abundante plentiful
aburrirse to be bored
acabado emaciated, worn-out
acceder to agree, consent
aceite oil
acero steel
acertar to guess correctly
aclimatación adjustment
acoger(se) to adhere to
acompañante companion
aconsejar to advise
acontecimiento event, happening
acreedor creditor
acudir to resort (to), assist

acusar to accuse
adecuar to fit, accommodate
adentrarse to penetrate
adueñarse to take possession of
advertir to warn
afilar to sharpen
aflorar to appear, come to the surface
afrontar to confront
afueras outskirts
agacharse to stoop
agarrado grasped
agonizante dying
agotar to drain
agravio offense
agudizar to grow worse
agujero hole
ahorrar to save
aislar to isolate
ajedrez chess
ajeno belonging to another
ajuste adjustment
álamos poplar trees
alcanzar to reach
aldea village
alejado separated, withdrawn
aliviar to mitigate
almohada pillow
alquilar to rent
altercado dispute
altivo proud
altura height
alzar to raise
amargo bitter
amarillento yellowish
amenaza threat
amito friend (dim.)
anclado anchored
andanzas mischievous deeds
angustia anguish, affliction
anhelar to wish
ansiar to long for
antiguo old
apacible calm
apalear to whip
apañarse to seize
aparato gadget
apartado distant
apelar to resort
aplastar to crush
apodo nickname
aportación contribution
apoyar to support (in context)
apoyo support
apremiar to urge
apretar to tighten
aprisionar to clench (in context)
aprovechar to take advantage of, profit by
argumentar to argue
armadura armor
arrancar to pull up by the roots
arrastrar(se) to drag along
arrojar to throw
arrollar to wrap around
arroyo creek
arrugado wrinkled
artesano craftsman
asalto assault
asear to clean
asequible approachable
asistente attendant, participant
asombrado astonished
asombro amazement
aspirante neophyte, aspirant
asustado frightened
atar to tie
atesorar to treasure
atontado stupefied
atrasado behind
atreverse to dare
aullar to howl
auto-realizarse to reach self-fulfillment
auxiliar to help, receive (in context)
avergonzarse to be ashamed of
azaroso dangerous

B

banal superficial
bando faction, party
banqueta stool
bañistas swimmers
barato cheap
barrio neighborhood
bastar to be enough
bastón cane
batallar to battle
besar to kiss
blando soft
bolso purse
borde edge
bosque forest
bruja witch
bufanda scarf, muffler
burlarse to ridicule

C

caballería cavalry
cadáver corpse
cajero cashier
cálido warm
callar to keep silent
callejuela narrow street
camarero waiter
camino road, path
campanitas bells (dim.)
canas gray hair
canoso gray-haired
cansarse to get tired
capataz foreman
capaz capable
caracol snail
carbonero miner
carecer to lack
carente lacking
carestía lack
cargar to carry a load
caricia caress
cartel poster board
cartillas textbooks
castaños chestnut trees
cátedra professorship
catre folding cot
cautivador charming
ceder to yield
celar to keep an eye on
celoso jealous
célula cell
cerro hill
certamen contest
cesta basket
charlatanería verbosity, garrulity
chavo teenager
chillar to scream
chocante annoying
choza hut
chuchería trinket
ciego blind
cimientos foundations
cintura waist
cinturón belt
circunscrito limited
cobarde coward
cobijarse to cover
cobrar to receive (in context)
código code
coger to catch
cohete rocket
colgar to hang
colmar to fulfill
comerciante merchant
comestibles provisions, foodstuff
cómodo comfortable
compadre godfather
comportamiento behavior
confines boundaries
congénere of like kind
conjuro spell
conllevar to imply, suppose
conocimientos knowledge
consignar to register (in context)
consumido spent
consumidor consumer
contador accountant
contar con to rely on
contentarse to be happy with
convencer to convince
cónyugue spouse
correspondencia letters, mail
corto brief
crédito assets (in context)
credo creed
criar to raise (literally); to grow up (in context)
cuadra city block (in context)
cubrir to cover up
cuchichear to gossip
cuenta bill
cuero rawhide
culpa guilt
culpar to blame
cumplimiento compliance
cura priest

D

daga dagger
dañar to damage
dañino harmful
deberes duties
debilitar(se) to become weak
decenio decade
dejar to stop
delatar to denounce
deleite pleasure
deponer to put aside
derechos rights
derrocar to overthrow
derrotar to defeat

desabrido tasteless
desabrochar(se) to unbutton
desacreditar to discredit
desagradecimiento ingratitude
desaire rebuff
desalojar to dislodge
desaparecer to get out of sight
desasir(se) to rid oneself of
desasosegado disturbed
desbaratarse to fall apart
descabezado beheaded
descalzar(se) to take off one's shoes
descalzo barefooted
descansar to rest
descartar to discard
descolgarse to slip down
descollar to excel
descolorido without color
descoyuntado disjointed
descuidar to neglect
desdeñoso disdainful
desempeñar to perform, carry out
desempleo unemployment
desengaño disillusionment
desenlace outcome
desenroscar to untwist
desenvolver(se) to handle oneself (in context)
desgarrado torn
desgastado worn-out
desgracia misfortune
desigualdad inequality
deslizarse to slip away
desmantelado dismanteled
desmayado fainted
desnudar to undress
desorientar to lose one's bearings
desperdicio waste
desplazar to displace
despreciable despicable, low-down
desprevenido unprepared
destreza skill
destrozar to destroy
desvalido helpless
desvelar to uncover, unveil (in context)
devenir course of time
diezmar to decimate, anihilate
digerido digested
diminuto minute
dirigible missile
discordia disagreement
diseño design
disfrazar(se) to disguise
dispendio waste
dispensar to excuse
dispuesto willing
distinto different
divertido amusing
doblado bent
doblar to bend
dotado gifted
drogas blandas soft drugs
drogas duras hard drugs
dudar to doubt
dulcificar to soften (in context)
durar to last

E

echar to throw out
editor publisher
ejido common lands
elegir to elect
embebido wrapped up in thought
empapar to soak
empate tie
empeñarse to persist
empujar to push
empuje impulse (in context)
enajenar to alienate
encajar to fit
encanecido gray-haired
encargada woman in charge (of)
encoger to shrink
enconado inflamed
encuentro meeting
encuesta inquest, poll
enfatizar to emphasize
enfermera nurse
enfermizo unhealthy (in context)
enfocar to focus (on)
enfrentar to face, confront
engañar to deceive
enloquecer to go crazy
enmascarar to disguise, mask
enmendar(se) to change one's ways
ennegrecido blackened
enojarse to get angry
ensombrecerse to become somber
enterar(se) to find out, learn
entretener(se) to keep busy (in context)
entrevistar to interview
envases containers
equivaler to be equivalent to

equivocarse to be mistaken
escalofrío chill
escaso scarse
escindir to split
esclavizar to enslave
esclerótico suffering from sclerosis, decrepit
escoba broom
escuincle kid
esmerar(se) to do one's best
espanto horror
espantoso dreadful (in context)
especie kind, class
espeluznante hair-raising
espuelas spurs
espuma foam
esquema plan (in context)
estallar to burst
estancado stagnant
estandarte banner
estar a cargo to be in charge
estirar to stretch
estragos ravages
estrechar to hold on tightly (in context)
estrecho narrow
estreñimiento obstruction of the bowels
etapa stage, phase
expulsar to expel, dismiss
extrañar(se) to be surprised (in context)

F

fallar to fail
fallecer to die
fallecimiento death
falta defect, fault
fatídico prophetic
fatiga fatigue
fe faith
fealdad ugliness
felicitar to congratulate
festejar to celebrate
fiar to give credit (in context)
fiel faithful, loyal
fijar to set
finca farm
fingido feigned
firmeza stability (in context)
flaqueza weakness
flojo lax, lazy
flotar to float
fogata bonfire
forajido outlaw
forros lining
fortalecer to strengthen
fortaleza courage (in context)
fraguar to forge
frenazo restraint (in context)
frescor refreshing air
frisar to approach
fuente source (in context)
funesto fatal

G

ganado cattle
garantía security (in context)
garantizar to guarantee
gasolinera gas station
gastado worn out
gastar to spend
gaviotas seagulls
gestión measure
gesto gesture
gigantesco gigantic
girar to concentrate (in context)
golondrina swallow
golosina sweets
gotas drops
gritar to yell
guantes gloves

H

hacer trampa to cheat
hacer(se) to become
hambre hunger
harapiento ragged
hastío disgust
hazaña heroic deed
henchir(se) to fill up with
herida wound
hojas pages (in context)
hondo deep
honrado honest
hosco sullen
hueco empty
huella impression (in context)
huerta vegetable patch
huerto orchard

huir to escape, run away
humilde humble
humo smoke

I

iconoclasta heretic
imbuir to instill
impávido fearless
imperante prevailing
implorar to implore
impune unpunished
inaudito unheard of
incapaz unable
incierto uncertain
incorporarse to get up
indebido improper (in context)
inerme vulnerable (in context)
infeliz unfortunate (in context)
infestado infected
ingénito innate
ingerir to consume, eat
ingreso income
injuriar to insult
inmarchitable imperishable
inoperante ineffective
inscribir(se) to register
inservible useless
insoportable unbearable
intemperie raw weather
inútil useless
inverso opposite
involucrado involved
isleño islander

J

jacal Indian hut, wigwam
jaula cage
juego set of furniture (in context)
juerga spree, wild party
juntar to join, get together
jurar to swear

L

ladear to move to one side, to tilt
ladrar to bark
lágrimas tears
lastimar to hurt
látigo whip
lavadero washing place
lejano distant
levantamiento uprising
levita frock coat
leyes laws
limosna alms, charity
lindante adjacent
llaga sore
llamarada blaze
lograr to accomplish

M

mago magician
mal parecido unattractive
maldecir to curse
malestar discomfort
malquistarse to make enemies
maltratar to mistreat
mancha spot
mandato rule (in context)
maniobras maneuvers
manso gentle
manta blanket
mantener(se) to keep (in context)
maquillaje makeup
marchitar to wither
máscara mask
matriculado enrolled
medios means
melena disheveled hair
menguado diminished
menos least
mentidas mentioned (in context)
mercado laboral labor force
merienda snack
meta goal
mezclar to mix
migaja scrap
mimado spoiled
mocedad youth
mojado wet
monte forest
morder to bite
mortificación pain, trouble
mostrar(se) to show
motín uprising
motriz motor, moving (in context)

mudar(se) to move
muñequita (dim.) doll
muralla wall
murmurar to mutter
mutilado mutilated

N

necio foolish
nefasto ominous
nivel level
nocivo harmful
normalista educator
nudo tangle (in context)

O

obligado forced
oculto hidden
olas waves
oloroso fragant
oprimir to oppress
orgullo pride
orilla edge
otorgar to concede, give

P

padecer to suffer
padrastro stepfather
paja straw
paleta ice-cream bar
palmada pat
pañales diapers
papagayo parrot
papel role
pardo dark-colored
parecer to seem
pareja couple
particular private (in context)
parto birth
pasear to walk, stroll
pasmo astonishment
paso movement (in context)
patatas potatoes
patrones employers
paulatino gradual
pecado sin
pecho chest
pegar to glue (in context)
pelear to fight
peligrosidad danger
peligroso dangerous
pendenciero quarrelsome
perjudicar to harm
perseguir to chase after
peso weight
pesquería fishing
pesquisa investigation
placidez pleasure
planilla application form
plantel center of education
plasmar(se) to shape
platicar to chat
pobretón very poor (pejorative)
podrir to rot
polvo dust
pólvora gunpowder
poner fin to put an end (to)
pordiosero beggar
pormenor detail
portador bearer
postrero hindmost, last
precipitado in a hurry
predecir to predict
preguntón inquisitive
prescindir to do without
presentimiento premonition
preso imprisoned
prestidigitator magician
presupuesto budget
primas premiums (in context)
primogénito firstborn
procurar to try (in context)
profundo deep
prolijo detailed
propicio favorable
proscrito exiled
proseguir to continue
provenir to come from
provocar to incite
pudiente well-to-do
pujanza strength
puñado handful
pupitre school desk

Q

quedar to remain
quehacer chore
queja complaint
quejar(se) to complain
quemar to burn
quieto still
quimera chimera, dreams

R

rabioso furious
rapidez speed
raquítico meager (in context)
rastro track
rayo lightning
realización fulfillment
reanudar to resume
recatado circumspect, quiet
recelo distrust
receta prescription
receloso distrustful
rechazar to reject
rechazo rejection
recio strong
recoger(se) to withdraw
recogido introverted (in context)
recorrer to pass over
recortes clippings
refrán saying
refugiarse to take refuge
refugio shelter
refulgir to shine
regalar to offer a gift
regañar to scold
regar(se) to spread
regir to rule
reglas rules
relleno stuffed
remediar to remedy
remedio casero home medicine
rendimiento yield, profit (in context); earnings (in context)
renglón line
renunciar to give up
renovar to renew
reparto distribution
repentino sudden
resignar(se) to conform, give up
resplandeciente resplendent
restante remaining
retardar to delay
retirar(se) to withdraw
reto challenge
retroceder to move backward
revolcarse to roll over
revuelta uprising
riesgo risk
robar to steal
rodear to surround
rompimiento rupture
ropaje attire
rostro face
ruina bankruptcy

S

sabio wise
sacar to withdraw
sacerdote priest
sacudir to shake off
sagaz sagacious
salvaje wild
salvavidas life preserver
sano healthy
sarampión measles
sarnoso mangy
satisfecho satisfied
sauce willow
sello seal
sembrar to seed
senectud old age
sentenciar to say (in context)
sepultar to bury
silbar to whistle
sima abyss
sindicato labor union
sirvienta maid
sobrar to have more than enough
sobrecogedor terrifying
sobrepujar to outdo
sobresalto fright
sofoco embarrassment
soler to be in the habit of, be used to
solista soloist
sollozar to sob
soltar to untie
soltarse to loosen
sombra shadow
sombrero de copa high hat
sosegado calm

sospechar to suspect
sostén support
suavizar to soften
subasta auction
súbito sudden
subrayar to stress (in context)
suceder to happen
sudor sweat
suerte luck
sufragar to pay for, aid
sufragado paid (in context)
sujetar to subdue
suministrar to supply
superar to overcome
superpotencia superpower
supervivencia survival
suponer to suppose
suspirar to sigh
sustraer(se) to avoid (in context)

T

tablero blackboard
taciturno quiet
talar to prune
tambaleante staggering
tambor drum
tapar to cover
tapia wall
tarjetica credit card (dim.)
taquillera ticket seller
tasa rate
tejado roof
tejido weave
temblar to shake
tembloroso shaking
temprano early
tenaz tenacious
ternura tenderness
terremoto earthquake
terreno field, ground
testaferro stooge
tez complexion (of the face)
tocar a fondo to delve into
tomar to take hold of (in context)
tonterías nonsense
tosferina whooping cough
trajín movement
trampa deceit (in context)
tránsito transition (in context)
trastornar to disorder
tratamiento treatment
tratar to try (in context)
trozo piece
trueque exchange

U

ultrajar to offend

V

vaciado empty
vacilar to hesitate
vaguedad vague thoughts
valer to be worth
valiente courageous
vano useless (in context)
varón male
vasallos vassals
vaticinios predictions
vecindad neighborhood
vedar to prohibit
velocidad speed
velorio wake
vencedor victor
vencer to subdue
veneno poison
venganza revenge
venidero coming
venturoso fortunate
verdugo executioner
vertir(se) to flow
vientre abdomen, wound
vigilar to watch
vínculo tie
vivificante life-giving
voluntad will

Z

zaguán hall
zarandear to move to and fro